JN172437

地域（マチ）復興のためのゼロからの挑戦と実践システム理論

ひとりから始める事起こしのすすめ

鳥取県智頭町30年の地域経営モデル

岡田憲夫 著

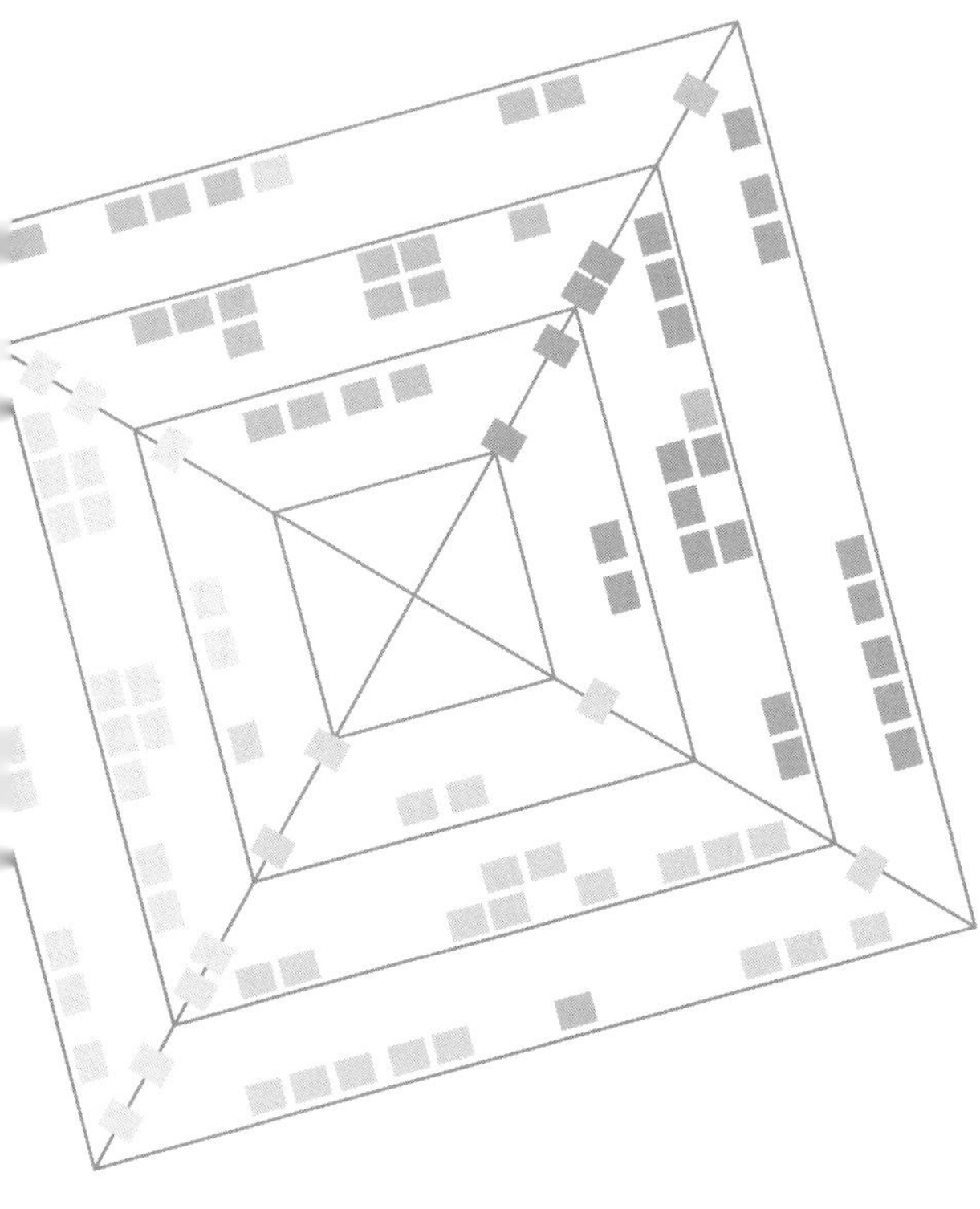

関西学院大学研究叢書 第170編

関西学院大学出版会

まえがき

事起こしの時代へ向けて

本書では二〇二〇年代の日本を地域復興のための「事起こしの時代にする」ことを提唱する。そのための事起こしを皆さん、今から始めよう。名づけて「事起こしのすすめ」である。「事起こし」はたとえ小さく、ささやかでもよいから「現状を変える」ことを目指している。そのためには「自らがまず変わる」。そこにはリスクがつきまとう。事を起こす人がそのリスクを自ら負うことを厭《いと》わない。そこから始める。ただし、やみくもに現状を変えればよいというものではない。自分も含めて「周りの幸せのありよう」(小さな地域のあり方)をビジョンとして定めて、それがほんのちょっとずつでも良くなっていく。そんな「幸せの方向感覚」を周りの人と共有していく姿勢が基本になければならない。

実は筆者は一九八〇年代後半から現在にいたる三〇年余にわたって、鳥取県智頭町での地域活性化のための「事起こし」を目指す住民活動を研究者としてサポートする現場体験を重ねてきた。智頭町は典型的な山間の過疎地域である。筆者はその体験を通じて、このような一見地味な事起こしを長い年月のあいだ継続的に進めていくためには、その都度の地域活性化活動にとどまらない、「地域を復興するためのビジョン」が不可欠であることを痛感することになった。「地域がどうなれば皆が幸せ（の方向に近づいていること）になるのか」、そこへの到達点を目指してバネを効かせて地域を興していくためのビジョンを共同作業でつくり、合意していく。そのためにはビジョンを住民が主体的に描き出し、その達成を目指すための場づくりがどうしても必要となる。つまりそれが事起こしの本質的な意義と可能性であり、つまるところ地域復興につながると確信するにいたったのである。

二〇一一年三月一一日には東日本大震災が発生した。これが私たち日本人一人ひとりにもたらしたインパクトははかりしれないであろう。むろん筆者もその一人である。脳裏にまず浮かんだ言葉が「想像を絶する地域復興」であった。被災地東北の人々の前にこれから立ちはだかる気の遠くなるような「地域復興」の困難性であった。未曾有の大災害で壊滅的になった東北の津々浦々の地域集落が、おそらく今後一〇年、二〇年の長い年月にわたってどのように「復旧」、「復興」へと「幸せの方向」をたどっていくことができるのであろうか？　それがいかに困難な仕事になるかが想像され慄然となった。残念ながら筆者が体験してきた鳥取県智頭町の事起こしがそのまま直接東北の被災地の地域復興にあてはまるとは思えない。しかし共通項がまったくないわけではないであろう。何よりもまず被災地の多くが震災以前からいわゆる「過疎問題」で長年にわたって苦しんできた地域であったということである。そこを襲った大災害である。災害から立ち直るためには、もともと災害前にすでに潜在的に問われていた「地域の復興とは何か」「それをいかに達成すべきか」という問題にも向き合わねばないないはずである。であれば智頭町で築かれてきた三〇年余の事起こしから得られた学びとノウハウは何らかの形で、東北の被災地の地域復興にも役立つところがあるはずだ。

三・一一の震災を契機に西日本でも南海トラフ地震に備えるために地域住民の主体的な取り組みが切実に求められるようになってきた。気候変動もあずかってか、異常気象にともなう豪雨災害などのリスクも大きくなってきている（たとえば二〇一四年八月の豪雨では、京都府福知山市洪水災害、兵庫県丹波市の土砂災害、広島市北部での土砂災害が発生した）。このような気候災害は日本列島に住むかぎり、時と場所を選ばない感がある。一方で日本の地方部の「過疎化」は深刻になる一方であるといわれる。「過疎化」が人口の極度の低下や高齢化による地域コミュニティ力の衰退を意味するのであれば、大都会でも例外ではありえない。特定の地区では（夜間）人口の減少が進み、過疎化現象が進行しているところが少なくない。

まさに、まったなしで「事起こし」による地域復興が求められているのである。そこで二〇二〇年代を「事起こしの時代」にすることを目指そう。それが本書の第一のメッセージである。

小さく、ささやかに始める事起こし

実は事起こしといってもより正確にいえば、ひとりからでも始められる小さく、ささやかな事起こしのすすめである。だから「地域」といっても、私たちのすぐ周りの範囲を対象にすることから始めようということでもある。ご近所レベルや、学校レベルや、勤務先レベルでもよい。日常的な交遊レベルのコミュニティでもかまわない。それを「地域」とよぶことにしよう。それはある意味では「マチ」である。そこで「地域（マチ）」と書くこともあるが、そのように明示しなくても「地域」に「マチ」というルビをふった読み方を読者には意識してもらいたい。

ところで一九八〇年代以降二一世紀の初頭の現在にいたるまでわが国ではさまざまな「地域起こし」や「まちおこし」が行われてきた。「地域づくり」や「まちづくり」といわれることも多い（以下では、「地域づくり」「地域おこし」「まちづくり」「まちおこし」を総称して「まちづくり」とよぶことにしよう。なお本書では「まち」のかわりに「マチ」と表記する場合もある。厳密な区別はしないが、村《むら》にも「マチ」的な側面がある。つまりこの意味で村という地域も「マチ」である。町という地域も「マチ」である）。では事起こしは「まちおこし」のたんなる言いかえなのか、そのような疑問がまず出てきても不思議ではない。結論を先に述べておけば、「まちづくり」と総称することと、ここで提案する「事起こし」は少し観点が異なるし、意味内容は重なるところはあっても常に一致するわけではない。むしろ「まちづくり」というあいまいな概念を深化させ、精緻化するうえで「事起こし」の考え方はとても重要なのだ。筆者はこの本のなかで「まちづくりの発想転換」やその地平を広げるための基本的な考え方を提案するつもりである。そこではいわゆる「都市計画」や「社会基盤計画」も俎上に上げる。ただしその議論は本書の終章（8章）まで置いておくことにしたい。

事起こしの戦略システム論

事起こしを無手勝流でやるのは賢明ではない。つまりその戦略システム論がどうしても必要である。そう考えて本書は「事起こしの戦略システム論」を提示したい。筆者が智頭町の事起こしにかかわってきた体験を通じて、少しずつ築いてきた実践知を定型化したものである。実は智頭町の事起こしにはすばらしい地域の実践的リーダーがいたのである。元智頭町那岐郵便局長の寺谷篤氏である。事起こしの多くのアイディアとその実行は氏の存在なくてはありえなかったといえる。氏はその意味で本書を著すうえで影のパートナー役を担ってきたことになる。なお本書で示す事起こしの戦略システム論の要となる技法が四面会議システム法である。小さく、ささやかでもよい、まず一人が立ち上がり、そこに何人かの賛同者が加わることで事起こしが戦略的に計画され、実行に移される。そのような場づくりと参画型実践行動計画づくりの支援技法が四面会議システム法である。場づくりは仲間づくりにもつながる。四面会議システム法の妙味は、それを用いることで参画する人たちが「協力の極致」へむけて「総力で考えつくす」とともに、「総勢で共鳴・協奏」することで「至極の協働作業のプロセス」と「実践行動計画の最良の共同作品」を作り上げることができるという点にある。総力をあげて知と情と意をつくした競いと遊びの協働作業を行うことでもある。これをウィン・ウィンの共同生産（win-win co-production）とよぶことにしよう。制作し、かつ利用する人に参加者すべてがなるという意味では、共同型の生産者兼消費者（collaborative prosumerization process）がそこに生まれるともいえるであろう。

本書の狙いと使い方

読者は本書を次のように活用していただきたい。それは多様な読者を想定している。

① 事起こしとは何か、その基本的要件と特性を知るための教科書
② 地域復興のための事起こしの実践事例を紹介したガイドブック
③ まちづくりの概念を事起こしという視点からとらえ、深めるための参考書

本書は「事起こしの試論的方法」として読まれることを意識している。まちづくりと関連づければ、新しいまちづくりの戦略的方法を示す教科書としても利用可能である。三〇年の検証に裏づけられた「事起こしのフィールドスタディ」の手引き書として使われると、豊富な実例が織り込まれていて有用であると信じる。鳥取県智頭町がその舞台である。大学や大学院の補助教材として利用していただけると幸いである。

「過疎地域の復興」というテーマを事起こしという切り口から論じているという側面にも注目していただきたい。東日本大震災からの震災復興を、「過疎地域の復興」と「災害からの復興」の二重構造の問題としてみてとると、どのような見立てが出てくるのか。事起こしはどこまで有効な処方箋となりうるのか。そのような視点から本書を研究書として活用していただくのもありがたい。

なおもう二点、補足しておきたい。

第一点は本書を通じて一貫しているメッセージが、地域を小さく、小さく、スケールダウンして取り上げることが、地域を復興させる突破口としてきわめて有効だということである。地域はどんなに小さくても、それが生きている地域であるかぎり「まるごとの取り扱い」を必要としているということも忘れてはならない。そこでは行政区分的切り分けではすくいきれない多くの事項が絡み合っている。たとえば小さな、小さな地域が抱える課題はきわめて多様で入り組んでいる。かぎられた人的・物的資源、知識、財務的基盤を考えると、防災対策と福祉対策、環境対策、文教対策、過疎対策などを行政的な都合で切り分けては血の通った対応は不可能な場合が少なくない。それを補いうる有効なアプローチとして、住民のなかから主体的に立ち上がり、ささやかでも自らの意思と能力で進めようとする事起こしが不可欠であろう。筆者はそのようなアプローチの可能性を本書において実例に即して例示することを目的としている。

第二点は、筆者が試論として示す事起こしの方法は「四面会議システム技法」(Yonmenkaigi System Method: YSM) とよばれる参加型実践行動計画支援技法をベースにしている。ＹＳＭの原型は、筆者が鳥取県智頭町にフィールド研究として入ったときにすでに存在していた。当時、智頭町活性化プロジェクト集団（ＣＣＰＴ）が結成されていて「地域を変えていく運動」を活発に進めていた。そのリーダーが寺谷篤氏である。それを発見したのは筆者であるが、以降三〇年近くにわたって二人で協力し合って（厳密には他の人たちの力も加わって）現在のような技法へと改善が重ねられてきた。同時に、本技法の妙味はたんなる技法を越えた「四面会議システムの世界観」が参加者のなかで共鳴しあい、共有されるかどうかにもかかっている。この意味で本書は、四面会議システムを活用した事起こしのすすめともなっている。西洋的な市民ならぬ、「地域の事起こしの衆」、ちぢめて「地域（マチ）衆」が「事起こしの時代」の担い手として育ってきているることにイマジネーションを働かせることも求められる。そんなメッセージも本書には込められているのである。

なお本書では実名で紹介や言及している方々が何人もいる。すべて敬称は省かせていただいていることを断っておきたい。また「事起こしの実践者」として例示している方についてはご自身がそのように名乗っておられるわけではない。あくまで筆者の独断的な解釈であることをご了解いただきたい。このような解釈が当を得ているかどうかは今後の検証に委ねたい。

事起こしのすすめを説く、この本を手にする人が一人でも多くなり、むこう一〇年先にはそれがあたりまえとなっている時代がくることを切に願っている。

ひとりから始める事起こしのすすめ❖目次

第7章　事起こしのすすめ　実践システム理論と適用——169

第1章　事起こしとは何か

1　二〇〇〇年世代人、三・一一後世代人の務め

国際社会では最近、millenials（ミレニアルズ）ということばをよく耳にする。「二〇〇〇年世代の人々（二〇〇〇年世代人）」という意味で使われている。改めて気づくことだが、今を生きる私たちは二〇〇〇年世代人なのである。

二〇一一年三月一一日に起こった東日本大震災は格段に大きな自然災害であった。直接被災した人たちはむろんのことだが、この国に住む私たち一人ひとりにとっても、その社会的衝撃は格別だった。このまま「何もなかったかのようにすまされるはずがない」、「自分たちも何か変わらなければ」、皆がそう感じたはずだ。被災地から遠く離れていて「事なきを得た」としてもただ「事なき」ではすませられない。自分たちが主体的に変わるという「事を起こす」べきだ。そんな「三・一一後を生きる者の務めのような感覚」を誰もが抱いたはずだ。であれば私たちはこの感覚を自覚し続ける「三・一一後世代人」でなければならない。

私たち一人ひとりは三・一一後世代人として生きるのだ。漫然とではなく、その自覚をもって主体的に生きようではないか？　誰かが変わる、何かが変わる、その前に自ら変わろうではないか？

2　底無しに沈むリスクを抱えた地域の復興に向き合おう

三・一一後世代人が向き合わなければならない重大で急務の課題は、みずからが生きるための土台である地域の重篤な病状である。知らず知らずのうちに底が抜けてきていて、何かのはずみでそれが一気に底割れを起こして沈没する船（＝地域）にたとえることもできよう。

本書では、二〇〇〇年世代人であり、三・一一後世代人でもある私たちが、二〇二〇年代の近未来を「ビジョン」として据えてみることから始めたい。東日本大震災から一〇年後に始まる時代の未来の姿であるところで「ビジョン（ヴィジョン）」とは何であろうか？

ヴィジョンとは、「目に見えるもの」客観的に存在するものではなく、**この世にないもので、目に見えるもの**がヴィジョンである。

（福原麟太郎『詩心私語』一九七三年）

であれば、その「（今は）この世にないもので、（未来の姿として）目に見えるもの」であるヴィジョンにどのようにすれば到達できるのであろうか？　それを解く鍵は私たちの「イマジネーション」にある。ふたたび、福原の前掲著を引用しよう。

イマジネーションというのは、新しい世界を構成することなのだ。何かの契機にふれて心が醱酵しはじめると、**心のフィルムの上にヴィジョンの形成展開が起こる**ことなのだ。

実は引用した福原の「ヴィジョン」と「イマジネーション」はヨーロッパの「文学の力」を論じたものであるが、「計画すること」が本来はたすべき創造性と構成力を論じるうえでそのまま当てはまる至言である。ここで留意したいことがある。新しい世界の構成の仕方は多様でありうるということだ。言いかえれば、**ヴィジョン（以降は「ビジョン」と表記する）に向けて自由で豊かな主体性が発揮されなければならない。**

3　事起こしの時代へむけてのイメージづくり　四面会議システムの世界

ささやかでも二〇二〇年代の近未来のビジョンとして「**事起こしの時代にする**」**ことをまず据えようではないか。**本書ではこれを主題として掲げたい。ではそれをどのようにして実現したらよいのであろうか？

これが本書の副題である。次章以降でこのことを順次明らかにしていくことにするが、ここではそのアプローチのイメージを読者にあらかじめつかんでもらうことから始めることにしよう。まず真四角の白紙の模造紙を取り出してその真ん中に私たちのビジョンを書き記すことをイメージしよう。そこに「事起こしの時代にする」と記すのだ。「事起こし」の意味と「なぜ事起こしの時代なのか」については、おいおいと説明することにしよう。

その文字を小さな正方形で囲むように縁取りしよう（以下、左図参照）。模造紙の残りの大きな余白はすべて私たちのイマジネーションに委ねられることになる。そのうえで今の現実に戻って「事起こしの時代の前兆」を読み取ることにしよう。観念レベルだけで「事起こしの時代」を願望するのではなく、現実をしっかりと直視することから「事起こしの時代の前兆」を実体として摑み取ることを目指そう。現実という額縁のなかで私たちの主体性を思い切り活かしてイマジネーションを喚起し、二〇二〇年代に「事起こしの時代として見えるものにする」にはどうしたらよいのか？　読者の皆さんと一緒にその解答を見出す共同作業を、本書全体を通じて体験しようと思う。小さな糸口を見つけることから始めよう。それが小さな事起こしを戦略的に実現することなのである。

現実という額縁で、模造紙の大きな余白の周縁を巻き取ったあとは、真ん中に据えられた小さな正方形のなかの「事起こしの時代にする」という私たちのビジョンに目を向けよう。私たちはそのビジョンを目指して順々とステップアップしていこう。どのようにすればよいのか？　私たちのイマジネーションを駆使しよう。それがステップアップの力となって跳躍が可能になるはずだ。とりあえず三段階でステップアップすることを考えてみよう。まずは現実という土台にしっかりと足をつけて踏み出す、第一歩。三段跳びでいうホップ・ステップ・ジャンプの、「ホップ」に相当する。短期の、間近な未来ともいえる。本書が発行される二〇一五年三月末からみて一年後の二〇一六年三月末をとりあえず、その第一段階の節目とみなすことにしよう。次の第二段階、つまりホップ・ステップ・ジャンプの、「ステップ」は、さらに二年後の二〇一八年三月末としておこう。中期の、中間的な未来がその目指すところである。次にいよいよ最終段階への跳躍である。長期でもあり、終盤でもある近未来である。三段跳びの「ジャンプ」の段階である。二〇二一年三月末、つまり東日本大震災から一〇年を経た近未来には、「事起こしの時代にする」ことが「見える形」になっていなければならない。そこで現実という額縁と、中央の小さな正方形の間の余白を、矩形で巻き取るように三区分してみよう。さあ、読者の皆さんは、ここで一緒にイマジネーションを駆使して、ホップ・ステップ・ジャンプで想像の翼を思いきり広げる。近未来を「事起こしの時代にする」ことに三段階で到達する挑戦をしようではないか。

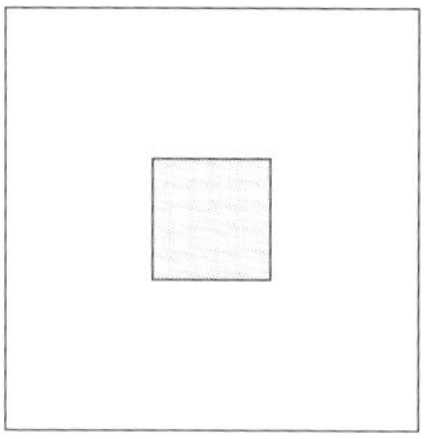
①

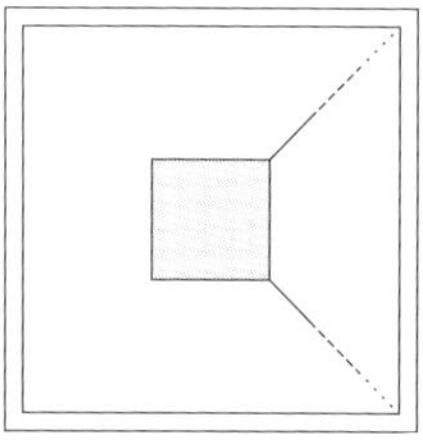
②

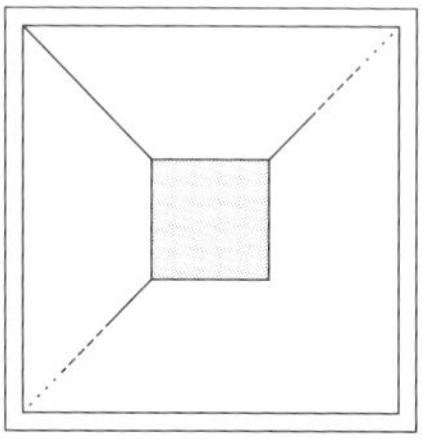
③

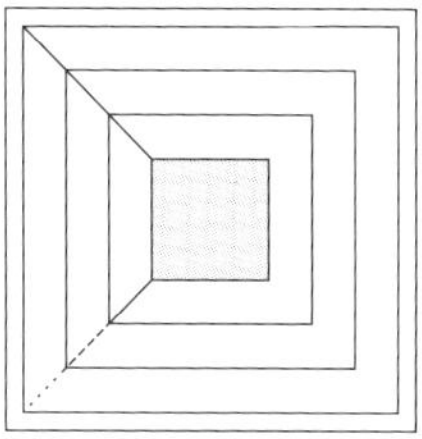
④

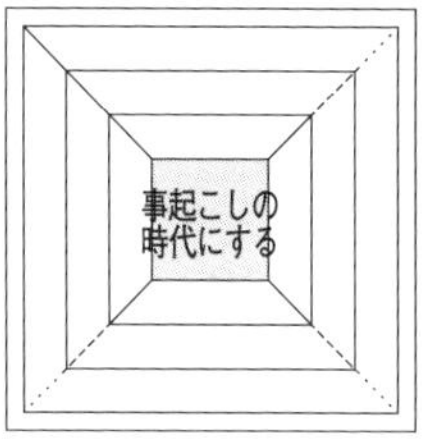

⑤

さて、このようにして絵模様のように線で区画された正方形の模造紙を四角形の机の上に広げてみよう。この大きな正方形の模造紙に二つの対角線を引くことにしよう。両者は中央の小さな正方形の対角線とも一致し、その中心で交わることになる。

皆さんは四面のそのどちらの側の席につくこともできるとしよう。席につくと前面に三角形が見えてくる。三段の跳び箱のように区切られた三角形である。これがまず自分たちが分担すべきホップ・ステップ・ジャンプのイマジネーション力を発揮する共同作業の対象のスペースである。皆さんの左右の側と、机を挟んで反対側にも、三段の跳び箱のように区切られた三角形の余白を埋めるイマジネーションの共同作業がめいめいに割り当てられるとしよう。イマジネーションを発揮するには、ゲーム感覚で行うのが効果的であろう。そのようにして四面の各側で余白が次第に埋められたとしよう。問題は、各側の共同作業結果をどのようにマッチングさせて**全体としてつじつまと平仄が合ったイマジネーションの集合知**にできるかが最終的な成否をわける鍵となる。ここでゲーム感覚で行うとイマジネーションが高まるはずだ。向かい側同士でディベートをしてみる。それもwin-winディベートである。「私（の知恵や力）をもっと活かして」、「あなた（の知恵や力）をもっと活かしたい」、そんなノリで掛け算効果を目指すのだ。あるいは立場（担当する側）を入れ替えてみてディベートをするのはどうだろう。

4　四面会議システムの世界

実はこの説明は「四面会議システム法」（Yonmenkaigi System Method= YSM）といわれる参加（参画）型行動計画づくりの支援の技法を読者の皆さんに大づかみでイメージしてもらうためのガイダンスであった。正方形の模造紙から紡ぎ出された簡便な図形は「四面会議図」（YSM Chart）とよばれる。「四面会議システム法」は手法であると同時にそれ以上のものでもある。皆で知恵と力を合わせて小さな仲間（ネットワークづくり、皆にとって我が事となる実践可能な計画を立ててしまうことが可能である。いかに心躍ることなのかを体得する「場づくり」（そのクライマックスとしての「場立ち」）にも役立てることができる。何よりも、そんなことが可能になるという世界観を皆で育てていくコミュニケーションの方法としてたいへん有望である。

読者の皆さんはぜひそのことを、本書を通じて実感し、学び取ってほしい。

第2章　鳥取県智頭町の三〇年の事起こし

1　はじめに

鳥取県智頭町は県の東部の一番南端に位置し、県内の最寄りの都市は鳥取市である。典型的な中山間過疎地域の一つである（図2-1、写真2-1）。主要な産業は高い品質の杉材をベースとした林業と農業であるが、建設や農業関連のサービス産業に依存している側面も強い。他の地方公共団体と同じように財政基盤の弱い智頭町は、国の財政的補助に依存した行政体として人口に比して多い町職員を擁し、実態として町役場が主要産業の一つとなっている。ご他聞にもれずこの町は、人口の減少、特に若年齢層の流出、高齢化、雇用機会の減少、生活支援サービス（小売・医療・福祉等の）機能の低下、基礎集落機能の停滞などのいわゆる「過疎問題」に長年にわたって苛まれてきた。

筆者がこの地域に最初に入ったのは一九八〇年の初めであった。後述する寺谷篤との運命的な出会いがきっかけである。その後一九八〇年の中盤から、本格的にこの地域に入り込むようになった。気がついてみると早三十余年、ここがライフワークのフィールドとして筆者の人生の深部にまで浸潤する、そんな場所になってしまっている。そこで体感・体得した〈過疎問題〉の本質こそ本章でぜひ読者に伝えたいことである。なるほど人口動態、経済社会機能の継続的な低下・停滞は深刻である。しかしそれらは過疎問題の表層的な側面にすぎない。より**深刻で根源的な病根は、惰性的に住んでいるだけで、主体的に住み続けているのではない人たちが住民のほとんどを占めているという点にある**。しかもそれが常態化していることの不自然さに人々は気づいていない。ここに問題の深刻さがある。たしかにそれでもなんとなく地域は続いてきた。いや見かけ上は役場の建物や公共施設に象徴されるように物理的には充実してきたようである。道路や、上水道、河川などのインフラは昔と比べると格段に充実してきていた。ハードだけではなく、ソフトの面でも少なからずの公共的・公益的資金が長年にわたって投じられてきた。いろいろな外部的・公共的サポートがあってか、「過疎問題」に喘ぎながらも何とかこの町はここまでは持ちこたえてきた。皮肉なことに、それと反比例するかのように主体性をなくし、ただ惰性だけで住み続けている人の割合が増え続けていた。戦後すでに四〇年近くが経過していたが、西日本の山間地域の典型である智頭町は、（山林解放が実施されなかったために）山林地主がいまだ陰に陽に経済と政治を支配する鬱屈とした地域社会であった。一九八〇年代の初めごろ、このような構図がこの町には蔓延していたのである。

2　ひとりから起こす事起こし　寺谷篤の挑戦

　これに対して敢然と異を唱え、座視できない心持ちから立ち上がった地元の青年がいた。「何とか事態を変えよう」とする運動が一人の人間によって始まった。町行政に対する異議申し立てでもあったが、それに漫然と依存して惰性で生きている地域住民全体への、ささやかだが強烈な示威運動でもあったに違いない。当時、地元の特定郵便局の局長をしていた寺谷篤がその人である。智頭町の集落の出身であるが、地元に収まりきれない器の持ち主であった寺谷は、広島に出て勇躍の機会を模索するも、病を得てやむをえず帰郷して勤めたのが郵便局であった。持ち前の才覚と使命感に裏づけられた仕事ぶりは、並外れていた。特定郵便局長の務めを十二分にこなしたことは無論のことだがそこで終わらない。地域の人々が日常的に直面する諸々の問題をどのように前向きに解決していくかに懇切丁寧に向き合うなかで、次第に大きな課題が脳裏に浮かぶことになる。封建的で閉鎖的な地域社会の窮屈な檻のなかから、少しずつでも渦を内部から起こして流れをつくり、新しい光と空気を外からも注ぎ込む。そうすることで「不動のような地域社会の伝統的な枠組み」に風穴を開けていく。それを息長く、手を変え、品を変えて進めていこう。まだ「事起こし」ということばを持っていなかった寺谷であったが、「地域活性化」というスローガンに託した狙いは、まぎれもない「事起こし」であったと述懐する今日の寺谷である。

　世代的にひとまわり上の前橋登志行（製材業）の応援を得て、この運動は次第に地域社会に小さな渦を起こし、それが次第に波紋を広げていくことになる。推進の組織が生まれ、「智頭町活性化プロジェクト集団」(Chizu Creative Project Team=CCPT）と名づけられる。

筆者は智頭町において住民有志が中心となって進める「地域活性化」のプロセスを約三〇年にわたって観察してきた（表2-1)。同時に研究者の立場からその都度求められることに対してアドバイスを行ってきた。とりわけ彼らの一連の取り組みを「ひとりからでもできる事起こし」と見立てることで社会システム論的検討を行ってきた。そこで築かれてきた経験を参加者による「まちを立て直す息長い事起こし」の協働的な知識開発の学習過程としてモデル化することにも努めてきた。重要なことは「まちを立て直す息長い事起こし」には、まさに過疎問題を「地域復興」としてとらえるという、過疎対策の発想転換の知恵やヒントが隠されているということである。以下、この点から簡単に智頭町の事起こしの特徴について紹介する。これについては以下の文献［岡田ら、二〇〇〇］［杉万ら、二〇〇二］［早尻、二〇一二］も参照されたい。

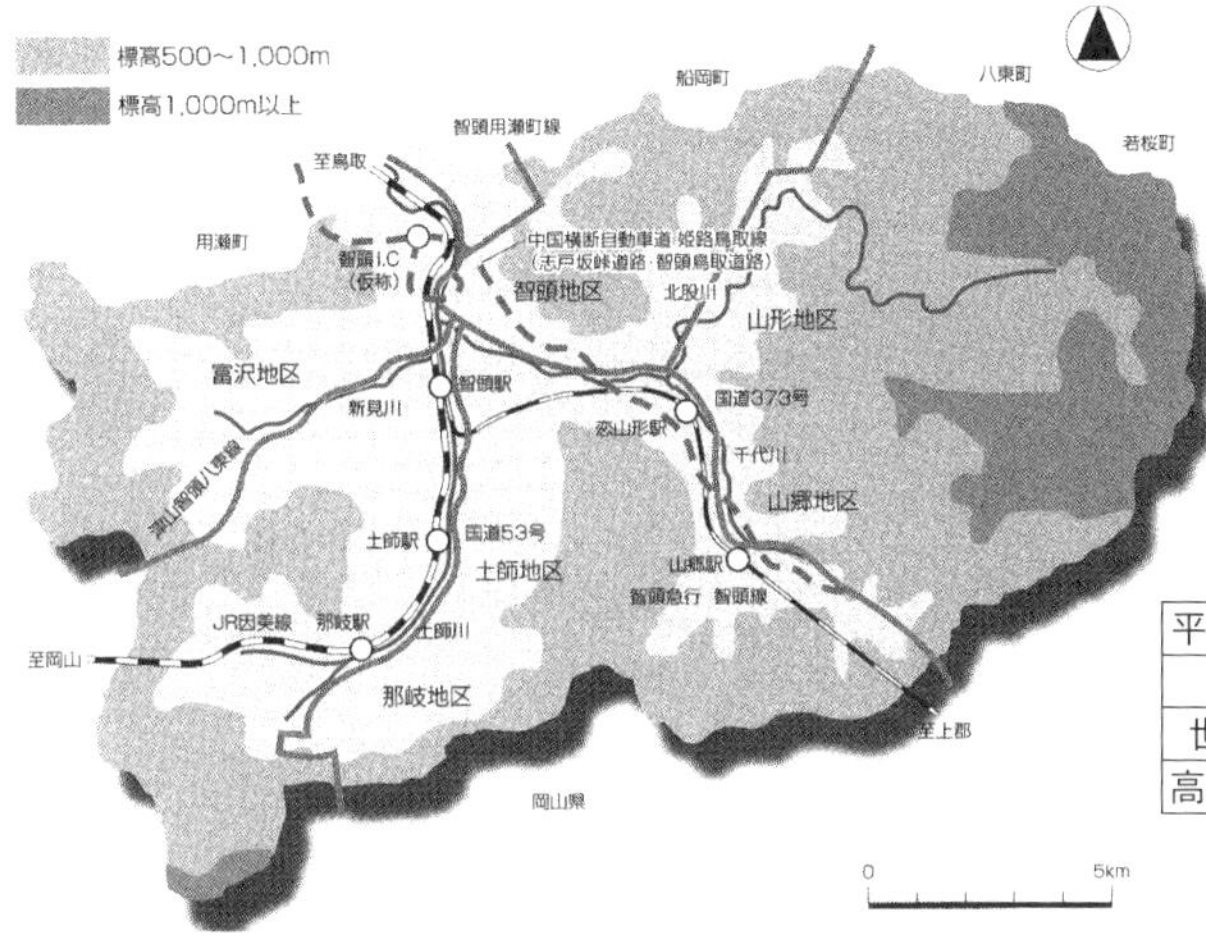

平成26年4月1日現在	
人口	7,718人
世帯数	2,760世帯
高齢化率	36.6%

図2-1　鳥取県智頭町の地理的概要

山陰と近畿に通じる街道往来の宿場町
智頭急行が営業運転を開始（平成6年）
「高速道・姫路鳥取線」が開通（平成20年）

写真2-1 鳥取県智頭町の鳥瞰図

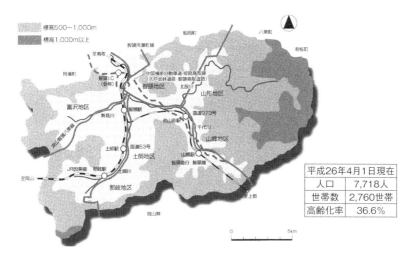

表2-1　智頭町事起こし年表（寺谷篤提供）

1984年		杉板はがき発案
1985年	10月	鳥取国体の時期に杉の木の名刺試作
	11月ごろ	杉の木の名刺を本格製作
1986年	1月	八河谷集落に木材加工に糸鋸導入
	5月	智頭町八河谷に杉の木村を開村
	7月23日	智頭木創舎設立
1987年	8月	木づくり遊便（郵便）コンテスト開催
1988年	4月20日	岡田憲夫と寺谷篤が鳥取大学で出会う
	5月	智頭町の子供とカナダ・ウォールーター大学生との交流
	5月	智頭町活性化プロジェクト集団（CCPT）結成
	7月	八河谷集落実態調査（鳥大・岡田研究室）
	6～12月	智頭杉・日本の家設計コンテスト公募、表彰者決定
1989年	1～3月	智頭杉・日本の家パンフ作成、モデル住宅着工
	4月21日	青少年海外派遣事業スタート（5年間35人）
	5月	実態調査結果報告/岡田講演（八河谷集落）
	6～8月	杉の木村ログハウス建設プロジェクト開催
	7月19日	カナダ・ランプトンセントラル高校との交換交流スタート
	8月25日～27日	第1回杉下村塾開講（以降10年×10回）
	9月20日～28日	スイス山岳地調査（岡田と寺谷）
1990年	8月31日	CCPT活動提言書発行開始、以降10年計10冊200万字の記録となる
	11月21日	土木学会・土木計画学研究発表会で四面会議システム発表
1991年	3月21日	杉の木村で多自然型川づくりについて関正和氏（当時・建設省）講演
1993年	5月2日	大屋川親水公園完成式で岡田講演
	8月2日	智頭町親水公園連絡協議会発足
1994年	2～7月	智頭町グランドデザインプロジェクト検討
	8月3日	役場と郵便局のプロジェクトチーム発足
1995年	1月19日	国際交流基金交流振興賞をCCPTが受賞
	6月3日	はくと・はるか・関空シンポジューム南港で開催（智頭急行開業6カ月記念事業）
	7月14日	ひまわりシステム・智頭町富沢地区提供実験開始
	12月16日	日本・地域と科学の出会い館建設・完成

1996年	2月15日	早瀬集落「四面会議システムにより計画書完成」
	4月1日	ひまわりシステム智頭町全域サービス提供
	8月25日	日本・ゼロ分のイチ村おこし運動スタート（早瀬集落）
1997年	6月28日	「ひまわりシステムのまちづくり」はる書房発行
	7月5日	早瀬集落「東屋2号棟」（桃里径）建築
	7月6日	早瀬集落「東屋1号棟」（桃里安瀬）建築
	9月6日	早瀬集落・葬儀改革を提案
	12月14日	千代川流域圏会議発足
1998年	1月12日	優良地方公共団体自治大臣表彰/智頭町受賞
1999年	1月6日	早瀬集落「太陽の館」竣工式
	11月22日	早瀬集落「東屋3号棟」（桃千望）建築
2000年	4月20日	石谷家住宅一般公開
	10月2日	「地域からの挑戦」岩波書店発行
	11月4日	早瀬集落「東屋4号棟」（桃香音庵）建築
2001年	11月11日	過疎地域自立活性化優良事例総務大臣表彰を智頭町が受賞
2002年	8月28日 ～9月1日	建設コンサルタント協会・地域リーダー養成セミナー 「四面会議システム演習」（場所：幕張と佐原市）
2003年	8月19日 ～8月22	建設コンサルタント協会地域リーダー養成セミナー 「四面会議システム演習」（場所：幕張と小布施町）
2004年	8月22日 ～8月26日	建設コンサルタント協会地域リーダー養成セミナー 「四面会議システム演習」（場所：佐渡市）
2006年	11月5日	早瀬集落防災拠点「東屋5号棟」（生き生きサロン）建築
2007年	1月2日	早瀬集落自治会発足（地方自治法準用）
	2月27日	北京外国語大学「智頭の森基金」第1回送金5万円で以降10年間継続 フィールド学習支援開始
2008年	4月1日	ゼロイチ地区版スタート（山形・山郷地区）
	9月16日	百人委員会出発式
2010年	3月13日	いろりの家（生家）竣工式（定住促進）
	10月16日	杉小判社会実験スタート
2011年	7月30日	森林セラピー体験開始
	7月30日	民泊受け入れスタート
	10月18日	寺谷篤京都転出
	11月13日	いろりの家・岡田憲夫研究室・智緑篤文庫開所

3　仕掛ける　ベースキャンプを築いて小さく始める事起こし（一九八〇年代中盤から一九九〇年代中盤）

智頭町の事起こしは一九八〇年代半ばに寺谷篤（当時地元の特定郵便局長）が中心になって始められたという。これに呼応する地元の中年・青年の有志たちとともに智頭町活性化プロジェクト集団（ＣＣＰＴ）が形成されて活動が始まった。智頭町の八河谷《やこうだに》地区集落は当時もっとも過疎化が進む集落の典型であったが、あえてＣＣＰＴは活動のベースキャンプを設け、「杉の木村」と名づけた。警戒心が強く閉鎖的な八河谷地区の集落の村はずれに場所を借りて始めたのにはそれなりの理由があった。新しい挑戦をするうえで集落の慣習やルールに縛られないこと、そしてそれが適度に村人の目にふれる距離にあることであった。

寺谷が振り返るところによれば、ＣＣＰＴの事起こしの狙いは当初から一貫して、①地元の資源や人を活かした「**地域経営**」、②閉鎖的な地域を開くための外部との「**交流**」、③行政任せ、成り行き任せではなく、自分たちの意思と才覚で地域を統治していく能力を身につけ、仕組みを築くこと（「**住民自治**」）であったという。

カナダのログビルダーを招いてのログハウス建設共同体験プロジェクト、そこから派生したカナダ・ランプトンセントラル高校と地元の智頭農林高校との国際交流事業、鳥取大学教員有志によるセミナーハウス建設とそれを活用した「地域の学習の場づくり」（たとえば後述する「杉下村塾」や読書会の一つである「耕読会」の活動）などが次々と杉の木村を起点に広がった。その後、ここは八河谷住民が組合形式で経営するログハウス宿泊施設として外部の人たちが入ってくる開かれた村に変貌していく。多自然型河川の川づくりのモデル地区として関連施設も鳥取県により整備されることとなった。(注1)

その後、このログハウス村はいくつかの困難を乗り越えて形を変えてしぶとく生き残って今日（二〇一四年秋現在）にいたっている。結果的には町外の人にはほとんど知られていなかった「八河谷《やこうだに》」に実質的に変わる集落名として、こんにち「杉の木村」の名が集落の人たちによって好んで使われている。誇りをもって人々が主体的に生きている証《あかし》でもある。こうして、地域復興にささやかでも挑戦し続ける小さな成功モデルとして杉の木村は注目されるようになっている。

しかしながらここで現実の厳しい側面にも眼を向けておく必要がある。八河地区は一九六〇年には四八世帯、二三〇人が住んでいた。しかしＣＣＰＴが活動を始めた一九八八年には三五世帯一〇〇人に落ち込んでいたのである。それが二〇一四年現在は八世帯三九人にまで減少している。人口から判断するかぎり本地区はＣＣＰＴらが仕掛けて集落も参画するようになった事起こしの結果にも関わらず、依然として人口の減少が継続しているということになる。ただ一九六〇―一九八八年の二八年間に年間四・六人の減をみた期間に比べて、その後の二六年で年間二・四人にその減少のペースは遅くなっている。もともとの母数が二三〇人（一九六〇年）から一〇〇人（一九八八年）へと小さくなっており、人口減の歩留まりが認められる。**小さな地域にとっては、頭数（人口）ではない、かけがえのない一人ひとりの人の持ち味や個性が地域に与える効果が大きな質的意味や価値を持つはずである。**このような一人ひとりの、（小さな）地域に与える質的効果を「**人効**《じんこう》」とよぶことを筆者は提唱する。人口と人効という二つの「じんこう」を対照的にとらえるとともに、両者が相乗的に醸しだす「人がそこに居ることとの質量効果」に目を向けることが事起こしやまちづくりに今後とても大切になるのである。たとえば主体的に住むことを選択し、小さな事起こしができる人が一人、二人と増えればその人間は頭数《あたまかず》では測れない地域力につながるはずである。これを「人効《じんこう》」とよぶのである。これについては、第6章で改めて詳述する。

杉の木村について、ここでもう一つ新しい動きについてふれておこう。当該集落にはごく最近になって三世帯の新住民が都会から移住してきた。一人の住民の兄弟がさらに智頭町の他の地域に住んでいることも含めると、これまでのように常に出て行くばかりの人口減とは様子が変わってきた。小さいながらも流入する人口流動が認められるということである。しかもその人たちはこの過疎集落の自然や地域資源に新たな価値を見出し、それを活用した事起こしを始めている（特別の許可を得て地元に自生している大麻を活かした地域起こしを始めたのもその一例である）。これこそ主体的に生きる人たちが生まれてきたのであり、「人効力」がまさにこのような小さな人口の集落では無視できない正のインパクトを持っていることを窺わせるのである。

4 「仕掛ける」から、「広がりを促し、導く」へ（一九九〇年代中盤から二〇〇〇年代中盤）

寺谷らの活動は一つひとつの成功を積み上げながら、少しずつ地域の住民の信頼を得ていった。このことは実は一九八〇年代後半でもその兆しが生まれていたし、活動の拠点も杉の木村という「点」から次第に「線」や、「面」へと少しずつ広がりを見せてきた。一九九〇年代中盤になると傾向はより明確となり、ベースキャンプを移しながら「目覚めた人たち」を巻き込み、地区・集落に応じた成功モデルづくりを傍から手伝う形に運動も変容していった。ＣＣＰＴは次第に運動の背景に溶け込むようになり、かわってささやかながらでも地区・集落の人たちの主体性を活かした取り組みが始まるようになってきた。さらに個々の地域の特性や特別な事情に通じた人々が前面に出てきて、お互いに知恵を活かして進めていく動きが出てきた。その動きを傍から「促し、導く」、そして徐々に「広げていく」。このようなアプローチへと進化を遂げてきたのである。

具体的には、日本・地域と科学の出会い館建設・活用事業、ひまわりシステム事業、日本ゼロ分のイチ村おこし運動（前期　集落版）があげられよう。このうち日本ゼロ分のイチ村おこし運動について説明しておこう（詳細は第3章で取り上げる）。基本的な趣旨を表す三本の柱として、①地元の資源や人を活かした「**地域経営**」、②閉鎖的な地域を開くための外部との「**交流**」、③行政任せ、成り行き任せではなく、自分たちの意思と才覚で地域を統治していく能力を身につけ、仕組みを築くこと（「**住民自治**」）があげられている。この趣旨に賛同し、実践するための組織（協議会）を設けることが応募の資格条件となる。地域単位（集落）で住民が応募するもので、一〇年単位の競争型プログラムで、採択されてはじめて本事業の対象地域となる。採択されると、当該地域は少額の資金的サポートを得て、自らの地域の未来をビジョンとして作成することがまず求められる。ビジョンに向かって自らの地域を主体的にどのように変えていくかの実践行動計画をつくり、公表しなければならない。

（なお、この三本柱については日本ゼロ分のイチ村おこし運動のプログラムにおいて初めて明確に規定されたもので、寺谷の実践哲学と独創性に依存するところが大きい。彼がリーダーシップをとって進めてきたＣＣＰＴの活動の初期から、達成を目指すべき基本的要件として一貫して意識されてきたものと筆者は判断している）。

5　集落から地区への跳躍を促す小さな事起こしのリーダー（「身の丈事起こしリーダー」）育て　（二〇〇〇年代中盤より二〇一四年現在も進行中）

智頭町の事起こしの持続的な挑戦は二一世紀に入るころからさらに進化を遂げることとなる。ここではもはやＣＣＰＴの組織としての活動は実態的には存在せず、寺谷や他の積極的な元メンバーは表舞台から次第に退き、背景化するようになる。つまりこれまで事起こしには縁がなかった「ふつうの住民」のなかから、身の丈での事起こしをしようとする意欲のある人をサポートする側に回るアプローチをとるようになってきた。同時に、寺谷らは日本ゼロ分のイチ村おこし運動の発展形として地区版を構想する。智頭町役場に提案し、智頭町長がそれを受けて提案する政策を町議会が認めるという議決がデザインされた。そのような手続きを経ることで、拡大版の事業として具体化することになる。集落レベルで一定の成功をみた日本ゼロ分のイチ村おこし運動の基本的な趣旨はふまえつつ、谷あいに沿った集落を束ねた地区レベルへと格上げして実施するものである。ただこの地区レベルでの実施は集落レベルと比べて格段に難しい取り組みで、参加する集落同士の連携が事前に合意されている必要がある。具体的には「地区協議会」の発足とこれを母体にした地域変革の実践行動計画づくりができることが条件とされている。集落レベルの取り組みよりハードルが高くなっただけではなく、住民自治を実体化する社会実験としての政治的意味合いははるかに大きいといえる。画期的な点としては「地区協議会」が結成され、機能を発揮すると、かつて実在した旧役場（合併の結果廃止されたもの）が再生できるのではないかというもくろみが埋め込まれていることである。首長に相当する地区協議会の会長を選挙で選出することで、協議会が擬似的な町役場として蘇る。こうして地域の未来を主体的に選択し、変えていく行動を自ら実行する身近な擬似的町役場が生まれる。智頭町役場と交渉する当事者能力を獲得することにもつながる。そんな社会的革新を促すプログラムとなっているのだ。寺谷はこのようなプログラムが現実化するためのデザインをし、提案し、説得する役割を演じている。彼はある意味でのボトムアップ型の住民主体の地域変革のガバナンスの制度をデザインし、町行政機関の民主的意思決定を経てその枠組みが用意されるうえでの事起こしを暗に演じたことになる。

本地区版ゼロ分のイチ村おこし運動は、最初に応募した山郷《やまさと》地区と山形地区の事起こしの実践計画が現在（二〇一四年一〇月時点で）進行しつつある。触発されるように生まれた他の地区が複数加わって、前述した社会的変革が少しずつであるが具体的な形を現しつつある。地区ごとに特徴あるテーマとビジョンを掲げた取り組みが提案されているのである。たとえば山郷地区は総合防災と廃校を活用した農家レストランの地域経営がテーマとなりつつある。特筆すべきこととして山郷地区では、協議会の活動的なメンバーのなかから身の丈の事起こしを進めるリーダー的な存在の人が育ちつつあることをあげておきたい。寺谷は二〇一〇年ごろから心機一転、生活の場を京都市内に移しており、このような身の丈の事起こしリーダーのような地域経営まちづくりの人材が育つのを外部から支援する触媒役に徹している。筆者の見るところ、山郷地区が目指している「旧山郷村の復活」は、たんなるノスタルジックでアナクロ的な昔還りではなく、昔の仕組みや知恵のエキスを活かしつつ、時代の変化に即応し「地域の未来を創造する地域復興」であるとみなせる。これを「〈懐かしい未来の村〉興し」と呼ぶことを提唱したい。〈ヘレナ・ノーバーグの著書『懐かしい未来』で提唱された創造的昔還りになぞらえたものである［ヘレナ・ノーバーグ・ホッジ、二〇〇三］。「小さく、エコな」事起こしという意味合いも重ねてそう呼ぶのである。

6　思考実験「智頭町が大災害に襲われたらどうなるか」

ここで三・一一後を生きる時代の地域復興を考えてみよう。自然災害に襲われたら地域はどのようになるかについてこの智頭町をイメージして思考実験してみよう。智頭町は近年大災害に見舞われたことがなく、事実住民のなかにも大きな自然災害は当分起こらないだろうと思うと公言する人もいる。

平成二一年（二〇〇九年）八月に台風九号が兵庫県西・北部を異常な集中豪雨の形で襲ったとき、兵庫県佐用町は未曾有の大被害を受けた。ほぼ県境をはさんで隣接した地理的位置にある鳥取県智頭町が同じような集中豪雨災害にいつ見舞われないとは限らないのである。地震の活断層も通っている智頭町は震災リスクが格別に低いところでもない。豪雨や地震にともなって起こる可能性の高い地すべり災害や斜面の深層崩壊のリスクもけっして低くはない。小規模の洪水や地すべりは近年でもしばしば発生している。それでも智頭町の人たちで災害に備える意識が高い者はけっして多くないのが実情である。

　前述した山郷地区のような日本ゼロ分のイチ村おこし運動の先進地域でも例外ではない。つまり主体的な地域変革に挑戦している地域にしても、それを大自然災害にいかに備えるかというテーマを掲げて自主的に事起こしをすることはたいへん難しいといえる。つまり住民の主体的な事起こしにつなげるためには、外部者によるある種の「攪拌化（かきまぜること）」と「覚醒化（気づくこと）」が必要である（第7章197頁、図7-6参照）。まず興味をもってもらうために「ひと捻《ひね》り」が求められるのである（第8章242頁参照）。そこで筆者らは防災、特に総合防災の専門家の立場から特別の勉強会をこの地区において何度か開催し、事起こしを防災（減災）に結びつける重要性とその糸口を見つける相互学習を重ねてきている。その結果現在では地区協議会の重点的取り組みの一つを減災とすることで住民の合意が少しずつ図られ、戦略的に事起こしを減災に結びつける挑戦が始まっている。たとえば地区協議会のお披露目のイベントと総合防災訓練を結びつけるという仕掛けや、災害が起こったときに備えた災害食の開発を地域の食文化の再発見と結びつけるとともに、それを日常的な食のレシピの一つとして廃校を活用した農家レストラン「山郷キッチンおむすびころりん」の経営と結びつけるという試みが二〇一四年六月現在進行中である。なお本稿では議論しないが、関西学院大学岡田ゼミが協力しながら、**四面会議システム**という参画型事起こしの実践計画支援

写真2-2 智頭町山郷地区の減災食開発事起こし実践計画づくりの光景（四面会議システムを用いて）

計画づくりを支援するワークショップ技法を有効に活用した取り組みが進んでいる（写真2-2）。

ここでの工夫は「もうひとつの捻り」を入れる点にある。めったにこないと（思いがちで）気が緩みがちな非日常から目を転じて日常と結びつけた取り組みに「成りすます」のである。このような二重の捻りは残念ながら地域住民から自発的に生まれることはあまり期待できない。ある程度の「専門家のおせっかい」が効くのである。なおここでいう専門家は大学人にかぎらない。行政の人でもよいし、NPOやその他コンサルタントでもよいが、大学人に比べて地域に入っていくことが現在では容易ではないことが障害となるであろう。同時に日常性に結びつける「もうひと捻りの知恵」は地域の人たちとのコミュニケーションにより共同で発見、適用できることが多い。つまり地域と専門家の人たちとの協働的な学習の場を通じて実現することが期待されるのである。そのような協働的な学習の場は固定的に存在しうるものではなく、たんなる物理的場所が用意されればすむわけではない。肝心なことはそれを長く続けていく地域と専門家の人々の呼吸あわせが鍵をにぎるということである。相対的に長い日常性と瞬時に起こる異常時の生活時間上のリズムの取り方も地域や人々の違いをふまえてノウハウが共同で開発されなければならない。

もう一つ指摘しておくべきことがある。事起こしが単発的に終わらないようにするためには長期的な視点に立った地域のビジョンが不可欠だということである。正確には「地域復興ビジョン」とよぶべきものであろう。しかもそのビジョンは事起こしを適応的に（試しながら改善して進めていく方式で）繰り返していくなかでより実体化し共有化されて、そのぶんだけ「準拠すべき、より確固たるビジョン」として安定化していくことが可能になる。

仮に智頭町を大きな自然災害が不幸にして近未来に襲ったとしよう。事起こしを日常的に積み上げていることで「準拠すべき、より確固たるビジョン」はさらに確固となる。人々に暗に陽に合意された目指すべき方向性が共有されれば、その地域はそうでない地域と比べて「被災をはねよけるバネ」（被災耐力）が強くなるに違いない。仮に被災したとしても、その後の立ち直りはそのぶんだけ戦略的で効果的に行えるであろう。何よりも被災する前から固めてきた「準拠すべき、より確固たるビジョン」が手元にあるので、これが自然災害からの地域復興の事起こしの足がかりとなるであろう。もちろん災害の発生によって、被災前に前提としてきた多くの条件が修正を余儀なくされることは想像に難くない。それでもそれを一からつくり出す場合と比べれば圧倒的に容易で合意もそのぶん早くなるはずだ。被災地に「準拠すべき、より確固たるビジョン」がベースとしてあるので、被災したという体験もふまえた形でそれを適応的に修整し再構築すればよいからだ。このような場合、自然災害からの地域復興とはどのような意味合いとなるのであろうか？はっきりしていることは、災害からの地域の復興は被災する直前の状態に戻ることを意味することには決してならないということである。むしろ不幸ながら被災したことも学習過程の一部として戦略的に活かし、そこから新たな地域復興の道筋を描き直すということになろう。

7　三・一一の被災地の地域復興の困難性と可能性

前節で述べた鳥取県智頭町の被災ケースの思考実験が三・一一の被災地の地域復興にどのような示唆を与えてくれるのであろうか。結論を言えば、直截にはあまり当てはまらないであろう。ただ以下のような考察をするヒントにはなるであろう。

以下、箇条書きに記す。

① 東日本被災地の数多くの集落・地区は被災前から過疎問題に苛められていたと推察される。そこを大地震と大津波が襲って壊滅的な被害を受けたために、被災の後から地域を二重の意味で立て直す困難に直面している。それは「被災からの地域の建て直し」であり、もう一つは被災前に既に長い間進行していたと推察される「過疎化による地域脆弱化・地域崩壊」からの地域の建て直しに向き合わなければならないということでもある。これは東日本の被災地にとって現実の問題である。思考実験で擬似的に被災した智頭町のケースとはここがまず根本的に異なる。

東日本被災地のなかには災害前から過疎問題と積極的に取り組んできた地域も少なくないと思われる。このような地域が事前の取り組みによって被災後に復旧・復興でどのような効果があったのかは今後の

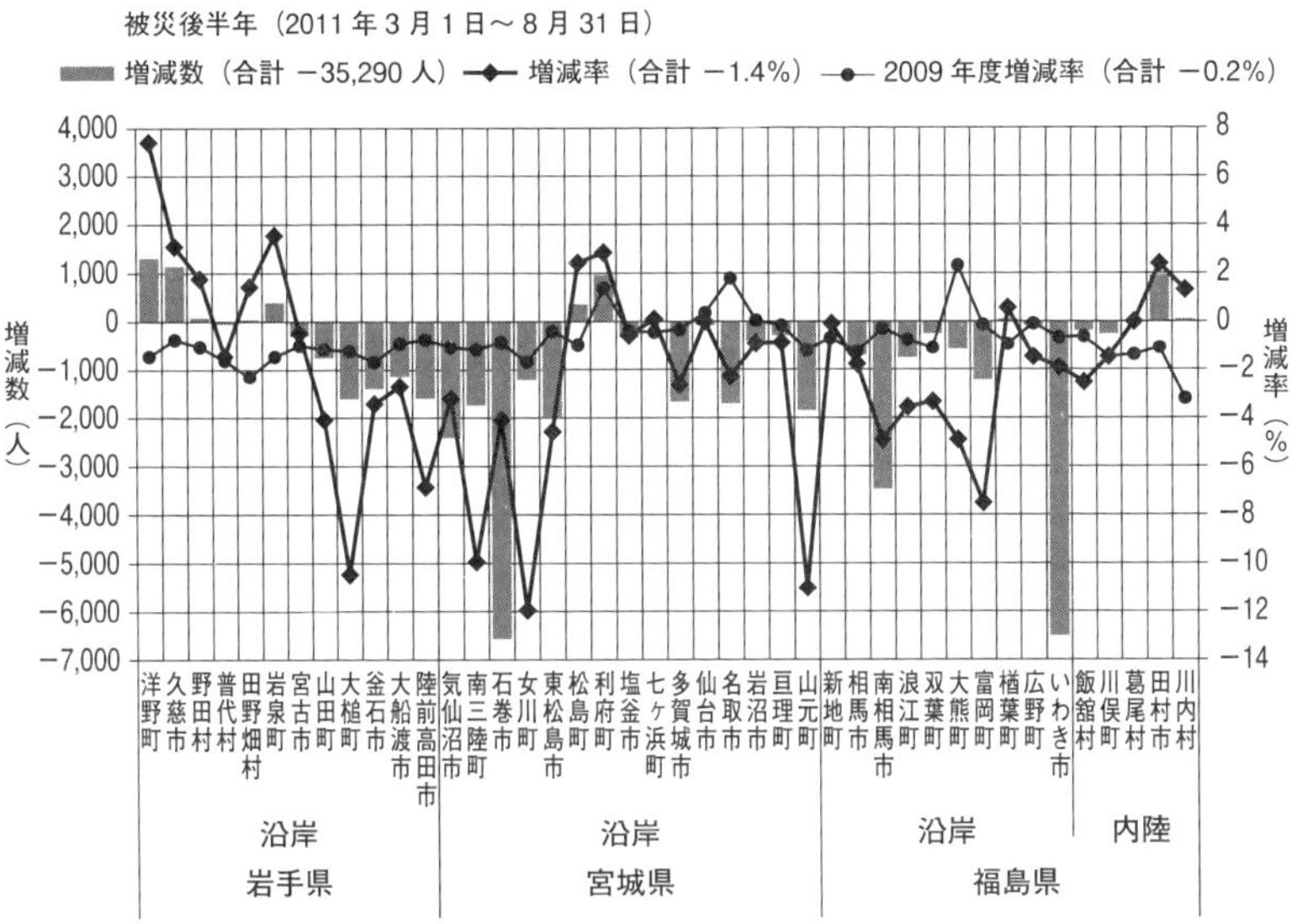

（注）8月31日の人口は毎日新聞が各自治体に尋ねたもの

（資料）毎日新聞2011年9月10日、総務省「住民基本台帳に基づく人口、人口動態及び世帯数調査」

図2-2　東日本大震災の被災前と被災後の人口変動の比較

調査が必要であろう。ただこれはあくまで事後から事前に遡及して推察するという限界がともなう。この点についてはたとえば出口の研究が参考になる［出口］。なおこのような研究を行ううえでの基礎的データとして被災地の被災前と被災後の人口変動の比較をした図2-2（「図録東日本大震災被災市町村の被災後の人口変化」より）が、被災が過疎化に与えた人口動態面での影響を探る糸口となる。

②

一方、被災前にそのような取り組みをほとんどしていなかった地域は、「地域復興ビジョン」を一からつくり出さなければならない。普段の状態でもそのようなビジョンづくりとその合意は簡単ではないし、大変時間のかかる仕事でもある。ましてや被災した直後にそのようなことを悠長にしているゆとりも時間もない。地域ビジョンづくりは五層モデルのいわば「心柱」づ

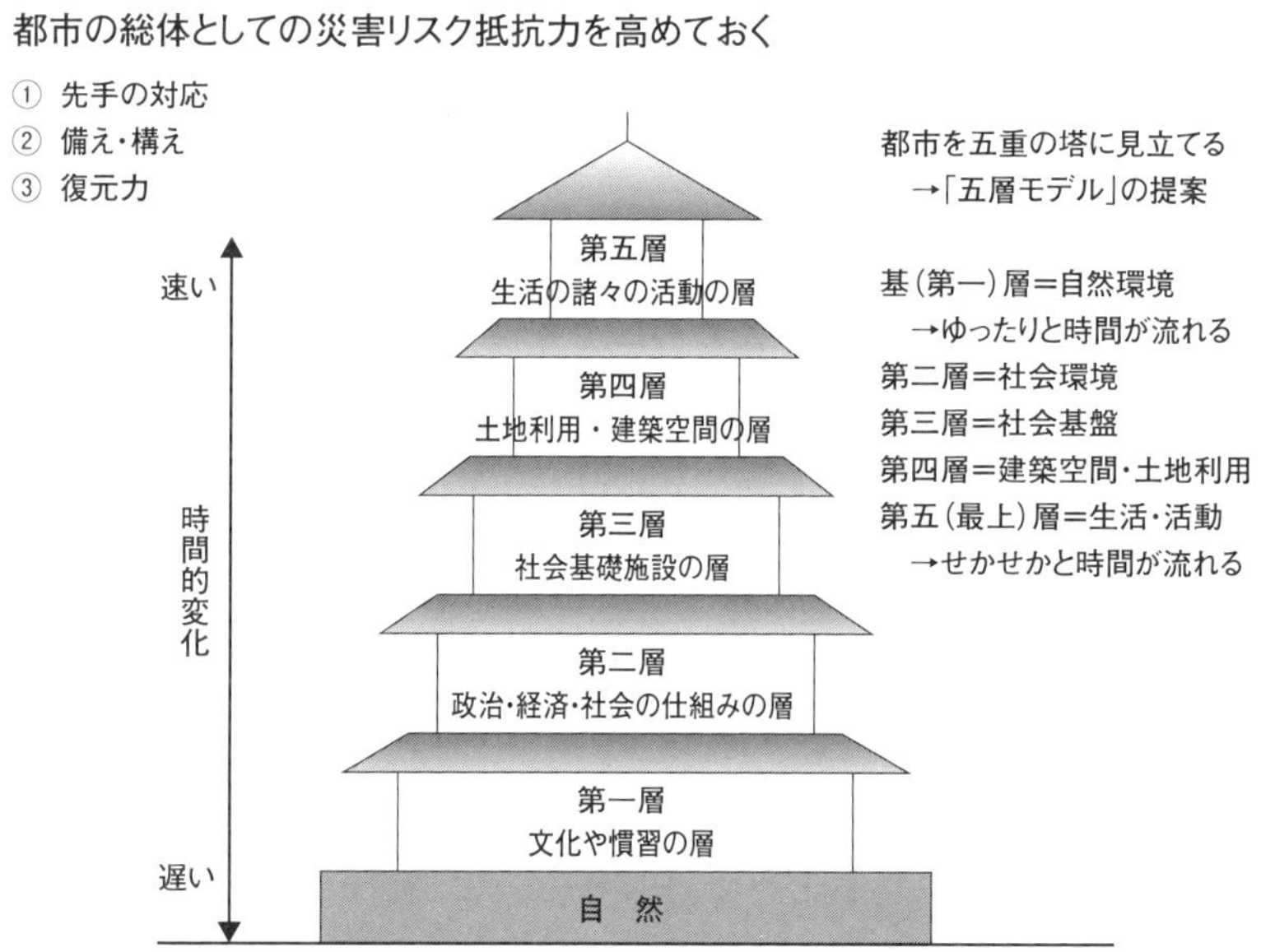

図2-3　五層モデルに見立てた「生きた地域」の複層基盤の構造

くりにたとえることができよう（図2−3参照）。難儀なことに、稀に見る大災害は五層モデルのほとんどの層を一度に破壊してしまった。このような復興という難事業を行うためには、時間のかかる中・下層（たとえば堤防や高台を築くという土木インフラ整備）の建て直しと、比較的早く建て直すことが求められる上層（日々の生活、特に生計を立てるという営み）の建て直しを同期させることが求められる。困難なことに、このような「地域の建て直しのための計画フレームづくりとその合意形成」が必要となる。これはある意味で制度・慣習の層の再設計でもあり、五層モデルの基底レベルに属する、時間のかかる再構築作業である。何よりも、全体を貫くべき心柱づくりはまずそのイメージ合わせからたいへんな困難をともなうことになるのである。

③　このことは西日本の地域に貴重な教訓となる。いったん大災害が起こってしまってからでは間に合わない、このような「地域復興ビジョン」づくりは事前にできるだけ早いうちから始めておくべきだということである。たとえそれが実現へとつながらない間に大災害が起こっても「地域復興ビジョン」というコンパスがあれば、それを頼りに地域復興の事起こしを始めることができる。「災害だけからの地域復興」という考え方には限界がともなうし、現実的ではない。もちろん経済的支援も得ての物理的な回復（たとえば居住施設の再建や道路やライフラインの回復）は最低限に必要である。ただ目に見えて計量可能な物理的な回復ではない。もっとソフトで、人の心理にもかかわる目に見えない側面が「地域復興」の要となることが多い。このことは人口減少が被災する前から進行していた地域ではとりわけ重要である。(注2)「地域復興ビジョン」というコンパスをあらかじめ用意してあるのかどうかは、この意味で被災した（被災しうる）地域の災害からの地域復興の成否を決める鍵を握ることになるのは想像に難くないのである。なお五層モデルの活用の仕方については、第6章の160-163頁、第7章195頁の図7-5と197頁の図7-6も参照されたい。

注1　岡田憲夫の大学時代の同級生で、建設省で多自然型の河川整備方式を導入する先がけをつくった関正和（故人）がCCPTの活動拠点である智頭町八河谷地区の杉の木村で新しい河川のあり方について講演したことがきっかけとなっている。

注2　稲垣らも同じような趣旨の指摘をするとともに、復興とは何かについて人口や経済の指標とは別の「軸（指標）をずらす」ことが必要だと指摘している［稲垣ら］。

参考文献

市古太郎他「事前復興論に基づく震災復興まちづくり模擬訓練の設計と試行」『地域安全学会論文集』第六号、二〇〇四年、三五七―三六六頁。

稲垣文彦ほか『震災復興が語る農山村再生――地域づくりの本質』コモンズ、二〇一四年、五四―五五頁。

大野晃『限界集落と地域再生』京都新聞企画事業、二〇〇八年。

岡田憲夫・杉万俊夫・平塚伸治・河原利和『地域からの挑戦――鳥取県智頭町の「くに」おこし』岩波書店、二〇〇〇年。

関西学院大学災害復興制度研究所『検証　被災者生活再建支援法』自然災害被災者促進連絡会発行、関西学院大学出版サービス、二〇一四年。

経済審議会「地域部会中間報告」一九六六年。

杉万俊夫『鳥取県智頭町「日本ゼロ分のイチ村おこし運動」――住民自治システムの内発的創造』NIRA Case Study Series No. 2007-06-AA-3, 2007.

「図録東日本大震災被災市町村の被災後の人口変化」〈http://www2.ttcn.ne.jp/honkawa/4364.html〉。

総務省ホームページ「過疎地域自立促進特別措置法の概要」〈http://www.soumu.go.jp/main_content/000290499.pdf〉。

出口恭子「高齢化と人口減少という被災地の厳しい条件」政策大学院〈http://www.grips.ac.jp/docs/security/files/prof.deguchi.pdf〉。

中林一樹研究室「事前復興計画研究会」〈http://www.tokyo-sangaku.jp/file_cabinet/research_pdfs/03-108-109.PDF〉。

日本建築学会編『復興まちづくり』日本建築学会叢書8　大震災に備えるシリーズⅡ、二〇〇九年。

日本地域と科学の出会い館『ひまわりシステムのまちづくり――進化する社会システム』はる書房、一九九七年。

早尻正宏「過疎山村の地域づくりと住民参画の展開過程――鳥取県智頭町の事例」『北海道大学大学院教育学研究紀要』第一一六号、二〇一二年、八七―九九頁。

ヘレナ・ノーバーグ・ホッジ『ラダック　懐かしい未来』（『懐かしい未来』翻訳委員会訳）山と溪谷社、二〇〇三年。

第3章　日本ゼロ分のイチ村おこし運動から学ぶ、智頭の事起こし実践の知恵

1　ゼロからイチを起こす小さな地域復興

日本ゼロ分のイチ村おこし運動（ゼロイチ運動）は一九九六年を助走期として、一九九七年度から本格的にスタートした。これは集落レベルの運動で、自地域を小さく持続的に復興させるための一〇年間の取り組みの計画を集落の住民が自ら主体的に立てて実行するものであった。その後、本運動は二〇〇七年からは複数の集落からなる地区レベルに格上げされて、新たな一〇年をかけて地区単位で計画を立てて実行することとなった。二〇一四年秋現在、集落版のゼロイチ運動はちょうど半ばから後半に入った時期に相当している。

日本ゼロ分のイチ村おこし運動の趣旨を企画書から要約すると以下のようになる［杉万、二〇〇〇］。

- その町が、マチとしての機能を持ち、**誇り高い自治**を確立するならば、二一世紀において、「智頭町」に確固たる位置づけを与えることができる。
- そのための**小規模な大戦略**は、**集落の自治**を高めることにある。

- 智頭町「ゼロイチ村おこし運動」の展開によって、地域をまるごと再評価し、自らの一歩で、外との交流や絆の構築を図り、こころ豊かな誇り高い智頭町を創造できる。
- 「ゼロ分のイチ村おこし運動」としたのは、**ゼロから一、つまり、無から有への一歩こそ、建国の村おこしの精神**だからである。この地に住み、共に生き、人生を共に育んでいくことの価値を問う運動である。
- この運動は、智頭町内の各集落が、それぞれの特色を一つだけ掘り起こし、外の社会に開くことによって、**村の誇り**（宝）**づくり**を行なう運動である。

2　集落版ゼロイチ運動

一九九七年度には、市瀬《いちのせ》、白坪《しろつぼ》、新田《しんでん》、中田《なかた》、波多《はた》、早瀬《はやせ》、本折《もとおり》の七集落が一〇年間の運動に着手した［杉万、二〇〇七］。以降、毎年加入する集落が増えて最終的には全八九集落のうち一五集落となった。

一〇年後にこれら先発組みの集落はゼロイチ集落版を終えることになった。当初の目的を首尾よく達成した集落もあれば、十分な成果が得られずに事業を順次終える集落もあったが、それなりに集落のビジョンづくりと主体的な地域変革を行う取り組み力をつけることができたのではないか。人功でみるかぎり、向上した集落が少なくなかったであろう。

ただ当然のことながら集落単位での取り組みには自ずから限界があった。一〇年の取り組みにも関わらず、各集落の人口や世帯数の低下傾向は食いとめることはできなかった。その結果、集落レベルではさらに一〇年後には基礎集落の機能を維持することができなくなることが予測された。そこで今度は集落を束ねた地区レベルに格上げしてゼロイチ運動を展開することが企画された（実はそのようなプロジェクトの企画と実現自体がもう一つの事起こしであった）。こうしてゼロイチ運動の地区版プログラムが二〇〇八年に新たにスタートした。当初は山郷地区と山郷地区の二つの集落が参加する形で始まった。

3　ゼロイチ運動の特徴と基本的な要件

ゼロイチ運動の特徴と基本的な要件を筆者なりに少し言いかえると以下のようになる。

① 集落あるいは地区レベルで地域振興協議会を立ち上げること。
② 住民自治、地域経営、交流（開かれた地域）の三本柱を掲げて地域の誇りを高めるビジョンを実現すること。
③ そのための小さな地域復興の行動計画を住民みずからが主体的につくり、実践すること。

これは住民自らが事起こしを進めていく能力とその実践により地域を少しずつ、しかし確実に変えていくことでもある。そのためのリーダーとその周りで協力して事起こしを進めていく仲間づくりが不可欠である。

ゼロイチ運動の支援プログラムは町役場の事業のなかに位置づけられ、主としてソフトにかかわる小規模な資金（補助金）と人的サポート（専門員の派遣）が行われる。以上の要件を満たすように住民たちがあらかじめ条件を整備してから応募して初めて公式に認められることとなる。

当然、応募しないところも出てくる。すべての集落や地区で一律に行うことは前提としていない。これも特徴的なことである。また公式に参加することになったところ同士では、ある種の「競り合い」が起こる。また毎年の成果を情報共有するために年度の末には発表会が参加している地域協議会の主催で町役場や他の行政機関、内外のアドバイザーを招いて行われる。地域活動のプレゼンテーションの場を戦略的に設け、住民の工夫と努力の成果をコミュニケーション技術も含めて競い合い、学びあうのである。これを一〇年単位で続けていくのである。全国の市町村にあって、このような試みはきわめてめずらしいといえるであろう。

なお集落版と地区版は一見同じ要件を求めているように見えるが、集落を束ねる地区版のほうがはるかに困難な条件をクリアしなければならないことに注意したい。もちろん集落レベルの振興協議会をまず立ち上げるためにも、相当のリーダーシップを発揮できる人が住民のなかにいなければならない。だがそれを複数の集落にまたがってまとめていくには、個々の集落の視点を超えた横断的で長期的な視野と統率力を持ったキーパーソンがいなければならないのである。また信頼される人であることも重要である。

以上のことにも関連するが杉万［二〇〇二］は、「ゼロイチ運動の最大の特徴は、住民主導による徹底したボトムアップの運動である」ということを指摘している。「ゼロイチ運動は、『物言わぬ住民』を『物言う住民』に転換する運動だ」とも述べている。筆者はそこに以下の視点を加えたい。『物言わぬ住民』のなかにも、地域のキーパーソンはすでにいる。その人たちが『物言う住民』になるのも容易ではない。また必ずしも必要でもない。**事起こしをすることで**結果としてそれが「地域にものを言う」ことをやってのけられる住民が生まれてくる。これが『物言う住民』になればよい。そのような住民ができるだけ増え、なかでもそれを取りまとめ推進していく地域のリーダーづくりがゼロイチ運動の実は隠された狙いであったと筆者は考えている。

4　地域復興のための息の長い（持続的な）「事起こしのための事起こし」

ゼロイチ運動は日本国中にユニークなまちづくりや地域活性化の事例として知られるようになった。今や、その「実情を知りたい」と多くの「関係者」が鳥取県智頭町を「視察」に訪れている。それ自体はたいへん結構なことであるが、はたしてその訪問者のうちのどれくらいの数の人たちが本気で実情を知ることを求めているのであろうか、疑問に思える。今、どのようにうまく進んでいるかを表面的に情報として得て事たりとすることが多い。過去からみて「どのように地域が変わったか」ということに興味を持つ人はまだよい。しかし、それは「ひとりでにそのように変わったのではない」ということに思い当たる人は残念ながらきわめて少ないのである。それは訪問する人たちが「事起こし」をするとはどういうことなのか、いかにたいへんなことなのかを実体験したことがないからだと思われる。たいへんな反面、そのプロセスに参加することで得られる経験や問題意識、世界観、何よりも共同してつくり上げる共鳴感と達成感の醍醐味にも当然想像力は及ばない人がほとんどである。

　仮にゼロイチ運動の実情を学び、自地域でそれを活かすつもりであれば、それが地域復興のための息の長い（持続的な）事起こしであることに目を向ける必要がある。いや、もう少し正確にいうと、**地域復興のための息の長い（持続的な）「事起こしのための事起こし」**でもあることを理解することが求められる。「事起こしのための事起こし」であるためには、**集落・地区住民が自らの地域のことを考えて具体的に進める小さな事起こしと並行して、そのようなプログラムが実体化し、律動的に発展していくための舞台づくりをする事起こしが動いていなければならない**のである。すなわち、そのような事起こしの仕掛けをシステムとして構想し、それを町役場や議会も巻き込んで、公式の事業としてプログラム化する。またそれに応募する集落や地区を見つけて準備体勢を整えてもらう。特に初めて手をあげる候補に当たりをつけて、主体的に動いてもらう。**そのような仕掛けはひとりでにできるものではない。誰かが着想し、構想し、水面下や舞台裏で非公式に働きかけなければならない。**

　その仕掛けを行うことができる人は必ずしも「集落・地区のなかのリーダー」ではない。地域のなかにいて、地域を超える世界観とコミュニケーション力を持った人でなければならない。もとより私利私欲ではそのような役どころは務められない。「地域を超える地域リーダー」とでも表現しておこう。智頭町は幸いなことに、このような「地域を超える地域リーダー」の資質を持った人材がいたのである。長年にわたって地**元の特定郵便局長を務めた寺谷篤である。その着想と実行力がなければ日本ゼロ分のイチ村おこし運動は日**

の目をみることはけっしてなかったであろう。そこで以下のような言明が意味を持つことになる。

5　事起こしは、まずひとりから始まる

もちろんひとりだけでは頓挫してしまう。特に運動の始めのころは、団塊の世代の寺谷氏の一回り世代上の前橋登志行の相方としての役割が重要であったと思われる。そうであっても「事起こしは、まずひとりから始まる」ことをここで確認しておきたい。ただしゼロイチ運動のような地域の復興をめざす「事起こしの事起こし」を始めてとことんやりぬくには、生きた地域の生態を体得していることが求められる。地域は生ものであり、まるごとで存在しているのであるというとき、その「生ものであること」、「まるごとで存在していること」には、そのような生態全体をきちんと把握しておくことが不可欠なのだ。**地域の復興（平たくいうと、「地域をよくし直す」）というが、それを能天気で追い求めることは百害あって一利なしである。**現実の地域の生態は陰陽・清濁の両面を持ち、矛盾の塊そのものでもある。[注3] そのことをしっかりと心得たうえで、だからこそ地域がもっとよくなり、光の射す方向とその糸口を見出すことが切実に求められている。そのうえで「地域の人たちの可能性」に賭けるのである。

6 小さくささやかでよいが、共鳴しあい、一致団結できるテーマが見つかれば地域の人たちは場立ちする

「地域の人たちの可能性」に賭けるというがそれはどのようにすればよいのか？　筆者は三十余年の智頭町におけるフィールド体験を通じてその一つの回答を見出ししつあると考えている。特に二〇一三年以来ゼロイチ運動の山郷地区集落版が始まり、いろいろな事起こしに住民が主体的に参画して進めていく動きが高まってきている。筆者はこのような現場に身を置いてますますその実感を強くしている。寺谷も同じような実感を持っているはずである。**小さくささやかでよいが、共鳴しあい、一致団結できるテーマが見つかれば地域の人たちは場立ちする**ということである。なお「場立ち」と「場づくり」は同じではない。そのことを説明しておこう。

場立ちが起こると文字通り、期せずして人々がその場で立ち上がるということが起こる。場の雰囲気が決定的に変容するのである。同時に「**ただ居合わせていただけの人たち**」**がいたその場が**「**融合する人たち**」**へと瞬間的に変容する**、新しい場がそこに立ち上がるように生まれるのである。よそよそしさやわざとらしさが消えて、人々の間に共通のビジョンとテーマを解決する仲間意識状態が生まれるのである。場立ちが起こるためには、「場立ちが起こる現場」がしかるべきタイミングで物理的に用意されている必要がある。人々が集まる施設がタイムリーに設営されていることである。また場立ちに持っていく雰囲気を醸し出すコミュニケーションの現場のプロセスが必要である。このような**物理的な現場の設営と共鳴しあうコミュニ**

ケーションが進むプロセスの両方を指して「場づくり」とよぶことにしよう。場づくりがないと場立ちは起こらないが、それだけでは不十分である。場づくりは意図してそれが起こるようにする人が必要だが、場立ちは特定の人の意図を超えて起こる、人同士が共鳴し合う現像だということができる。

7　ゼロイチ運動は事起こしを通して「小さくささやかでよいが、共鳴しあい、一致団結できるテーマが見つかれば地域の人たちが場立ちする」体験を積むことにつながる

さて、「小さくささやかでよいが、共鳴しあい、一致団結できるテーマが見つかれば地域の人たちは場立ちする」ということに話を戻そう。実はゼロイチ運動を進めるためには、参加する人々は事起こしを進めなければならない。その事起こしを具体的に行うためには、小さくささやかでよいから、共鳴しあい、一致団結できるテーマを見つけなければならなくなる。したがってこのような事起こしを繰り返すことで「共鳴しあい、一致団結する集団」が次第に生まれてくることが期待できる。なおここでは、もう少し正確を期してテーマとビジョンの関係にふれておきたい。**テーマは初め無機質な箱である。その先にビジョンが透視されたとき、ときめきの（ワクワク感がたぎる）「ランドマーク」に変わる。しかし、テーマの見えないビジョンはときめきを掻き立てることができない。**テーマとビジョンを適確にマッチングさせて事起こしの実践行動計画をシステマティックに進めるための場づくりと場立ちを可能にするためには、どのようにすればよいのであろうか？　次にそのことを説明しよう。

8 事起こしの計画づくりを支援する戦略システム思考と、梃子《てこ》として使える四面会議システム

実は智頭町の三〇年余の事起こしの積み上げの過程で、大きな副産物が一つ生まれていたのである。それが事起こしを戦略的に進めていくうえで大いに役立つこととなった。ゼロイチ運動が始まった時点ですでにこのような支援技法が開発されていたことも幸いであった。特に力を発揮したのが「四面会議システム法」とよばれる参画型実践行動計画づくりの支援技法である。筆者らは研究者としての立場から、事起こしの計画づくりを支援するための戦略的思考をいくつかの概念モデルとして開発してきた。詳細については章を改めて述べるが（第5章、第6章参照）、ここでは以下の点を指摘しておきたい。

① 地域の封建制・固陋性を超える挑戦はひとりからの事起こしから始まる。このことを確信した先進的な若者（一九八〇年代前中期当時）であった寺谷篤が四面会議システム法の原型（「模造紙会議」とよばれていた）を思いつき、自分たちの仲間づくりと戦略的行動計画づくりの訓練と実践に活用し始めたのがきっかけである。この時点で既に、現在は模造紙を用いた四面会議図とよばれる図表（チャート）を使った実践行動計画づくりが行われていた。

② 一九八五年当時鳥取大学工学部に創設された新しいタイプの学科（社会開発システム工学科）で学科開設の仕事を担うことになった筆者は、寺谷の挑戦を受けて智頭町の事起こしの運動に研究者の立場から支援することとなる。以来両者の三十年にわたる共同学習作業を続けてきた結果、この四面会議シス

テム技法を（当時から見て）「新しい地域の時代を開く参画型実践行動計画づくりの支援技法」に磨き上げることにつながった。以来、今日にいたるまでその共同学習作業は続いている。ゲーム感覚を意図的に組み込んだwin-winディベートや逆転ディベートを導入したことで、普段はなかなか自分たちの思いや考えを皆の前で表明し、議論を戦わす機会もない中山間地域の集落の人たちに（わざわざ集まって話し合う）適当な名分と格好の実践訓練の場を提供することになった。

③　その後四面会議システムは、筆者らの発案でＳＷＯＴ分析やＫＪ法を組み合わせたブレーンストーミング技法を四面会議図作成作業の前段に組み込むように改善・拡張された。「参加者が一堂に会して地域の実情を把握・診断するための認識の共有のフレームづくり」を前段として設けることが目的である。さらに四面会議図作成作業の後段に、役割ごとの多段階の行動計画項目を表形式で書き込んだロードマップを用いて、参加者全員で（他の人たちも聴衆として加えた場で）プレゼンすることを（実質のともなった）セレモニーとして組み込むように拡張した。「私たち全員が実践する行動計画」という宣言をすることで、実践への関与を公的に示すという効果がある。

④　以降、鳥取県智頭町においては、この拡張版の四面会議システムがさまざまな形で適用されてきた。当初は地域の封建制・固陋性を超える挑戦として寺谷篤と少数の住民が戦闘的に主導する事起こしであったが、そこから次第に発展して、集落（地区）の住民の身の丈に応じた事起こしへと進化を遂げてきている。このように四面会議システム法が古い村社会の集落の人々の意識と行動を少しずつ変える戦略を進めていくための梃子《てこ》の役割を果たしたのである。

⑤　結果として当初から見ると適用のハードルがずっと低くなり、そのぶん四面会議システムの適用事例が増えてきている。寺谷らが当初そこから手をつけざるをえなかった「事起こしの舞台づくりの事起こし」（これはなかなかハードルが高い）から、今は、すでに仕組みとして導入された事起こしの舞台を活かした事起こし（日本ゼロ分のイチ村おこし運動のなかで出てきた小さな自発的な取り組み）へと進化しつつあると推察される。ただし今後の継続的な観察と検証が不可欠である。

⑥　県外（たとえば長野県小布施町、千葉県野田町、佐渡市など）や海外の他地域の事起こしを志向したまちづくりにも事例演習的に適用され、有効性と改善点の抽出が継続的に行われて今日にいたっている。韓国（減災まちづくり）、インドネシア（メラピ火山山麓地域コミュニティの減災まちづくり）、インド（ムンバイ市のスラム地区の減災まちづくり）などがその例である（巻末の付録参照）。

⑦　筆者は寺谷・平塚らと共同で地域経営まちづくり塾（特定法人・日本・地域経営実践士協会）を二〇一二年三月一一日に立ち上げた。東日本大震災からちょうど一年目の節目にあたるタイミングで、三・一一後世代の務めをはたすための自発的な取り組みを目指している。ひとりからでも始められる事起こしを自ら進めるとともに、他者の事起こしを支援するための知識と能力を持った人材（財）養成を目指している。四面会議システム法を梃子《てこ》として活用することで、必要な場づくりや実際の行動計画づくりを戦略的に進めていく技能を修得することが狙いである。また筆者が教鞭をとる関西学院大学において関連する科目で、四面会議システム法の基礎を学生たちが学ぶことも行っている。本書をそのような人材（財）養成の教材として活用することも意図している。

注３　たとえば、事起こしを始めることは地域に小さな波を立てることでもある。地域を「攪拌化」するのである。それによって現状で「事足れり」と安眠している人たちは揺り動かされる。つまり「覚醒化」である。攪拌化することで現状を変えようとする人にとっては好ましい変化が起こることになる。現状でよいと（漠然と）思っていた人たちはいい迷惑である。その結果、葛藤化が生まれるのである。このように地域の問題に現実に関わろうとすると意識や利害が背反することがらに向き合わないかぎり、その先には行かないことが多くある（鳥取県智頭町の三十年余の事起こしのシリーズは、このことを例示するうえでケーススタディの宝庫と考えられる）。なお第７章の事起こしの実践理論のところで**地域（マチ）復興のための事起こしのプロセスのモデル化とコンフリクト・マネジメントの意義**について説明しているので参照されたい。

参考文献

岡田憲夫・杉万俊夫・平塚伸治・河原利和『地域からの挑戦――鳥取県智頭町の「くに」おこし』岩波書店、二〇〇〇年。

岡田憲夫「日常性に隠れた『もうひとつの災害』に重なる大自然災害からの地域復興――小さな事起こしの可能性と課題」『災害復興研究』第六巻、二〇一四年。

杉万俊夫『鳥取県智頭町「日本ゼロ分のイチ村おこし運動」――住民自治システムの内発的創造』NIRA Case Study Series No. 2007-06-AA-3, 2007.

杉万俊夫編著『フィールドワーク人間科学――よみがえるコミュニティ』ミネルヴァ書房、二〇〇〇年。

中林一樹研究室「事前復興計画研究会」〈http://www.tokyo-sangaku.jp/file_cabinet/research_pdfs/03-108-109.PDF〉。

日本・地域経営実践士協会「地域経営まちづくり塾」〈http://smile-nexus.org〉。

第4章　地域活性化、まちづくりと事起こしの共通性と相違性

他地域の事例も含めて考える

1　はじめに

「地域活性化」や「地域起こし」「まちづくり」（以下、本章ではまとめて「まちづくり」とよぶ）は耳慣れた言い方であるが、その意味するところや実態はきわめて多様である。厳密な定義や条件も今のところあまりないと考えられる。これに対して本書では「事起こし」をこれらの言い方とは意図的に区別して、もう少し厳密でしかも多少異質な特性を持つ活動・運動を指すことにしたい。事起こしが、一般的に使われる意味での「まちづくり」とよく似た特徴（共通性）をもつとしても、同時に相当に異なった特性（異質性）をもった営みを指し示すための新しい概念として用いることを提唱する。見方を変えると、「事起こし」という新しい概念を取り入れることによって、「まちづくり」という言い方ではなかなか指し示すことができなかった営みを明確に指し示すことができる。結果としてそのような営みの重要性と可能性にしっかりと目を

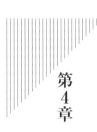

向けることができる。一方、「まちづくり」の意味内容を限定的にとらえたり、その地平を広げたりする議論にも結びつけられる。その可能性にもふれる。

2　事起こしとは何か　その基本的要件を考える

(1) ひとりから始める事起こしの基本的要件

① 必要性を意識した人がまず「我が事」として行うもので、そのリスクやコストをとる覚悟があること。

② 事を起こす目的は第一に自らが変わることで、その結果として「周り」も変えることである。つまり主体的に事起こしの最初の当事者になることでもある。「変えるべき事の具体的な中身」は当人が自ら選び、設定しなければならない。それは小さくとも具体的な一つのテーマとして始めるのがよい。テーマは自身の使命感と行動力をベースに、興味や知識、得意な技能、個人的な資産や自身が持っている人的ネットワークなどを考慮して決めればよい。

③ 自らに課した事起こしを始めることによって、一人の生身の個人として「最初の当事者」となることを目指す。この「最初の当事者」になることは、行政等公共的組織や会社・団体等に属するある個人が、一つの部署（たとえば都市計画担当、環境衛生担当）の担当になることでその組織代表者の機関的当事者となることとは、当事者の資格条件や役割が異なることに注意したい。事起こしによる個人としての

最初の当事者は、リスクを覚悟で「我が事」として始めたことが（ささやかでも）実践できているということで最初の当事者となる資格と役割を自己規定することができる。一方、組織の機関的当事者は、その部署と職務に就くことで自動的に付与される職務上の権限や情報・資産を行使することができるようになる。後者の場合は、そこに配属されて職務に就いた個人には、機関的な仕事（我が事ではない仕事）をすること自体に個人的リスクは基本的にはないであろう（もっともそのような人事自体に組織や人事担当者としてのリスクはともなうであろうが、それと話は別である）。ただし、行政等公共的組織や会社・団体等に属するある個人が、一人の生身の個人として「最初の当事者」となることがありえないことではない。いやむしろある先見的感性とバランス感覚をもって、職務範囲のギリギリのところで微妙に越境し創造的開拓を目指すことは推奨されるべきである。そこには個人としてのリスク（と果実）がともなう。たとえば杓子定規なルールの適用や自己規制に陥って、生身の人間として、我が事としてとらえ、創造性と人間性に満ちた小さな事起こしの付加価値をつけた組織マネジメントは社会を豊かで潤いのある方向に導いてくれるであろう。なお行政組織は、民間や地域の組織・団体に比べて、職務の公共性が重要であるので、自ずから個人が負うべきリスクの意味合いとそのマネジメントの仕方も異なることにも留意したい。

④「周り」とは第一義的には近隣の地理的空間で活動する地域コミュニティ（の人々）である。そのほかに、複数の人が関与している人的ネットワークで、特定の地理的空間とは必ずしも一致しない場合も指す。「周りを巻き込む」とは、一人で始める事起こしに他の人たちの参加を促して複数の当事者の集

団をつくっていくことをいう。各自が一人で始めた事起こしを相互にネットワークすることで周りに事起こしを広げあう場合も指すこととする。「小さな事起こし」とは、この意味で「周り」が小さいことをいう。具体的には関与する人の数がわずかであったり、小さな（狭いエリアや小人数の）近隣コミュニティである場合をいう。

⑤「変えること」自体が自己目的化するのではなく、結果としてまず自身がより良く生きられる高みに上ることができ、周りとそれを分かちあえることでより幸せで豊かに感じられることを目指すことが目的でなければならない。

⑥変えることが実現することが重要で、そのためには初めはむしろ小さな事起こしとして始めるのがよい。ただし小さいからと言って「まるごと性」がないわけではない。むしろ小さくなる分だけ、いろいろな問題（テーマ）の要素が潜在的に詰め込まれ凝縮されているほど「事起こし」の最終的なハードルは高くなるが、そのぶん、他者の参加・協力を求めることが必要になる。

⑦**事起こしは単発的ではなく、息長くシリーズとして続いてこそ、「事を起こすという」意義が高まる**という要件を加えておこう。自らが変わることはもちろん、周りが本当に変わるようになるためにはそれなりの時間が掛かるのが普通だからである。一つのテーマに限定して時間をかけて効果を上げていくケースが考えられる。しかし特定の地理空間（周り）に限定して「事起こし」をする場合には、一つのテーマに捉われすぎないほうが効果的である。つまり手を変え、品を変えるようにいろいろなテーマで**事起こしをシリーズで繰り返していく。**そのシリーズは本当に変わるための共同学習のプロセスである

といえるであろう（もちろんただ続けることが自己目的化するのもよくない。もし事起こしの目的が完全に達成されたと判断されたときや、逆にその達成を継続的に目指すことが社会情勢の変化や実践的学習の積み上げの結果もはや妥当ではないと判明したときは、事起こしをさらに継続することを終了すべきであろう）。

一方、**事起こしはそれが起こるための現場とタイミングが決定的に重要である。**現場が地域（マチ）そのものであることもありうるが、必ずしも一致するとは限らない。またタイミングが合わなければどんな適切な現場でも事起こしは起こらないともいえる。現場とタイミングの両方が備わっていること、それが肝心である。

もちろん以上の要件をすべて満たさなければ事起こしとは呼べないというわけではない、ただ第一の要件①は最も本質的で基本的なものである。

(2)　ことごとしくするのが必ずしも事起こしではない、さりげない事起こしこそ身の丈に合った始め方である

事起こしの「周り」を実在的な地域（マチ）＝地域コミュティとみなすと、事起こしはある種の地域（マチ）起こしでもあると解釈できる。だからといって、いわゆる「まちづくり」がそのまま事起こしであると早合点してはいけない。たとえば行政の補助を得て「安全・安心なまちづくり」が住民参加で行われることも多いが、当の住民たちが自地域の安全（たとえば子供たちの通学上の防犯や交通事故の危険をできるだけ取り除くというまるごとの問題）を切実に受け止め、自ら主体的に解決しようという姿勢がなければ、「事起こし」とはよべない。**主体的関与と自発性**が事起こしの鍵を握る。そうでないとまちづくりに付き合っているという意識がぬぐえず、行政からの補助が得られなくなるとたいていは頓挫してしまうことになる。やれ補助金がないとできない、やれ行政も出てこいと、やたらことごとしく他者に要求することが先立ってしまう。住民である一人ひとりが主体的関与と自発性を持たないたんなる要求運動は事起こしではない。このことをまず確認しておきたい。むしろ反対に、さりげないやり方で「我が事として始める事起こし」こそ推奨すべき事起こしなのである。とりわけ、「ひとりからでも始める事起こし」ができる人がいることこそ、主体的に関与する住民が担う参加型（より積極的には「参画型」）が実現するためのもっとも基本的な条件であることを指摘しておきたい。ところが「まちづくり」がそのような基本的要件を満たすときに使われることは意外とまれで、むしろ行政主導の「まちづくり」が現実には少なくないのである。それゆえに、「ひとりから始められる事起こし」はそのようなまちづくりとは本質的に異なるのであり、「住民の主体的な参画によるまちづくり」を議論するうえできわめて重要なのである。

（3）さりげなく我が事として始める事起こし

柳田邦男の『言葉の力、生きる力』には、さりげない事起こしの見事な事例ともいえる逸話（「忘れな草」一四〇頁）が紹介されている。ただし「事起こし」という表現はまったく使われていない。

陰で図鑑をみて一生懸命花の名前を覚えるという「事起こし」を自らにひそかに課した看護士がいた。彼女は病院の見舞い客や患者がくるたびに、お見舞いの花の名前をさりげなく言い当てることで、それをきっかけに心温まるコミュニケーションの場が生まれるというエピソードである。柳田に問われなければ、この看護士は陰でそのような努力を重ねていることも表にしなかったであろう。

この場合、**さりげない「心がけ」を自ら課して実践し続けることこそが小さな事起こしとなっている。**このことを前掲の事起こしの基本的要件に照らして吟味してみよう。

要件①　必要性を意識した人がまず「我が事」として行うもので、そのリスクやコストをとる覚悟があること。

この看護士の場合は患者さんや見舞い客とのさりげないコミュニケーションが必要であることにまず気づいたはずである。そこで我が事として「図鑑を調べて花の名前を覚える」という課題を自らに課したのである。この場合のリスクとは何であろうか？　それはそれほど大きなリスクではないだろう。多忙な仕事の合間に調べると、多少本務に支障が出るというリスクは少しあるかもしれない。でも花のイメージを覚えておけば、仕事が終わってから調べることで回避できる。つまりそのリスクは取るに足らない。名前を覚え違えて使って恥ずかしい思いをする、あるいは花などに興味がないか、嫌いな病人には却って不愉快な気持ちにさせるというリスクは多少あるかもしれない。むしろこの場合はコストの方が問題であろう。大きな図鑑を買うというコストも考えられるが、それよりも「図鑑を見つけにいく」とか「図鑑を開いて調べる」という手間暇がコストといえる。そんな手間暇をかけるかどうかというその選択が求められるのであろう。でもそのことを最初に意識し覚悟をすることが大切なのである。

要件②　事を起こす目的は第一に自らが変わることで、その結果として「周り」も変えることである。

つまり主体的に事起こしの最初の当事者になることでもある。「変えるべき事の具体的な中身」は当人が自ら選び、設定するべきである。それは一つのテーマとして始めるのがよい。テーマは自身の使命感と行動力をベースに、興味や知識、得意な技能、個人的な資産や自身が持っている人的ネットワークなどを考慮して決めればよい。

これはそのまま当てはまる。自分が変わるとは第一に、たくさんの花の名前を覚え、実際の花の名前を言い当てられるようになるということである。第二は、それによって患者さんと見舞い客の話の輪のなかに入っていけるようになるということであろう。患者さんとのコミュニケーションが円滑になり、結果として患者さんの周りの雰囲気もよくなるかもしれない。

要件③　自らに課した事起こしを始めることによって「最初の当事者」となることを目指す。

この「最初の当事者」は、公的な立場や権限、それにともなって使える公的資産や資源を行使する組織代表者的当事者として「機関的に振舞う個人」とは異なる点が重要である。

これもそのまま当てはまることは明白であろう。

要件④「周り」とは第一義的には近隣の地理的空間で活動する地域コミュニティ（の人々）である。

そのほかに、複数の人が関与している人的ネットワークで、特定の地理的空間とは必ずしも一致しない場合も指す。

この事例では、「周り」とは患者さんや見舞い客が居合わせる病室（の雰囲気）ではないだろうか。雰囲気を和ませ、結果として病人や見舞い客の心が明るくなる、そんな気遣いを常に心がけるのである。病院のなかの病室や廊下と考えればある種の狭い地理的空間でもある。これを地域（マチ）とよべば、事起こしという地域（マチ）起こしともいえる。

要件⑤「変えること」自体が自己目的化するのではなく、結果としてまず自身がより良く生きられる高みに上ることができ、周りとそれを分かちあえることでより幸せで豊かに感じられることを目指すことが目的でなければならない。

患者さんや見舞い客と気持ちよく接するようなコミュニケーション力が高められるように自身を変えることと、結果として自身も少しずつよりよく生きる高みに上がることができる。そして周りと分かちあえることで全体的に豊かさが増すことが目的になっているのである。

要件⑥ ⓐ 変えることが実現することが重要で、そのためには初めはむしろ小さな事起こしとして始めるのがよい。ただし小さいからといって「まるごと性」がないわけではない。むしろ小さくなるぶんだけ、いろいろな問題（テーマ）の要素が潜在的に詰め込まれ凝縮されているほど「事起こし」の最終的なハードルは高くなるが、(b)そのぶん、他者の参加・協力を求めることが必要になる。

前半の要件(a)はまさにそのとおりであろう。本当にささやかな、めだたない、小さな「事」を取り上げている。しかしそこにはたんに花の名前を言い当てるということ以上の「まるごと性」が詰まっている。コミュニケーションの取り方、入院患者が抱える不安や関心への気づかい、病院看護などの問題が包括的に関係しあっているであろう。後半の要件(b)についてはまだそのレベルにはいたっていないと判断される。この看護師は一人で事起こしをしており、他者と明確に目的を共有する意図で行動はしていないからである。もちろん他の看護師が彼女の行動の意図を読み取り、自身にも同じような事起こしを課すような波紋が出てくる余地はありうる。またそのようなときが、他者と行動を共にする適切なタイミングなのかもしれない。

要件⑦　事起こしは単発的ではなく、息長くシリーズとして続いてこそ、「事を起こすという」意義が高まる。

これもそのとおりであろうが、どこまでそれが長続きしているのかは確認できない。小さく、自ら密やかにしている事起こしであるから持続性は高い可能性がある。

以上からわかるように、この看護士さんの事起こしはまちがいなく小さな「周り」にかかわるものである。彼女がひそかに意識して心がけていることで、当人のみが主体的に行っていることだということがユニークなのである。主体的で自発的に行っている当事者は一人だけというのが特徴なのである。ことごとく言い立てない、つまり**事挙げしない事起こし**の典型である。しかし結果として何人もの入院患者と見舞い客をそれと知らずに巻き込んでいる。入院患者も見舞い客も入れ替わるので、特定されない多くの人にさわやかな心地を届けていることになる。

先述したように、ことさら事挙げしなくてもその様子から立ち現れるものがあるはずだ。さりげなく真似する第二、第三の看護士が出てきたとすれば、この事起こしはより広がりを持ったものになってくる。あるいは同じような方法ではなく、また別のやり方で病室の雰囲気を暖かくしていくというのもよい。その場合、看護士同士は互いに情報交換をする機会を持ちながら共同で事起こしをしていくほうが効果的であろう。さりげなく患者さんや見舞い客に接するという点は同じでも、主体的にそのようなコミュニケーションを図る人たちは共通の目的と認識を確認しながら進められるのである。

これに類する「事挙げしない、ささやかな事起こし」を考えてみよう。たとえば筆者が知っている山間地域の人で、誰に言われるでもなく雪が積もると早朝に黙々と近隣の道路の雪かきをする人がいる。この人はそれを何十年と続けているという。住民の人たちはそれに気づいている。多分感謝もしているのであろう。ご当人は問われないかぎり、あえてそのような事起こしを続けてきていることを喧伝することはない。彼は仕事柄雪かきをする機械を所有している。自分の「私的資源」を持っているという強みを「地域（マチ）」の人たちにささやかに還元していることになる。その営みを長年にわたって続けられる当人になる努力を続けることで自身が変わるのである。

ただこのような「事挙げしない、ささやかな事起こし」の限界を再度確認しておこう。第二、第三の事起こしの仲間つまり雪かきの同調者が現れていないように見えることだ。もっとも当人が集落のリーダー的存在として認知されている様子をみると、黙々と事起こしを一人で続ける姿が地域コミュニティにもたらす見えない波及効果と解釈できなくもない。

それでは次に、いわゆる「まちづくり」にもう少し近いイメージを持った事起こしについて考えてみよう。本書が企画されるきっかけを与えたあの東日本大震災が浮き彫りにした事起こしである。

3 「釜石の奇跡」の陰にあった津波防災教育成功モデルを生んだ事起こし

最初に断っておきたい。以下で事起こしの実例や実践者と呼ぶのは、筆者の独断的解釈である。後述する片田自身がそのように称しているわけではない。

二〇一一年三月一一日の午後三時前に起こった東日本大震災にともなって発生した大津波災害は不幸にして多くの人々の命を奪ってしまった。私たちの記憶にまだ新しいところである。なかでも「釜石の奇跡」とよばれて全国的に（世界的にも）知られることとなったニュースは私たちにある種の希望や可能性を感じさせるものである。岩手県釜石市内の小中学校では、全児童・生徒計約三千人が即座に避難し、九九・八パーセントの非常に高い生存率で命を自ら守ることに成功した。たしかに「奇跡的」に高い生存率で生徒たちが自主的に避難できた印象があるが、実はその背後に、片田敏孝・群馬大教授の八年間にわたる津波避難の行動実践のための防災教育訓練があったという。このこともすでによく知られているであろう。ここでは片田教授のこの長年の挑戦を事起こしという観点でとらえてみよう。以下、片田［二〇一一］から抜粋しながら検討しよう。

私は、三陸地方の自治体に、共に防災教育に取り組むことを打診した。釜石市が手をあげてくれた。二〇〇四年のことだ。三陸地方には一〇〇年程度の周期で津波が定期的に来襲する。これは海溝型とよばれるプレートのためだ。過去の明治三陸大津波では、釜石町（当時）の人口六五二九人のうち、四〇四一人が犠牲となっており、同じような事態はいつでも起きうるのだが、ここ最近は津波警報が発令されても市民の避難は低調で、釜石市は危機感を強めていた。そんな矢先に私の申し入れを快く受け入れてくれたのだ。

（片田敏孝「小中学生の生存率九九・八％は奇跡じゃない」『WEDGE』二〇一一年五月号）

このようにして二〇〇二年に最初の挑戦が片田によって始められたという。これを事起こしの始まりとよんでおこう。最初の一歩の働きかけがあったからこそ、二〇一一年の「釜石の奇跡」につながったに違いない。まさに千里の道も一歩から始まるである。これは持続的な事起こしの極意につながる格言でもある。なお片田は、釜石で起こったことは「奇跡」ではないと論駁していることに留意したい。ある意味で「必然」

であったということであろう。必然に導くためにひたすら繰り返してきた挑戦であったのであろう。もとより片田は事起こしという言い方はしていない。しかし筆者はいざとなったら実践されるということを必然にするための持続的な挑戦は事起こしの一つの典型であると解釈するのである。ここでは本章の冒頭で掲げた事起こしの基本的条件に照らして逐一吟味することはしないが、そのすべての条件を充足していると判断・解釈できないことはないことを読者は自身で確認してみてほしい。

以下、この一歩はさらなる一歩、また角度を変えて一歩進む。そんな紆余曲折（これも持続的な事起こしを特徴づける特性だといえる）を経て、あの三・一一の結果にいたるのである。前記の文献等［片田、二〇一一：尾木・片田］から抜粋・要約すると以下のような経緯をたどったようである。

社会人教育としての防災啓蒙の講演

防災意識の高い、ごく一部の市民ばかりで、広がりに欠ける。

↓

市内の小学校を訪ね、管理職クラスの先生に防災教育の実施を提案

他の科目が優先のため冷ややかな反応。

↓

当時の釜石市教育長に直接相談

教育長は地元の出身、昭和三陸大津波の被害を実際に経験、防災教育の必要性を理解、あいた時間帯に

教諭向けの防災講演会を実施する機会を提供。

↓

先生方への防災教育の必要性を説く（防災意識が不十分な当時の釜石に育つ子どもたちは、そのままでは次に襲来する津波から逃れられないこと）

先生方との連携で防災教育のテキスト開発と授業研究が各校で始まる。

↓

二〇〇六年、子どもたちへの津波教育の第一ステップが始まる

アンケート「家に一人でいるとき大きな地震が発生しました。あなたならどうしますか？」を実施、「お母さんに電話する」「親が帰ってくるまで家で待つ」と大多数が回答。

↓

以降、子どもたちの意識改革と行動実践力を高める津波教育と避難訓練を実践的相互学習方式で継続的に実施・改善させていく

↓

二〇一一年三月一一日午後二時四六分に東日本大震災が発生

生徒たちの自主的集団避難により自ら命を守ることになる。

以上が大筋の事の顛末であるが、筆者は以下の二点を特記しておきたい。

①　いざとなったときに必ず実践して命を守れる津波防災教育・訓練の必要性について片田には強い信念と実現のためのビジョンがあり、それに基づいて試行錯誤で相互学習しながらデザインしていく戦略性を持っていたこと。

②　一〇〇パーセントの成功ではなかったことを反省・反芻し、そのわずかの不成功の現実的な教訓を学びとって、さらなる事起こしに持続的につないでいこうとする完結性（学習しながら最後までやり遂げるという意味で、事前に完ぺき性を期すという意味ではない）を目指す姿勢と、ある種の楽観的態度が持続的な事起こしの鍵を握っていると推察されること。

この事例は安全・安心なまちづくりを目指した事起こしの、今後の一つの雛形を提供するものである。ただそのような事例であっても、その盲点がありえたことをあえて指摘しておきたい。「もし今回の震災が一〇年後に起こっていたとしたら」という問いを立ててみよう。そうすると続いて次のような疑問が生まれてくる。

(a)　一〇年後まで同じような取り組みで、同じような士気と行動可能性を維持できたであろうか?

(b)　組織がかわり、担当者がかわり、教師や生徒が完全に入れかわるというような世代交代があっても、同じようなアプローチを続けることができたであろうか?

(c)　「めったに来ないことに備える教育・訓練」だけではなく、日頃のさまざまな課題の解決と結びつけていくアプローチも今後は必要になってくるのではないか？

(d)　何よりも、片田のような外部からの支援の指導者が直接関与できなくなったあとを担う人材養成が求められるのではないか？　どのようにすればそれは可能か？

この点について直接、片田に伺う機会があった。少し熟考する時間を置いてこう答えてくれた。

「今回、亡くなる方をゼロにはできなかった。痛恨のきわみです。たぶん、もう5年程度の先であったら、一段と運動も盛り上がっていて、さらに犠牲者は減らせたかもしれない。子供たちや親、老いも若きも地域の人たち全体の中に、自然発生的にいろいろな自発的取り組みや工夫が既に生まれつつあった。地域のひとたちがどんどんまとまっていく、そんな明るい感じがありましたから」。

「でも、さらに5年、10年、20年となれば同じようなリズムを維持・発展できたかは何ともいえない。私自身は乗り切る意思は持ち続けていることはもちろんなのですが…　私ひとりができることには限りがあります。体力的にも、時間的にもです。それをどう拡げていくか、これからの課題ですね」。

最後に言葉を添えた。「子供たちは希望です。今回のことも心から褒めてやりたい。実は『釜石の奇跡』といわれることを子供たちはいやがるのですよ。あれは『奇跡』ではない、『実績』なんだと。そのような子供が10年経てば大人になっていく。さらに10年、親となりその子供たちが出てくる。苦い教訓が当たり前にできる市民が育ち、そして地域文化となっていく。子供たちはその希望の星なのです」。

三・一一でとどまる釜石モデルではなく、進化し続ける釜石モデルが切実に求められるのである。西日本の数多くの地域・集落では三・一一後の大きな課題として、南海トラフ地震にいかに備えるかが、安全・安心まちづくりの中心的テーマとなりつつある。片田はそのことも明確に意識して、さらなる展開をすでに始められているようである。ただこのモデルは特定の一人の貢献と努力に委ねられるべきものではなく、広がりをもった多数の人と地域の挑戦がぜひとも必要であろう。釜石モデルのさらなる進化をめざす取り組みを持続的な事起こしの切実なテーマとして検討し、発展させていくことはきわめて切実な課題なのである。

4　町並み保存運動は事起こしか?

次に、少し視点を変えて、いわゆる「まちづくり」の典型的なタイプの一つと解釈できる「町並み保存運動」を取り上げてみよう。事起こしかどうかという観点から議論するとどうなるであろう。該当するケースはいくつもあると思われるが、筆者（岡田憲夫）が長年にわたって訪問を続けている愛媛県内子町の町並み保存の事例をみてみよう。筆者の岡田文淑への直接の聞き取りや関係者からの情報収集をふまえて検討してみたい。森まゆみの近著（『反骨の公務員、町をみがく——内子町・岡田文淑の町並み、村並み保存』亜紀書房、二〇一四年）も参考に、岡田（憲夫）のいう事起こしの基本的条件に照らして検討しよう（なお森は「事起こし」という言葉はまったく使っていないし、そのような観点から岡田文淑の評価をしているわけでもないことを断っておきたい。森の著作を引用していてもその解釈は岡田（憲夫）の個人的な見解である）。

本事例の最大の特徴は愛媛県内子町の職員であった岡田文淑氏がひとりから始めた挑戦であるという点であろう。


一九七〇年、岡田文淑は三〇歳のときに町役場の産業課のなかにできた観光係の係長に配属される。町並み保存の考えを町のトップに言っても埒があかず、県の教育委員会に行ったがすげなく断られた。「ばかなことはお止めなさい」と言われたのを覚えている。その頃からだな、ポケットマネーであちこち勉強に行ったよ。（前掲書、一四頁）

公務員である岡田文淑は、「つつましく、事挙げしない人」であると著者の森はいう。彼女がそれまで出会った「全国の地域でがんばっておられる人」のなかで、公務員であった彼は普通の公務員ではなかったという。「自ら業を営む人」である公務員になろうとした人であって、「税金で生活する公務員とは発言の仕方が違う。」「公務員の立場を生かして、住民と役場の板挟みになりながらも、本当にこの町にとっての未来はなにか、を考えつくす人」であったと述べている。「事挙げできない地味な立場にいるからこそ」森は「彼の苦しみも悲しみも、そして喜びも活字にして遺したいと思った」と話している（前掲書、四―五頁）。

もっとも筆者の推測では、「何ができたかを後からことさら事挙げしない」一方で、既往の制度の壁をつきくずすために関係者と「何をすべきか」について「事を構える」ことは何度もあったことであろう。そのなかに行政のなかや他の組織はもちろんであるが、町並保存の意義が理解できない住民と向き合って説得を粘り強く続けることも再々あったに違いない。

ところで一九七〇年に町の観光係長になって以降、氏は長野県木曽の妻籠、愛知県足助をはじめいろいろな「先進地域」を訪問し、そこで地元のキーパーソンや研究者・専門家と出会って町並保存と観光の折り合いのつけ方を自ら学習・模索するとともに、自らの人的ネットワークを開発していくことになる。その主な経緯と節目をかいつまんで列挙しておこう。

一九七〇年代中盤から後半　町民に町に残ってもらうこと、ふるさとのよさに気づいてもらうことを通じて「まちの人の暮らしを守る」ことに徹する公務員として務めをはたすことを自らに課す。その間、以下のような展開があった。

一九七四年　内子町教育審議会が妻籠・高山を視察する。

一九七四年　内子町商店街役員ら二一名が同じく妻籠・高山を視察する。

一九七五年　文化庁文化財保護法の改正により、伝統的建造物群保存地区（伝建地区）の選定制度ができる。

一九七五年　内子の郷土史家たちが町並研究会を始める。

一九七六年　内子町八日市町並町並み写真コンテストを開催。
一九七八年　伝建地区制度を受けて保存事業第一号（顔見知りの大工さんに協力依頼して）実現、以降四年間で二三軒を辛抱強く説得して実現にいたる。
一九七九年　町並保存のプロジェクトチームをつくる。
一九八〇年　内子町八日市の町並保存の第一歩が始まる（上芳我邸を町役場が芳我家から借りて見学施設として経営するとともに、保存計画の策定を行う）。
一九八二年　保存地区住民への説得が奏功して合意形成ができる。非常に厳しい私権の制限をともなう町並保存条例が議会で上程・可決される。全国で一八番目の重伝建地区に選定され、国、県、町で補修費の八〇パーセントをカバーできるようになる。その後、既存不適格（既存の建物が後からできた法律に合致しないために、改築しようとするとたんに保存の趣旨とそぐわない道路の拡幅や建物のセットバックなどが必要になる）の問題をどのように（柔軟に解釈して）クリアするかで苦労する。

なお前記の展開と関連して内子座の復元事業が始まった。そのあらましは以下のとおりである［内子座］。

一九八二年　九月　内山商工会から内子町に寄付。
一九八二年　九月　内子町が有形文化財として指定。

一九八二年一〇月　第一回まちづくりシンポジューム「内子の未来を開く―活力と魅力ある町を次世代に残そう」を企画・開催。
一九八三年一〇月　文化の里の一環として第一次内子座復元事業に着手。
一九八五年　九月　復元事業完成。
一九八五年一〇月　町民の浄財と篤志家の寄付により内部設備を充実。こけら落しを行う。
一九八六年一〇月　内子シンポジューム'86開催。内子町役場が中心となり、ドイツのローテンブルグ市町（当時）を招いて町並保存・まちづくりの今後について討論と情報交換を行う。
一九九五年一〇月　第二期整備事業完成。奈落、迫の改修、照明・音響器具・設備の改修により、内子座文楽などの規模の大きな興行に対応可能となる。

その後、一九八〇年代後半から岡田文淑がかかわる町並復興の取り組みは、いくつかの紆余曲折を経て村並保存による石畳地区の村起こしへと展開していく。石畳地区は内子の市街から一二キロメートルほど北方の山間であり、行き止まりの集落であった。彼は「ここで成功すれば次の場所にも波及させることができる」と考えたという。仲間づくりから始めて「石畳を思う会」づくりにかかわる。水車をメンバーの自己負担で拠出して購入・設置。それがマスコミに報じられ、地元の金融機関の地域づくり賞も受けて水車の数を増設。以下、ふるさとの川づくり等のテーマのもとに「自分の子や孫のために、この石畳のなかにどれだけの資源を残してやれるかが私たちの課題です」と彼は語る（森、前掲書、九九頁）。

二〇〇〇年に内子町を退職、現在も地域づくりのアドバイザーや、石畳地区の企業組合・蕎麦屋の一員として活動を続けている。

ここで補足しておきたいことは、彼以外にも町並保存の取り組みに寄与したキーパーソンが何人もいるということである。何よりもまず、一九七二年に彼が町役場の産業課の観光係長に就いたのは、当時の町長の判断も与ったという推測もできそうだ。そこにはある種の人材発掘・登用の妙と先見的な時代感覚があったのかもしれない。発想的にはある意味で内子町の町並保存運動の隠れた先駆者ともいえるのは、井門敬二であるとも考えられる。画家・教師でもある井門は早くから内子町の町並の価値と保存の必要性を認識し、啓蒙的な活動をしていたようである。以下の対談記録が示すように、その感化を受けた者もまた岡田文淑一人ではなかったようである。

町並の始まりが昭和四七（一九七二）年になっているがその前が大事。この活字に載る前のことがいろいろある。公民館や各団体で学習会をするとか。井門敬二氏を呼んでいろいろやった、当時は井門先生と言ってみんな頼っていた。それで、岡田さんや僕（後述の渦岡平一郎）らがついて行った。

（『八日市護国地区町並保存会記念誌』二〇一三年）

住民のなかに、八日市周辺町並保存会初代会長となる大川泰助がいたが、行政側の受け皿役（住民への説得役）としての岡田文淑と、住民側の受け皿（住民の代表役）の大川がうまく連携しあったことが効を奏したようである。あわせて渦岡平一郎（建築士・町並保存会メンバー）やその他の仲間が呼応して町並保存の取り組みのうねりを起こしていった模様である。

もう一つの特徴として住民が行政とともに内外に学習の場や機会を設けることを絶えず続けてきており、必要に応じて外部から「その道の専門家」や「実践者」を招き入れてきたことである。結果的に長いつきあいが紡がれた強力な助っ人集団のネットワークが築かれているのである。

以上がおおよその経緯であるが、さて以上の一連の展開は持続的な事起こしと呼んでよいのであろうか？筆者の答えは、基本的にはＹｅｓであるが、話は少し複雑で、公務員ならではの難しさもともなっている。たしかに岡田文淑の個人としての気づきと公務員としての立場をいかし、乗り越えての事起こしとして始まったことは間違いないであろう。そのために事始めの最初のリスクやコストをとり、第一の当事者になったこともそのとおりであろう。つまり事起こしの基本的条件の①は当初の挑戦では満たしている。しかしながら公務員でありながら②の条件を完全に満たすことは容易ではない。特に次の(a)と(b)は、同時にどこまで一人の生身の個人として両立させうるか。そこにはバランス感覚が求められる。

(a)　自身の使命感と行動力をベースに、興味や知識、得意な技能、個人的な資産や人的ネットワークを活用することで「生身の一人の個人としての当事者」になり、その役割をはたす。

(b)　公的な立場や権限、それにともなって使える公的資産や資源を行使する組織代表者的当事者として「機関的に振舞う個人」とは異なる点が重要である。

観光係になった当人がその職務や立場についたことを契機に、自身の使命感を意識し、興味や知識、得意な技能、個人的な資産や人的ネットワークを活用することで「生身の一人の個人としての当事者」になり、その役割をはたすことで観光ひいては町並保存を通じての事起こしを続けることは可能である。ただしこのようなまちづくりの場合、社会基盤整備や建築規制・誘導、補助金の供与などの権限やその行使が不可欠な場合も少なくない。そのような公的立場だからこそ知りえる情報などもあろう。この点で岡田文淑の立ち位置は一貫していて、公僕としての行政の職員は可能なかぎり情報を開示して住民の知識取得や判断を助けるべきだというところにあるようである。また機械的に法律・規則を適用するのではなく、可能なかぎりその範囲を創造的に模索する努力をしてきたように思える。そのような挑戦には自ずから個人としてのリスクがともなうが、機関的にふるまう担当者の職務範囲と、生身の一人の個人としての当事者のありようをどのようにバランスさせるかを常に模索してきたのではないか。そのようなことが可能であった要因として、先に述べたように、住民の側に受け皿的な当事者がいて、行政側の彼とうまくコミュニケーションし、お互いに事起こしのリスクを量りながら適宜分担しあってきたことも指摘できるのではないか。つまり住民のなかにも、岡田文淑の事起こしに呼応して、別の立ち位置から固有の役割を演じることにより町並保存の連携的事起こしを進めてきたと筆者は考える。もっとも**ご当人は事起こしを必ずしも意識していなかったであろうし、**

厳密にみて事起こしかどうかはご当人にはどうでもよいことであるかもしれない。ともかく、次第に彼のアプローチは行政マンの立場から条件整備をし、町役場の外にいる「生身の一人の個人としての当事者」を見つけてはその主体的な参画・提案を引き出すことで事起こしをサポートする地味な相談相手やガイド役を務めるようにシフトしてきたとも解釈できる。彼の以下の述懐が如実にそのことを物語っている。

われわれは縁の下の力持ちでいいのよ。町のみんながんばったから残ったので、町長や僕のせいではないわ。ただ最初にがんばった人たちがもう高齢化して、その経験がつたわらんなあ。」

（森、前掲書、一八三頁）

公務員は隣近所の人たちの相談相手、時には御用聞きだ。大切なことは行政活動に対する説明責任が果たせる力量を持つこと。けっきょくは「信頼」の構築以外にはないのかな。

（森、前掲書、二二七頁）

この述懐は公務員の立場から「事起こし」をする可能性と限界を具体的に吟味するうえでもたいへんに示唆的である。

少し遡《さかのぼ》るが、一九七九年当時内子町役場の商工観光係長であった岡田文淑は「行政が対応する難しさ」として以下のように記している。

なぜ町並保存をしなければならないか、どうすれば保存できるかといった町並保存の骨格となると、一介の担当者の領域を超え、為政者の決断と指導性が問われるとともに、普遍的な行政事務とは異なったセクショナリズムに直面する。

（岡田文淑「保存をすすめる自治体の悩み」『建築雑誌』一九七九年）

筆者は、個人の主体性をベースにした事起こしを各人が明確に意識し、地域を良くしていくための戦略的な方法と位置づけることで、公的・行政的アプローチの限界とその進化の可能性を促していくことができるのではないかと考える。そうすることで両者のよい意味での緊張関係をつくり出し、切磋琢磨していくコラボレーションが可能になってくるであろう。

なお本書が掲げる事起こしの③から⑤の条件が、岡田文淑が直接・間接的に関与した内子町の町並保存の挑戦にどこまで当てはまるかはここでは詳細には議論せず、読者の検討・判断に委ねたい。

一九七五年に一人の公務員の小さな事起こしとして始まった（と解釈できる）一連の活動や運動のもたらした効果は少なくない。そこには一貫して、町民に町に残ってもらうこと、ふるさとのよさに気づいてもらうことを通じて「まちの人の暮らしを守る」という強い信念とビジョンがあったことは特記してよいであろう。このほかに多自然型小田川川作りモデルにつながった亀岡徹らの住民運動（との連動の可能性）も注目されるが、こちらは持続的な事起こしとしては自ずから限界があったように思われる。あるいは、もともと持続的な事起こしの取り組みとは意図されていなかったのかもしれない。

5 地域経営としてみた事起こし　鳥取県智頭町の地域経営モデルづくりの事例

実は、地域（マチ）が地域として存在しているということは決してあたりまえのことではない。住み手がいなくなり、何も手を加えないでいると空き家は時間が経つにつれていつのまにか荒廃していく。同じように何も手を加えられないまま放置されていると、地域もたちまち衰退してしまう。つまり地域は時間の経過のなかで生きているのであり、生きていくためのケアがされなければ、当然衰滅し、死を迎えることもありえるのである。しかしながらこのあたりまえのことが、意外と私たちはわかっていない。私たちの国土であれ、都市や農山漁村であれ、およそ人が住まい、働き、憩い、訪れるところである地域は、人々が手をかけ、ケアをし続けることによって存在し続けることができているのである。

私たちがこのあたりまえのことに普段の生活であまり気づかずにすませられているのはなぜであろうか？理由はいくつか考えられるが、手を加え、ケアをしてくれている人は、もっぱら国、都道府県、市町村などの行政機関であると決め込んでいることが大きいのではないだろうか？　なるほど地域が整ってくるようすの一端は、目に見える建物や、道路などの社会基盤施設などのハードの整備の状況からとらえることができる。しかしそれはあくまで全体の一部のみを見ているにすぎない。目に見えない（見えにくい）さまざまなこと（ソフト）が同時に整えられて初めて私たちの地域は「うまく回っている」（正確には「うまく回っているように見える」）のである。その反対に「うまく回っていない」と思いはじめると、その責任の大半が行政にあるとして文句をつけたくなる。なかなか自分たちにもその責任の一端があるようには考えられない。特に、何千人、何万人という都市や地区を対象にしたスケールで地域をとらえてしまうと、とても個人や、住民が地域に手を加えて整えていくことに影響を及ぼせるとは思えないからでもあろう。

しかしそろそろ私たちはそのような思い込みから抜け出ることを考えるべきである。そのための必策は、扱うべき地域を近隣コミュニティ程度にまでスケールダウンしてとらえることである。あるいは「風景を共有し、人々の個々の顔が見える地理的空間」とみなしてもよい。そうすると、**もはや町役場等の行政機関の手にのみ委ねた地域ではありえず、そこに住まう人たちが主体的に関与することで地域が変わってくることを実感できるレベル、つまり手が届く範囲となる**はずである。そのうえで、「地域がうまく回っていない」と気づいた人がまず事起こしをするのである。そのように地域をうまく回そうとする人たちの輪が広がることで、地域が少しずつ、しかし確実にうまく回っていくことになるであろう。

ここで、以下のような要件を満たしながら「地域をうまく回していくようにやりくりする」ことを地域経営とよぶことにしよう。

①　主体的に関与する人々が地域のなかにいること。

②　主体的に「地域のビジョン」が話し合われて、共有されていくこと。

③　「地域のビジョン」に近づけていくように、地域の資源（人、物、情報、資金）を最大限に活用するように切り盛りすること。「切り盛り」とは、ビジョンに近づくように、資源の足らないところは補い、

足りているところは切り取って、全体としてできるだけ効果が上がるような資源配分をすることである。広い意味の投資効果を常に意識するのである。その際かかる費用やリスクに最も見合ったやりくりが求められる。必要に応じて資源は、地域のなかからの調達（再配分）によるのだけではなく、他の地域からの調達（外部調達）やそのために他の地域へ移出する交易・交換をすることを積極的に行ってよい。このためには当該地域は、交易・交換を閉じた地域ではなく、外に対して開かれた地域でなければならないこと。

④　日、週、月、年の単位で時間軸上に沿って、ＣＡＰＤサイクル（地域の診断＝Checkから入り、Action-Plan-Do-Checkと進むＰＤＣＡサイクル）をたどりながら、内外の状況に適応させながら学習を積み上げていく段階的な地域の回し方（適応的マネジメント）をするのが望ましいこと。なおこのような適応的マネジメントは、多様な不確実性やリスクに適切に対応するために不可欠であること（地域リスクとしては災害リスク、経済的リスク、社会的リスク、政治的リスクなどのほか、リーダーなどの担い手の人が病気になったり、死亡したりする人的リスクなどがあげられる）。

⑤　そのための計画・実践・実現のための現場やコミュニケーションの場を築き、維持・発展させる不断の努力が並行して持続的に進められること。

以上のような要件を満たすためには、**何よりも地域を良くしていく担い手の主人公はそこに住まう住民たちであるべきだとする政治的信念と、それを保証するガバナンスの社会システムが必要になってくる。**これを「住民自治」とよぶことにしよう。さらに地域は交易・交流がたえずできるように開かれていることが不可欠となる。つまり、**地域経営、住民自治、交流は三位一体の関係にある**といえよう。本書のなかで何度も登場する鳥取県智頭町の日本ゼロ分のイチの取り組みが要件とする三本柱が、まさにこの三つの項目であるのはたんなる偶然ではない。つまり智頭町の長年にわたる事起こしはこの三位一体の原則を明確に意識し、ガバナンスの条件として組み込むことを戦略的な意図していたということである。この運動をときには前面に立ってうながし、ときには背後に下がって後押しする役割を自ら課して尽力してきたのは寺谷篤であったことも再度確認をしておきたい。けっして順風満帆でここまでたどり着いたわけではない。峠越え、峠越え、また峠越えの事起こしで三〇年間積み上げられてきた地域経営モデルは、智頭町という特殊な地域を越えた、より一般的な知識の共有資産となりうる。特にそこから紡ぎ出された事起こしのアプローチは日本だけではなく、他の国々にも共通の目的やニーズが見いだせそうである。このことを次に検討しておこう。

6　事起こしの日本的固有性と国際的視点からみた共通性の検討

筆者らが提案する事起こしとははたしてわが国特有のアプローチなのであろうか？　この問いに答えることにしたい。とりあえずの回答は、ある意味ではそうであるが、その目指すところや、その必要性には、少なくとも経済的にある程度の成熟性を迎えた国々で共通の背景と動機があるといえよう。

（1）わが国特有のアプローチとしてみた事起こし――日本型市民社会への脱皮の試金石

まず、ある意味でわが国特有のアプローチであると筆者が判断する理由を述べよう。日本の過疎地域や都市地域の固有の歴史的・政治的背景が色濃く「住民」の地域への関与と関心の持ち方に影響を及ぼしていると推察されるのが主たる理由である。敗戦後の米占領下での誘導型民主主義化はそれなりにわが国固有の土壌のなかで定着してきたが、現在にいたるまでもまだ主体的に選択し行動する日本型市民を十分に生み出してきたとはいえないようである。しかしその一方で、国政や地域の問題に主体的に関与するとともに、その責任の一端を担う意識を持った住民が確実に増えていることは事実である。伝統的にも、江戸時代から地域の一定の自治を担う組織（たとえば地域の防犯・消防活動、水防活動、祭礼、その他の互助組織）が古くから存在していて、ある種の「村の衆」、「町の衆」という主体的住民が活躍していたことも事実である。これらは戦後の近代化にともなって多くがその機能を実質的に失ってしまったが、その文化的遺伝子はまだ潜在的に残っているところも少なくない。つまるところ、新しいタイプの「地域（マチ）の衆」が、主体性のない「地域に住んでいる人」以上でも以下でもない住民を脱して、主体的に選択し、行動する日本型市民に成長していく。今はその過渡期にあると筆者は判断している。このような意味では、本書で唱える「ひとりからでも始める事起こし」は、このような日本型市民に私たち一人ひとりが進化していくための試金石の一つとなりうるのではなかろうか。

省みるに戦後から現在にいたるまで、いつのまにか（多くは政治家の関与や行政の手によって）地域がトップダウンで整えられ、そのような「マチが空気のようにある」、言いかえれば「マチがそのようにあることがあたりまえになっている」状態に住民が甘んじてきたのではなかろうか？　もちろんそれが自身の利害に明確にかかわる場合（たとえば公共事業の用地買収に掛かるというような場合）は、いきなり「利害当事者」として権利を主張し、守る立場に立つ「**現金な住民**」になるのである。そうでないかぎり私たちの多くは「マチを整える」ことに自分たちが主体的にかかわることなど普段はほとんど考えも及ばないことになりがちであった。

このような観点に立つとき、なぜ「まちづくり」という言葉を私たちが必要とするようになったのか（そしてその言葉を聞いても違和感を感じなくなってきたのか）について、その背景を読み解くことができるようになる。「まちがまちとしてあたりまえのように整えられてある」のではなくて、そこに一人ひとりの住み手が主体的にかかわることで「まちがまちとして望ましい方向に整えていく」ことを目指すのである。だからこそ「まちづくり」なのである。そうであるならば、**本来的には「まちづくり」は「事起こし」ができる住民が一人以上そこにかかわることを前提にしなければならないはずである。**このようにしてゼロからイチへの当事者が関与する場とテーマが生まれてくる。これを「**ゼロからイチへの最低限のボトム（プラットフォーム）づくり**」とよぼう。そのような延長線上に、**また一人、さらに一人の積み上げ方の参加型（参画型）の漸進的なボトムアップ**により「マチを整えること」が可能になるであろう。このように考えると、**行政が主導するまちづくりは本質的に言語矛盾の試みということになる。**ただし、**まちづくりにトップダウンのアプローチが無用であるということではない。**むしろトップダウンからボトムアップを支援する**まちづくりと称するのが正確であろう。**

ところで事起こしは、必ずしも特定の地理的空間に限定されない人的ネットワークによって「周りにも影響を及ぼしていく営み」であってもよい。このことは事起こしの基本的要件で言及したとおりである。このようにして形成される「周り」という公共空間は、地理的空間に依存しないコミュニティでありうる。これもまた広義に「地域（マチ）」とよぶのであれば、大概の事起こしは地域（マチ）づくりであるとも解釈できる。ただし、このような広い意味合いで「まちづくり」をとらえることは現時点ではあまり一般的ではないであろう。

（2）国際的視点からみた事起こし

『チェンジメーカー――社会起業家が世の中を変える』（渡邊奈々、日経ＢＰ社、二〇〇五年）という表題が見事に本質を言い表しているように、世の中をより良くするために社会起業を起こす人たちが世界には少なくない。これは本書で提案している事起こしに通じるものであるが、特定の地理的空間としての地域にとどまって「地域を小さくても少しずつ変えていくこと」にこだわる地域事起こしとは視点やアプローチが異なる。言ってみれば、「（地理的空間としての）地域」の課題のかわりに「社会」の課題を対象にし、「地域活動」のかわりに「企業活動」の一環として世の中を良くすることを目指す事業である。いずれも結果として世の中を良くすることを目指している点は共通である。また本書で規定した事起こしには、地理的空間に裏付けられた地域ではない社会コミュニティも対象としている。従って、広義には社会起業も事起こしの一つの方法だとみなすことができる。

地域活動として行う事起こしは、地域に住む人たちやそこの生活にかかわることに積極的な意義や生きがいを感じる人たちが中心となって行うもので無償または最低限の代価の補償があれば、各人の「余力」を提供することで地域経営されものである。一方、社会起業家は、以下のように説明される「**チェンジメーカーと称される人々**」である（なおこの本の著者の友人のことばを引用する形で口語で述べてあるものを、以下では文語調に少しだけ変えてある）。

ソーシャル、つまり「社会福祉」という従来のコンセプトと「お金儲けのための起業」で「アントレプルナーシップ」というまったく相反するふたつを組み合わせた造語が「ソーシャルアントレプルナーシップ」である。これが表す新しいコンセプトは、お涙頂戴の古臭い社会福祉でもなければ、儲ければ勝ちという従来型のビジネスでもない。両方を組み合わせたまったく新しい社会問題解決の方法とも言えるし、新しいビジネスのあり方とも言える。

（渡邊、前掲書、八頁）

この本では**チェンジメーカーと称される人々**として、たとえば以下のようなタイプの人たちの挑戦が紹介されている。ホームレス専門の敏腕・住宅専門デベロッパー、難民住宅問題の解決策を募る建築展主宰者、貧者を救う格安医療事業プランナー、紛争・危険地帯の赤ひげ先生たち、敵対民族の子供を集めた交流キャンプのディレクター、不登校児向け単位認定型フリースクール校長など多種多様である。

共通していいえる特徴として、かなり専門性が高いこと、対象とする社会的解決課題が限定かつ明確であること、国際的な活動、とりわけ紛争地域、貧困地域、その他発展途上国を対象にした活動が多いこと、そのような問題に向き合い、解決を図ろうとする組織がまだほとんど存在していないこと、などの特徴を見てとることができる。なおこのような国際的な社会的起業の動きはむろん日本人のなかにもある。また日本の場合は災害復旧や災害復興をめざすボランティア組織が数多くあり、特に東日本大震災の後には福島原発にともなう多様な被災者支援に携わる組織が加わった。ただこれらの組織のなかで地域の事起こしという性格はあっても社会的起業を旗印にしているものは現段階ではまれであると推察される。

地域の事起こしから始まってそのうちに社会的起業的な活動に発展していくことも今後いろいろと出てくるかもしれない。事起こしはひとりからでも始められて、規模や経費もそれほど大きくなくてもできることに力点があるが、長く持続させていくなかで規模が適切な範囲で大きくなることは当然ありえる話である。その場合「お金儲けの起業」は重要な動機づけと持続的ドライブとなるに違いない。

必ずしも「地理的空間としての地域」にこだわらない「コミュニティ」も対象にして、ともかく小さな行動の輪を広げていくこと、それによって世の中をより良いものにしていくことができること。しかも肩肘張らず、自然体で進めていくことができることを信念として行動している新しい世代の人たちがいるのは確かである。その意味で慎泰俊が近著で述べている以下の指摘はたいへんに示唆的である。

世界をよりよい場所にしたいなら、自分を見つめ、自分が動くこと。

一人の一〇〇の行動より、一〇〇人の一つずつの行動によって、世の中は、ゆっくりと、でも確実に変わってゆく。誰にだって、世界をよりよいものにする力がある。まずは自ら行動を起こすこと。
（慎泰俊『未来が変わる働き方』ディスカバー・トゥエンティワン、二〇一三年）

7　事起こしを展望するパースペクティブづくりに向けて

最後にここまでの議論を総合する目的で事起こしの多様性を分類し、個々の試みの位置づけを示すとともに、今後の発展の可能性と課題を展望するためのパースペクティブづくりについて考えてみよう。いくつかの基本的な学術的概念を参照軸にしながら検討する。

図4-1には事起こしの分類の仕方を試論的に示してある。事起こしが対象とする空間が地理的空間であるのか、非地理的空間であるのかによって大別できる。さらに経営の形態に応じて細分ができる。また事起こしが特定のテーマに限定するのか、そうでないのかによっても分類ができることを示している。これによれば鳥取県智頭町のこれまでの取り組みは特定の主義・主張・価値判断にとらわれない多様なテーマを取り上げてきた（いわばオールラウンド型）であったことがわかる。特定の地域に長く留まって持続的に地域経営を事起こしのシリーズとして続けるのは、このタイプである。特定の主義・主張・価値判断にとらわれないというのは、無節操であるという意味ではない。明確な価値観や思想がないということでもけっしてない。むしろその逆である。地域に住まう人たちが主体的に自分たちの周りをよくしていこうということを優先す

るのであれば、特定の主義・主張・価値判断にだけ縛られるのは決して建設的なことではない。多様な価値や利害の違いをむしろ健全なこととして積極的に受け入れ、乗り越えながら「より良い方向感覚」を磨き上げていくことこそ持続的な地域経営の目指すべきところだからである。

社会的起業と事起こしの関係は上図の分類でも概略示すことができるが、地理的空間かどうかという区別に代わって、「共同態」対「社会態」という対比軸と、「自由意思」対「自由意思以前」という、もう一つの対比軸を導入した座標軸空間の上で位置づけることも可能である。今後、学際的な議論検討が必要でまだ尚早ではあるが、筆者は図4-2の座標系の四象限に対応づけられた四つの集合体（連合体、交響体、共同体、集列体）において以下のようなことがいえると考えている。

「共同体は、意思以前的に加入することになる集合体であり、村落などの共同体（コミュニティ）が対応する。集列体は、市場に代表されるように、個々の人々の利害関心がせめぎ合う集合体である。連合体は、個々の人々の利害関心を自由意思に基づきながらも調整（ルール化）している集合体であり、現代社会では、会社組織がその代表である。最後に、交響体は、他者の喜びがそのまま自らの喜びであるような社会である。なおこれについての詳細は、渥美［二〇一四］が見田［一九九五］の先行研究を引用する形で非常に示唆的な考察をしているので参照されたい。

この図式を使って何がいえるであろうか？　事起こしが指向する方向性（ベクトル）は、同図の左下側（共同体）から上にあがって「交響体」に向かうことをまず基本としている。ただしそこで留まらず右に回って「連合体」へと進む運動へと発展できる。さらに最終的には下降して「集列体」に向かうことも指向

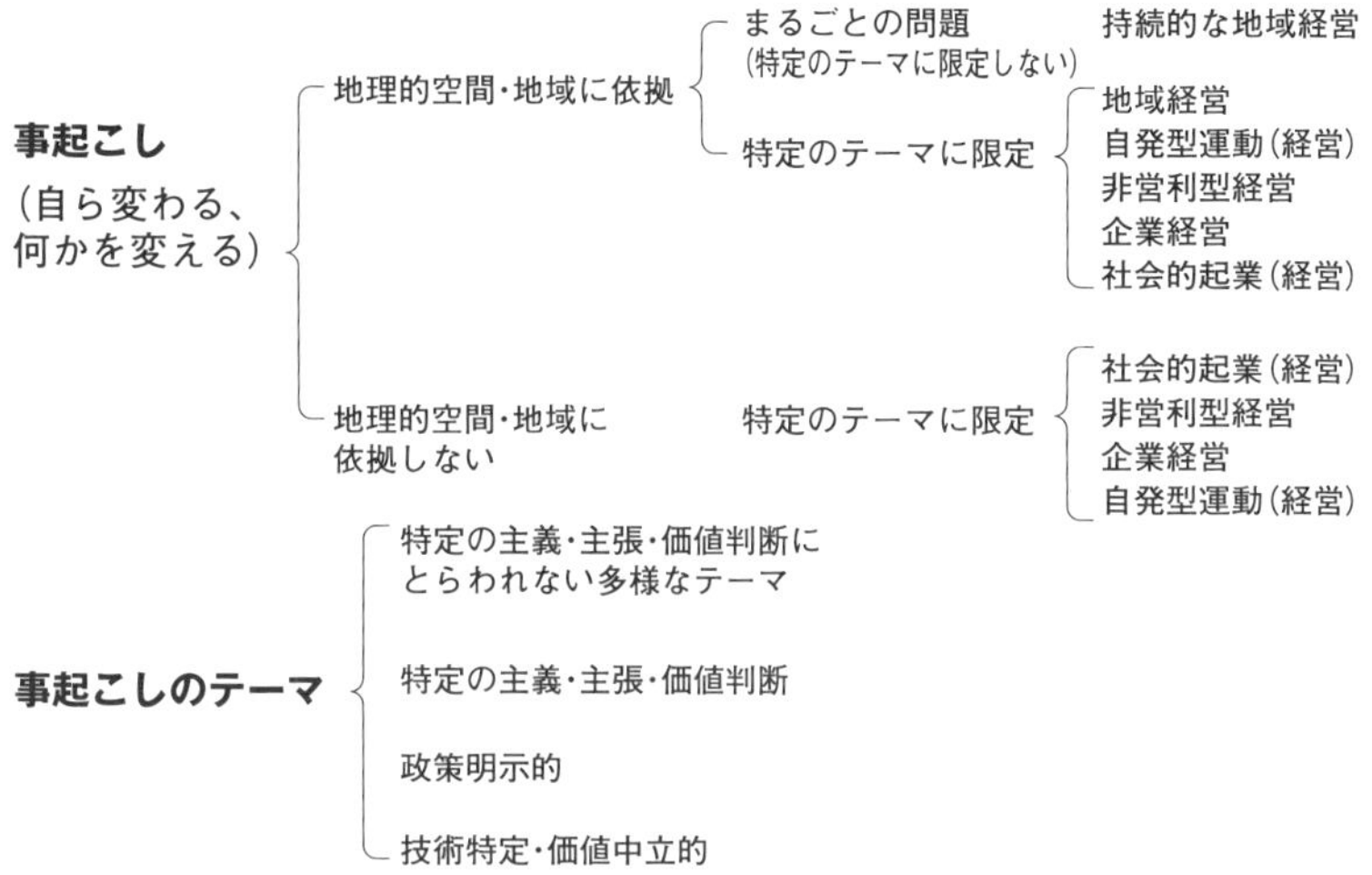

図4-1　事起こしの分類

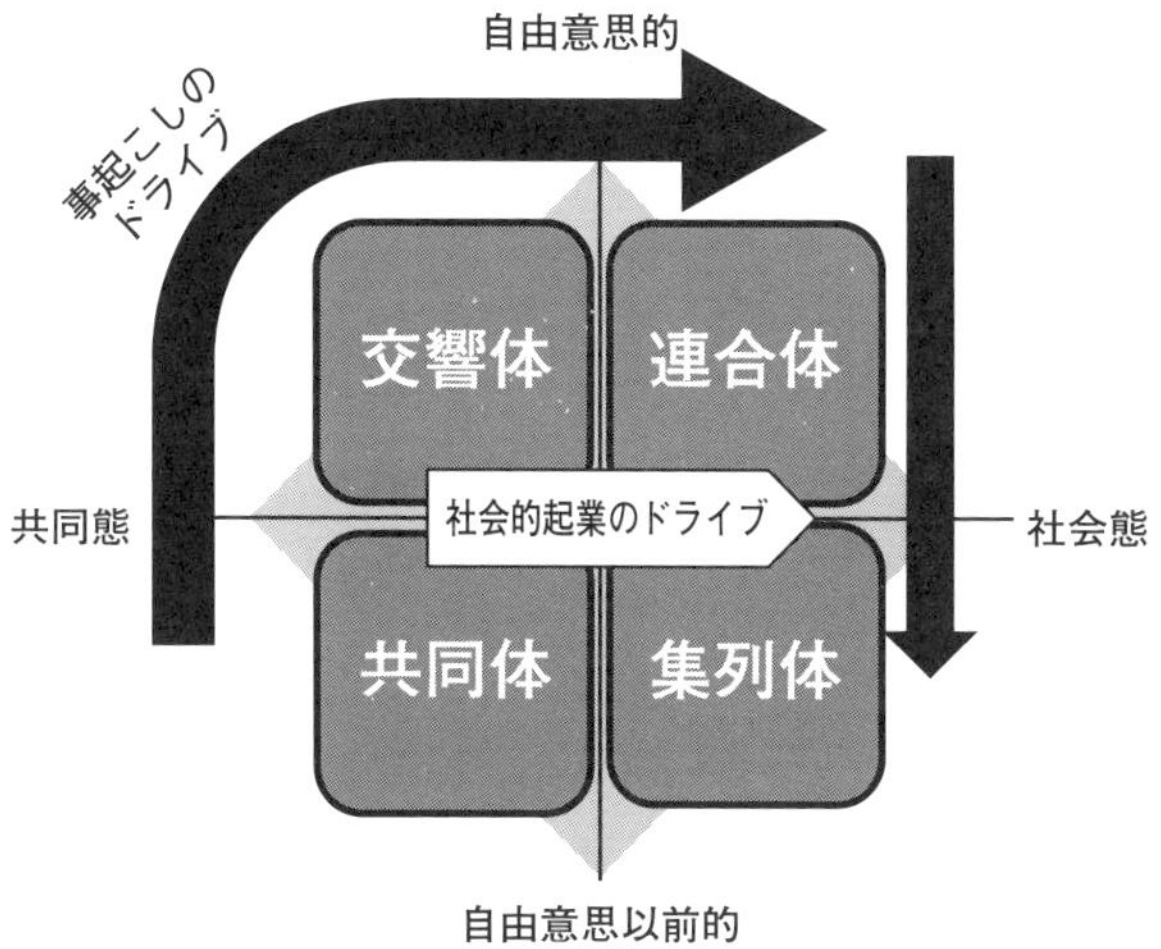

図4-2　事起こしと社会的起業の指向性

してよい。さらに「共同体」へと還元された運動は、同じようなサイクルを繰り返すものとみなすこともできよう。なお社会的起業の運動指向性は本図上半部に限定されるもので、右の「連合体」を起点として、左の「交響体」づくりへの動きとして位置づけられるのではないだろうか。こちらは連合体から交響体へと、事起こしとは相反する運動の方向ベクトルを持っていることが特徴的である。これから示唆される事起こしと社会的起業との協働性は、両者が「交響体」と「連合体」の間で相互補完的なループをつくり、いわばピストン運動的な推進力を導き出すことができたときであろう。その協調性のリズムがうまく噛み合うことができなければ、同じ地域で両者のアプローチが同時並行的に進むことはかえって混乱を招く可能性もあることを指摘しておきたい。

参考文献

渥美公秀『災害ボランティア――新しい社会へのグループ・ダイナミックス』弘文堂、二〇一四年、二四〇―二四一頁。

内子座 wikipedia〈http://ja.wikipedia.org/wiki/%E5%86%85%E5%AD%90%E5%BA%A7〉。

岡田文淑「保存をすすめる自治体の悩み」『建築雑誌』第九四巻第一一五二号、一九七九年、［特集］町並み保存の問題点を探る。

岡田憲夫『地域経営まちづくり塾――学びの寺子屋』日本・地域経営実践士協会、二〇一三年。

尾木直樹VS片田敏孝対談「釜石の奇跡が変えたもの――生きる力を求めて」〈http://sankei.jp.msn.com/west/west_life/news/130312/wlf13031202000000-n1.htm〉。

片田敏孝「小中学生の生存率九九・八％は奇跡じゃない」『WEDGE』二〇一一年五月号［特集］三・一一の教訓を生か

し、震災に備えるには？「想定外」を生き抜く力〈http://wedge.ismedia.jp/articles/-/1312〉。

慎泰俊『未来が変わる働き方』ディスカバー・トゥエンティワン、二〇一三年。

二神透、牧和徳「多自然型川づくりと住民参加における一考察――小田川河川モデル事業を例として」『土木計画学研究・講演集』第二三巻第一号、二〇〇〇年一一月〈http://library.jsce.or.jp/jsce/open/00039/2000/23-1-0047.pdf〉。

見田宗介『社会学入門――人間と社会の未来』岩波新書、二〇〇六年。

森まゆみ『反骨の公務員、町をみがく――内子町・岡田文淑の町並み、村並み保存』亜紀書房、二〇一四年。

柳田邦男『言葉の力、生きる力』新潮文庫、二〇〇二年。

八日市護国保存会「内子・八日市保護地区　町並み保存のあゆみ」『八日市護国保存会記念誌』二〇一三年。

渡邊奈々『チェンジメーカー――社会起業家が世の中を変える』日経BP社、二〇〇五年。

第5章 事起こしを支える四面会議システムの技法と世界観

1 四面会議システムが醸し出す実際の光景　智頭町山郷地区の廃校活用の実践行動計画づくり

百聞は一見に如かず。まずは本書38頁をご覧いただこう。テーブルを囲んで人々が思わず立ち上がっている。このような現象を筆者は「場立ち」とよぶことにしている。テーブルの上には白い模造紙が置かれ、三角形・台形や対角線で区切られた四面対称の図形がある（後述するが「四面会議図」とよばれる図形である）。その上にいろいろなキーワードが書き込まれた付箋（紙切れ）があちこちに貼ってある。それをはがして別のところに貼ろうとしている人もいるようだ。特に気づいてもらいたいことは、参加している人がたいてい笑顔で溌剌としていることだ。学生もいれば地元の方もいる。男性もいれば女性もいる。老いも、若きも交ざり合った光景がそこに生まれている。年齢もさまざまである。ファシリテーター役を買ってでた外部から来た若者や若手の教員もいる。二〇一四年八月七日に鳥取県智頭町旧山郷小学校（二〇一二年三月廃校）で繰り広げられた実際の光景の一端である。筆者が現在勤務する関西学院大学総合政策学部の研究室ゼミ活動の一環として、前日の六日から翌日の八日まで三日間泊りがけで合宿形式のフィールド実習を行った。そのハイライトがこの四面会議図を参加者が皆で作成する実践行動計画づくりという共同作業である。実践行動計画づくりというと何か大層な感じを与えるかもしれない。たしかに現実の世の中では、計画づくりというと、ともすると大層にすることが目的になってしまって、計画をつくってそれでおしまいということになりかねない。「実践行動」といううたい文句がそれでは台無しになる。そんな矛盾した計画づくりが世に横行しているのも事実だ。実践行動といいながらもそれは現場のこととして計画づくりと切り離してしまいがちだ。ともすると計画づくりが現場のことと一体として行われずそれで事足れりとしている。

しかし、四面会議図を用いた実践行動計画づくりはまったく発想が逆になっている。計画をつくるための大層なうたい文句として実践行動を掲げるのではない。実践するために計画をつくるのである。実践できなければ計画として意味がない。そう考えるのだ。そのためには現場のなかで本当にできることが何かをとことん参加者で話し合うのだ。本当にできるようにするために「目指すべきこと」を現実化できるビジョンとしてとことん煮詰めていく。

煮詰めていくということで必ず実践できることを目指し、それをエキスとして取り出すために、できるだけビジョンをコンパクトにすることでもある。どんなに小さなことでもよいが、実践できることが肝心で、その結果「ゼロからの事起こしが一歩進む」と考えるのである。小さなことだといって侮ってはいけない。どんな小さな事にも実践を阻む小さな障壁がいくつも隠されている。その障壁を次々と乗り越えていく知恵を皆で出し合うことで、共同で行動することにも結びつける、気勢と気合もそこから生まれる。小さくすることでそのような障壁を迂回する糸口が見つけやすくなり、皆で知恵をしぼってパズル解きをするような状況になる。気を削ぐほどに大層なことに思えなくなり、ゲーム感覚で取り組むことができそうに思えてくるからだ。結果として、お互いに障壁をはずし、一緒にやるぞというある種の「ノリノリ」の情感が共有されてくる。興趣もそこに生まれてくる。何よりも共同のビジョンを実現するという「意思の共有」が生まれてくることがとても重要である。「知」「情」「意」の共有である。ゼロからの事起こしを実践できるように皆で共同して計画する究極のチームワークが出てくる。

冒頭に紹介した智頭町の旧山郷小学校で行われた「四面会議づくり」は数時間の共同作業の結果、廃校となった山郷旧小学校を再活用し、農村レストランを地域経営していくための事起こしの実践行動計画を参加者全体で作り上げて仕上げとまとめの段階に入った。参加者たちは仕上がった四面会議図のポイントを役割分担と段階的行動計画項目からなるロードマップに要約整理した。そのうえで「私たちがあなた方と一緒に実現することを目指す実践行動計画」とそのビジョンを皆の前でプレゼンしたのである。「私たちの実践行動計画」とそれに携わることを決意したチームワークがそこに生まれていた。そのチームに加わらなかった地域の人たちも参加した場で行われたプレゼンは、「私たちの実践行動計画」を居合わせた人たちも加えた「一堂《いちどう》の事化《ことか》」（everyone-committed work）した出来事として公式化（地域で公有化）するのである。これは四面会議図づくりの仕上げの仕事だともいえる。これを後捌き（あとさばき）の段階とよぶことにする。

なお旧山郷小学校で実現した前記の出来事の最終盤では、図らずもサプライズをともなう感動的なシーンが出現した。実は農家レストランの経営を率先して行っている女性の方を鼓舞する歌や絵画を贈呈するというサプライズが筆者も含む合宿運営委員の者が中心となってひそかに用意されたのである。このような「小さな事起こし」が組み込まれていたので、「一堂《いちどう》の事化《ことか》」は記憶に残る出来事として、一堂に会した人たちの記憶に刻まれることとなった。

実は、先の四面会議図を用いたチームワークが生まれる以前にも、参加する人たちに呼びかけるための趣旨やテーマ設定のための予備作業があったことを付記しておこう。これは枠組みづくり（フレームワーク）という**前詰め（前捌き）の段階**とよぶことにしよう。四面会議図を用いた前記の一連の実践行動計画づくりとその結果の共有のための場の設えと運営全体を指して、四面会議システム技法によるワークショップという。

2　四面会議システムの構成と標準的な適用の手順

四面会議システム技法はいまも改善と拡張を遂げているが、二〇一四年一〇月時点では以下のように構成された手順からなる事起こしのための実践行動計画づくりを支援する技法と位置づけられている。

段階Ⅰ　プレ四面会議＝Framework＝参加者共同での地域診断（マチ歩き等のフィールド観察・調査法

とＫＪ法やＳＷＯＴ技法の活用）

段階Ⅱ　四面会議図作成＝Teamwork＝参加者共同での地域改善のための共同実践行動計画づくり

段階Ⅲ　四面会議成果発表（役割分担別実践行動計画行程表の発表）＝ロードマップに基づく「一堂の事化」宣言＝Everyone-committed Work

3　四面会議システムの本詰めの作業から入る演習法（簡易版＝コンパクト・バージョン）

初めての人たちが四面会議システムの概要をとりあえず把握するためには、四面会議図の作成のところだけを演習する方法がある。これは後掲するように四面会議システム技法が現在のような形にまで整えられる過程で、最も初期に開発された四面会議図作成作業のところだけを学ぶやり方である。これは四面会議システムの段階Ⅱを中心に演習することになる。ここに、その手順の概要を説明しておこう（詳細は本章のまとめの８節に解説・例示しておくので参照されたい）。

①　四面会議図の記入前白地版（ブランク版）の作成

模造紙を使って四面会議図の記入前白地版（ブランク版）を準備し、それをテーブルの上に置く。

②　ビジョン（テーマ・スローガン）の暫定的設定

皆で共同して実践を目指すべきビジョンを話し合って、四面会議図のブランク版の中央にある四角のボックスに、テーマやスローガンとして言葉で表現したものを暫定的に記入する。なお共同作業を進めていくなかで皆が学習し合いながらビジョンの輪郭が明確化し、確固となった段階で表現の仕方を随時修正・改善する（実はここが重要なところであるが、初めからビジョンがテーマやスローガンとして表現できる段階になっていないことも現実には多くある。このようなときは、四面会議システムの前捌きであるプレ・四面会議システム、つまりフレームワークづくり（段階Ⅰ）の作業を事前に行っておくことが求められることになる。段階Ⅱの演習から入る本ケースの場合は、演習を準備してファシリテーションする人があらかじめ具体的なビジョンやテーマ・スローガンを参加者に提示することから始めるがよいであろう）。

③　開始にあたってのグループ構成と配置の決定

テーブルの四面に参加者ができるだけ均等の人数になるように分かれる（各面に三人程度がつき、計一二人程度で行うのが望ましい。最低でも各面を二人が受け持つようにしたい）。各面についた人たちがグループとなり、四つ（人、モノ、広報・情報、ならびに総合管理〈金銭・管理も含む〉）の役割（部門）のどれかを担うように決める（これをどのように配置するかはいろいろとバリエーションがあってよいが、筆者の経験では「人」と「モノ」、「広報・情報」と「総合管理」をお互いに向かい合わせにするやり方がわかりやすいと判断している）。なおグループの作り方は、たとえば興味や得意なことがらを優先して決めるというのもよい。あるいはある程度グループ内で年齢や性別や職種等がバラけるようにする方法もある。逆に特定の組織や期間、立場をそのまま各部門が代表するようなグループ構成は望ましくない。グループ内で多様な議論が進んでアイディアも多彩で創造的になるように進めるべきだからである。どの面（グループ）に入るか参加者にじっくりと考える時間を与えるべきだと考える必要はない。後でわかるように、最初にどのグループで何を担当するかはずっと固定されているわけではないからである。

④　部門別計画素案づくり

四つの面（部門）にグループごとに分かれて四面会議図（ブランク版）の上に部門別計画の項目の作成作業に入る。各面がとりあえず守備範囲とすべきは、中央の四角のボックスの中心に向かって当該の面の両端から引かれた対角線が切り取った台形の範囲である。この台形は標準的には三段に分かれていて、手前が「直近にすべきこと（短期計画事項）」、その次が「中間段階ですべきこと（中期計画事項）」、一番上が「最終段階ですべきこと（長期計画事項）」を書き込むスペースにあてられる。この台形を跳び箱に見立てれば、一番低い一段目を飛び越えられたら、二番目、そして三番目の一番高い段を飛び越えることで、跳び箱の上の到達点に相当する中央の四角のボックスに到達できることになる。あるいは走り高跳びで、ホップ、ステップ、ジャンプと順に弾みをつけてアプローチして、ハードルをクリアしてその向こうの中央の四角のボックスに着地することを目指すというイメージでもよい。なお寺谷は、この三段の計画項目をあげていく作業を「小骨」「中骨」「大骨」を詰めていくというふうに表現している。さらに詳細にはこの台形の一番下にもう一つ細い裾のスペースを用意して、中央の四角のボックスに掲げたビジョンやスローガンを、当該部門の具体的目標に翻訳するキーワードを記入しておくことを部門別計画づくりの最初の仕事にするという工夫を施すことを薦めたい。また計画項目を表すキーワード出しにあたっては、「ピカ」「スジ」「イキ」という異なる頭のひねり方のブレーンストーミングをして項目出しを多彩で包括的に行うことが有効である。キーワードの記入と配置にあたっては市販の付箋を利用してもよいし、白紙を適当な大きさに切って紙片を何枚も用意し、そこにカラーペンなどで書き込んだものを四面会議図のブランク版にテープや糊付けしていくのもよい。なおこの作業はおおむね、各グループ内で行うこととするが、お互いに他のグループの議論は耳に入ってくる。あえてそれを妨げることはない。また状況に応じては、グループを越えた共通の前提条件にかかわることで不明なことが出てくることもありうる。たとえば「モノ」を計画するグループの議論に途中で、予算の制約がまだ確定していなかったことに気づけば、それをテーブルの隣の面の「総合管理（金銭管理も含む）」に尋ねることがあってもよい。この場合は、他の面の計画にもかかわることなので、いわばゲームをタイム扱いにして（いったんゲームの進行をとめた形で）、全体的に共通理解ができたことを確認・確定しておくことが望ましい。ただし、後述するように各面での部門計画がそれなりにできたと判断されたなら、後からそれらの計画を他のグループの目で見直し、改善をアドバイスし合うことになる。したがって、前記のような各面をまたがった情報交換や全体的な確認はあまり頻繁にしないほうが効果的である。

⑤　部門間相互チェック（その1）＝部門間win-winディベート

他のグループの目で各グループの部門計画の内容（素案）を創造的に見直す作業がこの段階である。まず異なる面（部門）同士が向かい合って相手のつくった素案をお互いに吟味し、漏れがないか、ロジックにおかしいところがないか、もっとよい効果がでるような工夫が欠けていないか、特に実践ができるようにするための詰めに甘さがないかなどを他者の目であれこれと点検して、改善すべきところを具体的に指摘し合うのである。具体的には新たな項目出しや項目内容の修正・書き換えなどを提案・アドバイスする。くれぐれも注意したいのは、「当方の守備範囲ではない」とか、「知恵がこちらには足らない、でも知恵はそちらで出しなさい」といったふうな非建設的な突き合いや駄目出しの議論は避けるべきだという点である。その極端な例は西洋型でよく行われるwin-lose型のディベートをしてしまうことであろう。これはある意味で、白黒がつけられる（とみなした）テーマ（プロポジション、提議）についてどちらかが勝者で、もう一人（一つのグループ）が敗者となるというルールに基づいて判定される。いわば裁判で勝訴するか敗訴するかというゲームが前提になっている。win-win型のディベートはこれとは反対で、お互いに協力の知恵を掛け合わせて一見限界とみえることにも新たな解を見つけ出すために「共同（協働）作業」をするところにミソがある。各自が部門別に知恵をつくしたと思い込んでいることに気づき、その思い込みの制約を乗り越えて新たな制約の限界を拓くフロンティア的協働作業に相互に従事するのである。これはたいへんダイナミックで、創造的なディベートであり、新しいタイプの知的学習・発見の知的ゲームとなると筆者は確信している。ただ前提としてお互いに協力し合うことで創造的な解決策を見出すためにテーブルに着くという状況が生まれることが求められる。ともかく四面会議図の作成にあたって、各面での部門別計画素案ができたあとで、この

win-win型のディベートを持ち込むことが四面会議システムのきわめてユニークで画期的なところなのである。事実、筆者や他の人たちがこれまで実施してきた数多くの四面会議システムの事例からも、win-win型のディベートの価値や有用性が参加者によって体験的に表明されている（なお本書の第7章に、筆者らが中心となって開発してきた「事起こしの実践システム理論」のいくつかを紹介しているが、そこでもごく簡単にwin-win型のディベートのダイナミックで創造的な論理展開の特徴について言及している）。

読者からは、このwin-winディベートをどのような組み合わせで行うかという問いが出てくるであろう。理論的かつ理想的にはすべての二組の組み合わせについて行うのがよいであろう。しかしそれは現実的ではないし、win-winディベートのなかで、他の部門のグループも必要に応じて参加・貢献するほうが合理的である。そのように考えれば、とりあえず基本としては、たとえばもともと対面同士のグループがwin-winディベートをし、他の残りの対面同士のグループが判定や補完的参加者として貢献するということでかまわないであろう。つまり一つのやり方として、「モノ」、「人」同士、その後に「広報・情報」、「総合管理」同士が対面で実施すればよいことになる。その後さらに他の組み合わせについて行うかどうかは時間と議論の煮詰まり具合を考えて、臨機応変に進めるのがよい。

⑥　部門間相互チェック（その2）＝部門間win-win逆転ディベート

部門間相互チェック（その1）を終えたら、そこで完了とするのも一つであるが、駄目押しとして、部門間相互チェック（その2）を実施することを奨励する。これはお互いに対面同士の役割（部門）を入れ替えて（逆転させて）、成り代わった立場でwin-winディベートをするのである。これを逆転ディベートという。つまり「人」と「モノ」の担当同士が相互に入れ替わり、「広報・情報」と「総合管理」もお互いに入れ替わるのである。後は前段（その１）で行ったwin-win ディベートと同じ要領で行うのである。

ところで逆転ディベートにはどのような効果があるのであろうか？　立場（役割）が入れ替わったことで元は他者の部門計画が自身の計画（我が事）として反省・改善の対象となる。一方、他者の目でもとは自分たちの部門計画案であったものを批判的かつ建設的に検証する。人間はともすると自分がつくった内容の点検には甘さや思い込みもあって死角ができてしまいがちである。しかしゲーム感覚で他者に成り代わってそれを徹底的に吟味するとなると話は変わってくる。自分がうすうす気づいていた甘いところ、手を抜いたところ、工夫の足りないところなどを意識的に思い起こしてそれをあたかも他者の計画の考慮の足りないところとして指摘できる。ゲームのルール上は他者への建設的指摘とアドバイスなのである。十分に快感が味わえて、ワクワクするなかで改善に貢献できているという気分が共有される。一方、再点検の俎上にのせられた自身の面にある部門計画案は、手前つまり我が事の計画として、しかし実は他者の目が入る形で建設的な改善点が見えてくる。

ここが肝心な点であるが、win-winディベートでは（win-lose型とは異なって）自らのミスや不備な点、追加的改善点などを申し立てることが奨励される。つまりそれで得点が付加される気分になれるのである。このように、逆転ディベートをwin-win型で行うことにより、自身のグループの思い込みや意図的手抜きの項目を他者へのアドバイス、アイディア提供というスタイルで建設的・創造的貢献をしたことになるのである。もとは他者のものであるのに、自身の計画として我が事として最終点検してそれを自身の正直な申し立てとして提示することで、もう一つの建設的・創造的貢献ができることもモーティベーションとして大きい。このような結果、最終段階で発見し、協働的に付加できることがあり、非常に意義がある。悪意はなくとも、ついつい見逃しがちな、実践を阻む落とし穴を最終段階で回避する知恵を発見して盛り込む。参加者はノリノリで盛り上がり、ゲーム感覚のモーティベーションが十分に働く。その仕掛けがwin-winの逆転ディベートなのである。

以上の一連の共同作業を経て四面会議図づくりが完了したと判断されたなら、もう一つ大切な以下のような「**後詰め作業**」が残っている。

⑦ ロードマップ（実践行動計画の役割分担・連携と工程表）の作成

共同作業内容を最終的に参加者全員で「我が事」として体得・共有するためには、四面会議図の成果をすぐに整理・整頓・清掃するのが効果的である。実践行動計画の役割分担・連携と工程表をロードマップとしてコンパクトに表形式で示した（落とし込んだ）ものを一同で力と息を合わせて作成する。その結果を計画づくりに携わった参加者全員だけではなく、計画の実施にあたって何らかの形で関係してくる人たちも加えて、発表会（プレゼンテーション）を開くのがよい。改まった形で形式的にするのではなく、四面会議システムの共同作業が完了し、全員が我が事として実践に移す気概を表明し、確約するための非常に実質的に意味を持った発表会が、四面会議システムを実施した「締め（〆）」のセレモニーとして不可欠なのである。

これが先述した「**私たちの実践行動計画**」を居合わせた人たちも加えた「**一堂の事化**」（everyone-committed work）**した出来事として公式化**（仲間とその周りの人たちで公有化）**するためのフィナーレを飾るセレモニーである**。そのために四面会議システム図に皆で自筆・署名する、四面会議システム図を前にして全員で記念写真を撮って記録しておく、というのは効果的であり、ルーチン化してよい。このほか、四面会議システムを企画し、実施する過程で並行してサプライズイベントを用意してタイムリーに演出するなども、ケースバイケースでは思わぬ効果をもたらすようである。筆者自身もそのようなイベントを企画する側にまわったり、逆に仕掛けられる体験などをしている。たいへん主観的な印象でしかないが、ＴＰＯを心得れば非常に印象的で参加意識が高まる効果があるようである。

4　四面会議システムの前詰めを加えた本格バージョン　ＫＪ法やＳＷＯＴ分析などを用いてFramework（づくり）から始める全点セットアプローチ

これは四面会議システムの段階Ⅰに相当する共同作業（プレ四面会議システム）である。**第3節「四面会議システムの本詰めから入る演習法」**では、いきなり四面会議図を作成するところから入ったが、現実の場面ではそこにいたるまでの前詰めがないとうまくいかないことが多い。お互いに初対面であったりすればことさらである。逆に集落地域で顔見知りであっても酒席やたいへんくだけた集まりででもなければ、皆で知恵と力を出して小さな計画を立てて実行する打ち合わせをしようという状況は皆無であろう。したがって

「さあ四面会議図で計画づくりを一緒にやりましょう」という気分にもなれないし、どうやってコミュニケーションをとってよいか戸惑ってしまうのがおちである。外部の人間や専門家がその地域の現場に出かけていって、地域の集落のリーダーも交えて一気に四面会議の計画づくりから始めることもほとんど無理であろう。信頼されていなかったり、言葉が通じなかったりすればそれだけで外部者や専門家が地域に入り込むことすらできないのである。つまり四面会議図で一緒に実践行動計画づくりを始めるためには、前段階の枠組みづくり（frameworkの設定）ができなければならない。お互いに信頼し合える関係づくりや、共通の問題意識を持ちえる見込みがあるかの確認をするためのコミュニケーションの機会が成り立つ（場づくりが生まれる）ことが枠組みづくりの初期条件として求められる。これがある程度整った段階で、現状認識・診断についての意見交換とそこにいたるプロセスの共有をするためのブレーンストーミングができればよい。漫然とするのではなく、実際の地域を見て回るまち歩きの観察・調査を行ったり、ＫＪ法やＳＷＯＴ分析などを戦略的に活用できる環境を用意して、たとえば地域が抱える共通の課題や、目指すべきビジョンのあぶり出しにシステマティックにつないでいくのが本枠組みづくりの根幹となる。

このような前捌きができたならば、その次に前述した四面会議システムの段階Ⅱ（コンパクトバージョン）に移ることができるのである。

5　ファシリテーターの技量が左右する四面会議システムの本格的適用のノウハウ（実践フル・バージョン）に挑戦しよう

これまではあくまで四面会議システムに参加する立場から本手法の適用の仕方を中心にして説明してきた。しかし四面会議システムを現実場面で本格的に活用するためには、段階Ⅰ、Ⅱ、Ⅲを一貫して進めていく進行役がいることが肝心である。これをファシリテーターとよぼう。既述してきたように四面会議システムはゼロからの事起こしのための行動計画づくりとその場づくりを戦略的に進めていく支援技法である。特徴的なこととして、ルールを定めたゲーム感覚で、あたかも即興芝居を演じているようなノリでどこまで創造性を発揮し、知恵合わせができるかが四面会議の成否を大きく左右する。四面にグループとして分かれて、各部門ごとの計画素案づくりをすること、win-winディベート、逆転win-winディベートなどの段階で盛り上がりをどのようにつくり出すかは、参加者（即興芝居の演技者）だけの技量や振るまいで決まるものではない。芝居の総合プロデューサー（演出の総監督）の役割とセンス、技量に依存するところが少なくないのである。この意味で四面会議システムの実践フル・バージョンの妙味を最大限に引き出すように総合的にプロデュースする役割であるファシリテーターという人材を育成していくことが四面会議システムの普及のためにはどうしても必要となる。このような人材育成のために四面会議システムのノウハウを今後開発していくことが求められる。まだ開発途上であるが、図5-1には現段階での一つのファシリテーター用のガイダンスが示されている。段階Ⅰ、Ⅱ、Ⅲは、それぞれがある程度の完結性を持っているが、同時に各段階には

（状況依存的であるために）定型化が難しい「独特の間合い」とそれを埋める「呼吸」のようなコミュニケーション形態が存在している。そして段階Ⅰ、Ⅱ、Ⅲを緩急交えてリズミカルにつないでいくファシリテーションの技能が四面会議システムの終盤での盛り上がりや成果の質を決定づけることが予想されるのである。たとえば各段階ごとに「発散」と「収束」、つまり「開いて」「結んで」というリズムが原則交互にやってくるコミュニケーション法が有効であることが経験的に知られている。

また段階Ⅰから段階Ⅱへと移行する間合いに、一度復習や予習を兼ねた「発散」と「収束」のブレーンストーミングを入れるのもよい。それはファシリテーターの状況判断のセンスと経験のレベルが鍵となるのである。同時に進行過程で先回りをしていろいろな展開のシナリオに基づくシミュレーションができるかどうかがファシリテーターの各場面での状況判断の良否を決めるはずである。このことは寺谷も述懐しているところである。既述したように、寺谷は四面会議システムの原型の開発者であり、筆者らと今日までに本技法の拡張・改善に長年にわたって取り組んできた。日々事起こしの研鑽に努めている寺谷は、四面会議システムのファシリテーターの最先端の実践者であることも間違いない。寺谷によれば、**四面会議システムを行う過程で、タイミングに応じて参加者からみてどのような立ち位置に身を置き、移すかが参加者の役割を引き出すうえでも重要なノウハウであるという。**これらがどこまで暗黙知から形式知に変換できるかどうかは、筆者も含めて今後さらに科学的挑戦に値する研究テーマである。当面は、寺谷のような熟達した経験者が具体の場面で語りとして発話したものを記録・整理することが有効であろう。

取り上げるテーマや対象とする問題のスケールや高度性・複雑性の程度によって一概には言えないが、一般的に以下のような場づくりとコミュニケーション能力がファシリテーターに求められる（岡田編『地域経営まちづくり――四面会議システム　利用の手引き編』日本地域経営実践士協会、二〇一三年、［補遺］岡田・寺谷「解説：四面会議システム技法の基本」）。

①　全参加者をテーブルにつけるコミュニケーション能力
②　テーブルに着いた参加者に四面会議のポイントをわかりやすく説明できるコミュニケーション能力
③　四面会議においてアイディア出しがどんどん進み、ディベートが盛り上がるように参加者に臨機応変でソフトに働きかけるコミュニケーション能力
④　逆に盛り上がりに欠けたり、特定の参加者が議論の輪に入りにくい状況などがあった場合、それをタイムリーに察知し、状況を改善するためのそれとない働きかけができるようなコミュニケーション能力
⑤　参加者全体で成果を整理し、まとめたりするときに、必要に応じて触媒的な役割を演じられる総合能力

6　四面会議システムの世界観と人間力向上のための梃子《てこ》としての活かし方

注意したいことは、四面会儀システムはワークショップという技法であると同時に、それを使って得られるノリノリの実践行動計画づくりの体験と実践知自体に独自のノウハウが経験的に蓄積されている。そこに

も大きな価値と意義があると筆者は考えている。このノウハウの活かしかた次第で参加した人たちが「事起こしの世界観」を共感できるかどうかが決まるともいえる。具体的には以下のようである。

① こんなことが皆でやればできてしまうという事の妙を体験し、それを繰り返す習慣を身につける人はそのうちに技法のみならず、四面会議システムという技法を通して、固有の事起こしの世界観を獲得していく体験に身を置くことになるはずである。

② 知らない人同士でも四面会議システムを使って共通の「事起こしのテーマ」を見つける喜びを見出す。また実際にゼロから事を起こし実践する興趣を体験する。

③ 知らない人同士が、肩書きや建前とは異なる形で仲間になる感覚を共有する場立ちの体験をすることができる。

④ さらに高みの挑戦として、ファシリテーターとして積極的にかかわり、四面会議システムの場づくりと場の盛り上げ、場立ちまでにいたる触媒役（カタリスト）や議論の整理整頓役を演じることで事起こしを支援するコミュニケーション能力を身につけることができる。これにより自身も身近な周りで事起こしを進めていくための総合力を高めることができる。また事起こしとその支援者としてのプロの技量を磨くことができる。

なお四面会議システムは基本が同じであっても、その適用の仕方は対象とする問題や参加する人たちの問題意識や経験度、地域の特性や社会文化的背景も絡んだ言語コミュニケーション上の多様性によっていろいろなバリエーションが考えられてよい。実際筆者らはインドネシアのジョグジャカルタにあるガジャマダ大学と協力してメラピ火山山麓地域の集落コミュニティに対して四面会議システム技法を活用した減災コミュニティ行動計画づくりを支援してきた経験を持っている（巻末の付録参照）。

今後、四面会議システムという具体の技法を身につけた人たちが増えて、四面会議システムの流儀がいろいろと編み出されてくることを期待したい。

7　寺谷が説く四面会議システム法の妙味

四面会議システムの生みの親は寺谷篤である。育ての親は二人いる。寺谷と筆者である。筆者は主として理論面からの整え役を務めてきた。寺谷は実践面から育てる役割を担ってきた。そこで実践者寺谷が四面会議システムの妙味をどのようにとらえているか、少し紹介しておこう（『地域経営のまちづくり――思考のデザイン編』version 0、第4章第8節からの引用。太字にした箇所は岡田による）。

（1）なぜ四面会議システムという方法を考えたか

地域社会は多様である。年齢も価値観も多様な人たちが、テーマを一つに絞って計画をつくることは容易ではない。どうすればその場を共有して物事を立ち上げることができるのか。まず、その場をつくって座ったならば、そのこと自体を必然的にせざるを得ない、向かわざるを得ないような方法をつくろうと考えた。リスクがかからないように生きていくのが地域社会での処世術である。つまり、負荷を逃げ続けた結果が人任せの地域となり、主体性のない地域をつくってきたのだ。

ゲーム感覚で、何かの一部の役割だけを担当するのでなく、全体の流れや集団の目的を共有しながら取り組めば、実践することの楽しみや苦しみを共に味わうことによって人生の妙味を得ることができるのではないか。「三人寄れば文殊の知恵」という。何事をも達成できる集団ははたして何人なのか、そんなところから「四」という公約数の集団運営法を考えた。逆に何人も居なければ物事を立ち上げることができないか、数が多くなればそれだけ調整も難しくなり、「船頭多くして船山に登る」という結果になる可能性もある。

(2) 模造紙を使うところに意味あり

四面会議システムでは、課題を見出すためSWOT分析で認識を共有し、ブレーンストーミングによって自由な発想でアイデアを引き出す。それをKJ法で整理して、ディベートで逆転の発想をするという思考のプロセスを展開する。参画した者同士がテーマを共有しながら集団のコンセプトを自覚しつつ、そのなかで課題や自分の役割がみえてくるというシステムである。

四面会議システムの概要とステップについても、**あくまでも基本的なものであり、それぞれの職場や地域にあっては、完成されたツールとしてとらえるのではなく、一つの企画法の提案として考えていただきたい。**

自分たちで創意工夫して、一〇回やれば一〇の方法がつくられてもよい。すべからく世の中マニュアルで動こうとしている。しかし、地域社会は常に変化している。これで万全というような企画の方法はない。そう考えたほうがよい。その場その場でいかに変幻自在に周囲の人々を巻き込んでいくかがキーパーソン役を務めるファシリテータに問われている。

いずれのステップも模造紙を最大限使うことが、参加者の思考の共有を図ることになる。ブレーンストーミングにしても、参加者は模造紙に向かっていても、参加者の目は模造紙の先の世界を見ている。また、他者の意見をヒントに連想ゲームを上乗せして新しい言葉を考えている。これらの相乗効果が模造紙を使う効用である。ＫＪ法にしても四色のマーカーをフルに使って整理する。つまり、参画者の合意形成をしながらステップを歩むことが、次の実行段階で生きてくる。

何事についても、たいがいはやれない。やらないという。理由を問えば、大方、「聞いていない、知らない」という言い訳が返ってくる。なぜ、四面で会議をするかというと、「貴方は企画会議に居たではないか」という厳然たる事実を相互につくるためだ。したたかな説得法なのである。

（3）四面会議システムをやっていると

小難しい方法などいらない、と思われるかもしれないが、このシステムを何回かやっていると、模造紙も白板も何もいらなくなる。書記が一人居れば、その場の会議の議題によって頭のなかに共有の模造紙がつくられ、散会するときには役割分担やいつまでにという工程をも含む共通認識ができるのである。議事録は念のため後日整理してチームのメンバーに配るが、あくまでも念押し確認のためのものである。

これらの体験から言えることは、**誰とて自分の存在を認めてもらいたいという強い願望があるということだ。また、解り合いたいという欲求もある。**しかし、「立場」や「年齢」や「経験」によって、**人は絡め取られている。自分で自分を呪縛している意識が強烈に作用しているのが私たちの日常ではなかろうか。そのような自分を解き放すことはお互いに解き放すことにつながる。**よく言われるところの**フラットになる関係性が創造を生み出す土壌になる。**

テーマを共有しながら、発想し発言する。他者の発言に影響されながら、自分も発言する。そのことの連続性が文字となって表記され、確認されていく。

四面会議システムは実は物事を共有するためのシステムである。それぞれの顔が異なるように考え方も十人十色である。つまり**四面会議システムは、それぞれの持ち味が違うことを知る認識のシステムであると考えている。異なる者が共通認識をもつことによって「力」となる。**

課題（テーマ）と特性を生かした役割と活動（行動）の理念を共有すれば、四人居れば鬼に金棒、どんなことでも達成できる。この四面会議システムの実践を切掛けに、みなさんも是非とも自分なりの企画法を編み出し、勇気を持って新しい時代の大海に漕ぎ出していただきたい。挑戦こそ成功の一番の近道である。

（4）ステップを踏みだす前に

四面会議システム法のステップを踏むためには、このシステムを考えた意図を理解しておいた方がよい。

このシステムは、参加者がプロジェクトの目的を共有しつつ、互いに異なる視点で相乗効果（シナジー）を発揮しながら企画していく方法である。言ってみれば「尻取りゲーム」に例えることもできるし、「連想ゲーム」でもある。

四面会議システムは、参加型プロセスにおける「場づくりの技法」であり、同時に「参加者間のコミュニケーション技法」でもある。私（寺谷）が考案して約二十五年になるが、この技法を用いると、結果として参加者間の役割分担と包括的で相互連携的な対案づくりが可能になる。

この四面会議システム法の特徴として、各参加者がプレーヤーとして役割を分担し合い、ゲーミング感覚とノリで自らが分担する計画を詰めるとともに、相互のコミュニケーションを取り合いながら、結果として包括的で相互連携的な対案をつくることが可能になる。SWOT（強み・弱み・チャンス・ピンチの図式化）分析で整理し、さらにそれらが立場によって見え方が異なることをあらかじめ参加者で認識しておく。途中でプレーヤーの「役割交換」を行い、対面プレーヤー同士で「ディベート」を行う。このことによって当事者と外部者双方の視点に立つことができ、各自の分担案を補強することができる。つまり、当事者・内部者だけでは見落としがちな論理的思考回路を詰めることが可能になり、そのぶんだけ総合的な実行可能性が高まるのである。

往々にして、私たちは自分自身の思い込みの世界に生きているものだ。このシステムを活用すれば、ディベートなどの討論を通じて相手の考え方や見方を否応なしに認識することになる。そのことによって自分自身が何かに捕らわれていることに気づくことができる。言ってみればチームとして「気づき」を得る企画システムともいえる。

ステップを踏みだす前に本システムの趣旨が理解されたら、実際に演習すれば論より証拠、何事も身につく。「踊る阿呆に見る阿呆」と阿波踊りの一節にもあるが、演習でも実際の社会事例をテーマにして四面会議システムをやってみればよくわかる。ブレーンストーミングをやっていると普段は寡黙を通している人が、場の雰囲気で「ぽっと」発言することがある。こうなれば大成功だ。その「語彙」を元にして連想的に言葉が言葉を生み出す、その醍醐味を味わえば四面会議システムの妙味の核心を得たことになる。「三人寄れば文殊の知恵」まさにその言葉通りの知恵が湧き上がり、新しい発想が生まれ、社会システムの舞台ができる。

8 四面会議システム技法の誕生秘話

（岡田憲夫編『地域経営まちづくり～四面会議システム――利用の手引き編』日本地域経営実践士協会、二〇一三年から少し改変して転載）

目撃談 どのようにして始まったのか？
――模造紙にはじまり、模造紙で綴じ込む

（1） 模造紙会議 四面会議システムの黎明期から第Ⅰ期の進化過程へ

四面会議システムはどのようにして生まれたのであろうか。筆者（岡田）は誕生ほやほやの黎明期を目撃

した数少ない証人の一人である。現在のような形で育ってくる過程に研究者として長く、深くかかわった人間でもある。そこで本書の冒頭で、これまでほとんど書き物の形で触れられることのなかった四面会議システム誕生の秘話を少しだけ紹介したいと思う。

時は、日本が昭和から平成へと時代が移行するちょうどその時期、場所は鳥取県智頭町八河谷（やこうだに）地区、そのすぐ上流の村外れに生まれつつあった「杉の木村」、そこに建てられたつつましやかなログハウス。ここがＣＣＰＴ（Chizu Creative Project Team＝「智頭町活性化プロジェクト集団」）の活動拠点であった。これを率いるリーダーは寺谷篤である。筆者は、今でもまるで昨日のことのようにその光景を覚えている。ログハウスの裸電球の下で、大きなテーブルの上に模造紙を広げて寺谷はＣＣＰＴの若い仲間たちを指揮しながら、真近に迫った地域イベントのプロジェクトを、万全をつくしてやり遂げる。そのための行動計画の詰めの議論をしていた。

一つ、また一つと打っていく「地域社会をこじ開けていくプロジェクト」は、「絶対に失敗は許されないことの連続」であった。鬼気迫る顔つきで寺谷は語った。「一回でも失策すれば、失地回復は不可能な総力戦」、それは見えない戦争だ。ＣＣＰＴはそのような社会革新を戦い続けているのだと言う。そのために編み出した戦略的な行動計画の詰めの技法が、そこで繰り広げられていた「模造紙を使った戦略的会議技法」、名づけて「模造紙会議」であった。寺谷はさながら模造紙を使うマジシャンのようであった（いや、今もその面目躍如である）。過疎の山里に育って都会の開放的な空気に馴染んでいないＣＣＰＴの仲間たちは概して寡黙で、ましてや意見を自分から積極的に出すようなタイプはいない。その人たちに時に激しく、ときに柔らかく語りかける。すると彼等の頭（あるいは腹かもしれない）のなかの、おそらくはもやもやとしたものが少しずつ口を通してもぞもぞと発せられる。まるでつぎつぎとことばとなって手繰《たぐ》り出されてくるようでもあった。寺谷は相手にさりげなく確かめるようにしながら、発せられたことをワン・フレーズのキーワードとしてマジックペンで巧みに模造紙の上に文字として書き取っていく。それが次第に埋めつくされてくる。

あらかた「繰り出されることば」が尽きかけたのを見計らって、小紙片の文字の束が散りばめられた模造紙をテーブルから移し、壁の上に鋲で留める。仲間たちに指示をしながら新たに白紙の模造紙を何枚か取り出して重ね合わせて正方形を作り、それをテーブルの上に置く。長い定規とマジックペンで、四隅から対角線を引き、正方形の真ん中で交差するような図形を作る。そしてその真ん中に小さな正方形を設け、ここが「目指すべきゴールだ」と言う。各辺ごとに都合、四個の台形ができるが、それをさらに三段の台形に小分けする線を引く。こうして出来上がったその図こそ、いま私たちが「四面会議図」とよぶものの原型にほかならない（その後、筆者らのアドバイスも踏まえて「ピカ」「イキ」「スジ」の行が加わって現在の形となった）。

寺谷は「何から始めて、何をいつ、どのような順番で進めていこうか？」というふうな問いを仲間に投げかけながら、ふたたび摸造紙の上の幾何学模様の図形のスペースを文字で埋めつくすマジシャン役を買って出た。「漏れはないか、漏れは命取りになるぞ！」「互いの連携は大丈夫か？」そのような意味の掛け声を掛けながら、「とりあえず皆でつくった計画」を一同で四方八方から再点検し始める。思いこみは禁物、おざなりや手加減もご法度。「他人が粗捜しをするつもりで吟味し合うのだ」と。

その様子をみて、筆者には閃くことがあった。「他人が粗捜しをするつもり」をゲーム感覚でする方法がある。そう、ディベートである。でもどうせするなら、自分が他人になるような「**役柄の取り換えやゲーム**」にしてはどうだろうか。感性の寺谷は即座に乗った。「それで行こう！」こうして、第一ラウンドはディベート、第二ラウンドは逆転ディベートを導入するというルールで行う「模造紙会議の進化version」が生まれることになったのである。それは寺谷が指揮するピリピリとした「模造紙会議」から、参加する者すべてが、「創造的に粗捜しをし合うゲーム」に興じるという形に、一段の飛躍を遂げたことも意味していた。四面のそれぞれに配置された「四通りの役」に、より積極的で明確な意味づけをしてはどうか、それなら「四面」を強調して「四面会議システム」とよび変えよう。あの図形は「四面会議図」と命名しよう。アイディアは膨らみ、やがて四面を「人」「物」「情報・広報」「総合マネジメント」にあてる現在の標準型が編み出されることになったのである。

なお模造紙会議の時代でも、「図上で完成された（はずの）行動計画案」は、工程計画表として示されたものを参加者全員が役割にもふれる形でプレゼンするステージが最後に用意されていたように記憶する。これは仲間内のことで終わらせないことを全員で最終確認する意味をもった儀式でもあった。これは現在の標準的な四面会議システム技法では、先述した本技法の中核を構成する四面会議図作成プロセス（major step）の「後詰めのステップ」（follow-up step）として、より明確な位置づけを与えられて定形化されている。

（2）四面会議システム第Ⅱ期進化過程　日本ゼロ分のイチ村おこし運動（早瀬集落レベル）行動計画づくりへの導入

四面会議システムがＣＣＰＴの手を離れて、智頭町のコミュニティレベルの事起こし計画へ実際に応用され、その実用性と威力が確認されたのが一九九六（平成八）年のことであった。それは寺谷が住む早瀬集落が日本ゼロ分のイチ村おこし運動に応募するための行動計画づくりに実際に応用しようとする野心的な試みであった。寺谷自身がその導入の先鞭役を務めたことはいうまでもない。以下そのことにふれる資料（多々納、二〇〇八）を引用する。

四面会議システムは一九九六年から始まった「日本ゼロ分のイチ村おこし運動」でも、各集落の一〇年後の姿を描くために用いられ、策定された行動計画書は各集落の「バイブル」として今も大切にされています。二〇〇六年七月に智頭町を訪問し、このゼロイチに関わってこられたいくつかの集落で実際にお話を聞かせていただきました。特に「早瀬」の集落では、一〇年前に描かれた行動計画を絵にした「一〇年後の早瀬」が額に入れられて公民館に掲げられており、その中のいくつもの夢が実際に実現されていることを知りました。お年寄りが多い集落ではありますが、皆さんが明るく胸を張ってこれまでの活動やこれからの展望について熱く語っておられたことはたいへん印象的でした。地域の人々が自ら考え、計画を作り、実践していく。草の根の民主主義の原点が、鳥取県の一番端の山間部の小さな集落で息づいていたのです。

（3）四面会議システム　第Ⅲ期進化過程

四面会議システムは二〇〇三〜二〇〇五（平成一五〜一七）年ごろをターニングポイントにして、さらなる進化を遂げることになる。筆者は当時、建設技術コンサルタンツ協会インフラストラクチャー研究所の研究会の座長を務めていた。活動の一環として「地域経営アドバイザー養成セミナー」を始めることになった。それが契機で四面会議システムは実際のフィールド演習の技法として改善・拡張を遂げることとなった。詳細は割愛するが、これが現地調査・地域診断という四面会議システムの「前処理（前詰め）」のプロセスを実際に行うことを試した最初のケースだったように記憶している。こうしてタウンウオッチとＳＷＯＴ分析を組み合わせた方法を正式に四面会議システムの前段に組み込む形が実用化されることとなった。

（4）四面会議システム　第Ⅳ期進化過程

前述した日本ゼロ分のイチ村おこし運動は、集落レベルでの一〇年の間のプロジェクトとして成果をあげた後、さらなる飛躍を目指して集落地区レベルのプロジェクトとして進化を目指すことになる。応募を目指した地区は山郷地区。地区協議会をつくるとしても、何を目指して何から手をつければよいのか？二〇〇八（平成二〇）年一月のことである。四面会議システムが本格的に導入され、それをきっかけにして地区協議会が立ち上げられ、その最初の本格的イベントとして、開設まもなかった高規格道路に付設された高速バス停を活用しようということになった。その近辺の広場での総合防災訓練を行うというもので、これが地区協議会誕生のお目見えイベントを兼ねる形で同年の五月に実施され、成功裏におわった。

(5) 四面会議システム　現在進行形の第Ⅴ期進化過程

実は四面会議システムは、現在もたゆまぬ進化の試行過程にあるといえる。

たとえばインドネシア・ジョグジャカルタ近郊のメラピ火山山麓の集落コミュニティに対する参加型減災行動計画づくりに四面会議システムは適用された。インドネシア公共事業省のプロジェクトを請けた地元の名門大学であるガジャマダ大学から、当時（二〇〇九年頃）筆者が勤務していた京都大学防災研究所の研究グループに要請があった。四面会議システムをぜひ導入して集落住民をサポートしてやってほしいということであった。二〇〇九―二〇一〇年にかけて羅貞一（現鳥取大学）が現地に入り、試行錯誤の結果、なんとか導入にごきつけた。そこでは日本とインドネシアのコミュニケーションの仕方の違いや、文化・地域性の違いを四面会議システムの実施のプロセスにどのように反映するのかなどで色々と工夫や学習が重ねられた。たとえばファシリテーションの仕方、ディベート・逆転ディベートをもっとソフトにした意見交換的な討議の仕方ですませること、などがその代表的なことである。ファシリテーションができるような人材をどのように教育すればよいかについても、それなりの提案をすることができた。日本から現地に入って地域をよく知り、広い人材ネットワークを築いている建設コンサルタントのサポートも大きかった。

羅はその後、韓国における地域防災教育などへ本手法を導入することを試みてきている。Sammadar、Misra、多々納はインド・ムンバイの減災コミュニティ計画づくりに、四面会議システムを導入した実例を提示している。筆者自身は国連大学、ＪＩＣＡ専門家研修、オーストリア、英国、カナダなどの参加型コミュニティマネジメントに関する授業を何度か担当し、四面会議システムが今後のコミュニティマネジメントの教育プログラムとしても大変有用であるという感触を得ている。

このように国際的な普及への努力が進められている一方で、国内にあっても本手法は大学教育の一環として、あるいは地域における減災計画づくりへの適用などいろいろな挑戦が目下行われている（多々納らによる滋賀県域での事例、柿本らによる熊本県域での事例などがその一端である）。このように本技法は基本的なところは保持しつつ、現在も進化し続けているのである。

寺谷は『地域経営まちづくり――思考のデザイン編』（七五頁）で次のように述べている。


四面会議システムの概要とステップといっても、あくまでも基本的なものであり、それぞれの職場や地域にあっては、完成されたツールとしてとらえるのではなく、一つの企画法の提案として考えていただきたい。自分たちで創意工夫して、一〇回やれば一〇の方法がつくられてもよい。すべからく世の中マニュアルで動こうとしている。しかし、地域社会は常に変化している。これで万全というような企画の方法はない。そう考えた方がよい。その場その場で如何に変幻自在に周囲の人々を巻き込んでいくかがキーパーソンに問われている。


事実このことを象徴するような光景が最近、筆者が寺谷、平塚らと二〇一二年五月より始めた地域経営まちづくり塾で繰り広げられた。

寺谷がファシリテーター役を務めるなか、二〇一三年度の塾の最後の二回を締めくくる「集中講座」をどのように計画し実施するか。まさにその本番前の四面会議システムが行われたのである。本来ならばここでは四面会議図の作成に入る頃合いだ。寺谷は模造紙を何枚か壁に貼るとともに、もう一度参加者にブレーンストーミングすることを求めた。いわば本番直前の出来上がりイメージを参加者全員で最終確認し始めた。各自から鍵となる項目を一つひとつことばとして聞き出し、マジックペンで書き出していく。自由自在に、そういえばほぼ四半世紀前の杉の木村で筆者（岡田）が目撃したあの光景だ。寺谷が仲間たちから次々とことばを引きだし、書き取っていたあの「摸造紙を使ったマジシャン」の姿がそこにあった。ただ前とはっきり違うこととして呼吸を合わせるように書き取っていくもう一人のファシリテーターがいた。その役を務めたのは、本塾の主宰者のもう一人の相方、平塚伸治の存在であった。相方が連携してファシリテーションしていく姿がある、それが四半世紀の積み上げが生んだ進化の一端であったのかもしれない。

「仕上げのイメージにズレはないのか？　何か漏れはないのか？　それは本当にできるのか？　誰が中心となって進めるのか？」、問われなくても参加者はそのようなことをもう一度頭のなかで思い浮かべながら、それを口に出す。それが文字化されたことばになって模造紙を埋めていく。数枚の模造紙が埋めつくされたあと、期せずして反芻するように参加者間での質疑応答が短い時間であるが濃密に行われた。

「それでは改めて四面会議図の作成に入ろう」と寺谷は皆に呼びかけた。こうして四面会議システムの、また新しい実践事例が一つ加わったのである。

模造紙に始まり、模造紙で綴じ込む。四面会議システムの基礎の基礎はここにある。実践のそれぞれの現場において工夫を重ねて、より良い新しい実践事例を皆さん一人ひとりが作りだしていただきたい。そのためには、矛盾するようだがまずは「形」を覚える。そこから入って「形を超える」、本書はそのことを願って編み上げられた現段階のとりまとめでもある。

9　まとめ　四面会議システムのフル・バージョンの基本的手順を用いる図面・書式

（岡田憲夫編『地域経営まちづくり～四面会議システム――利用の手引き編』日本地域経営実践士協会、二〇一三年、岡田・寺谷「解説」から一部改変して転載）

本章のまとめにかえて、四面会議システムのフル・バージョンの基本的手順と用いる図面・書式について、現在時点（二〇一四年一〇月）でもっとも標準的マニュアルとみなせる方法を以下に解説しておこう。

（1）前詰めステージ（その1）：場面と前提条件の設定
ファシリテーターによるプレゼンテーションと事前調査によりつかむ。
概略何年程度の期間（計画スパン）の将来像を描くかを決める。

（2）前詰めステージ（その2）：現状診断
ＳＷＯＴ（強み・弱み・チャンス・ピンチ図式）分析で複眼的に現状分析する。

（2・1）調査：フィールドワークによりとらえる。

（2・2）ＳＷＯＴ分析
フィールドワークをふまえて現状診断をする。
（2・3）計画スパン（たとえば一〇年後）を設定して目指すべき将来のビジョンやテーマを予備的に議論しておく。さらに現状診断をふまえて将来へ向けての課題も予備的に抽出しておく。⇓これらは後で行う四面会議の最初に再度検討し、絞り込むことになる。
（注）この応用問題として、立場の違う人同士に分かれてＳＷＯＴ分析を行うと、いろいろな見方のズレが浮き彫りになってくる。
（3）本詰めステージ：四面会議図にもとづく実践可能行動計画づくり
（3・1）四面会議システム図の用意
模造紙三〜五枚を使って図をつくる（図5-1）。

（3・2）司会者と記録者を決める。

（3・3）（2・3）の予備的検討結果をふまえて、ブレーンストーミングでチームの「計画のビジョン（全体的テーマ）」を決める。テーマに即した課題を吟味し、整理する。

（3・4）テーマを達成し、課題を解決するには何をどうすればよいかの洗い出しをブレーンストーミングで行う。

（3・5）四つの役割（プレーヤー）を担う分担を決める。

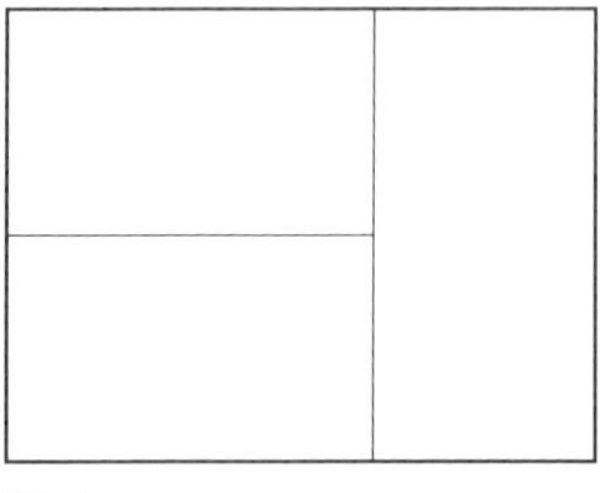
図5-1

（方式1）

総合管理・財務、人、モノ、情報・広報

（方式2）

当事者X、当事者Y、当事者Z、当事者W

なお方式1が有効な場合が多い。方式2は当事者間で利害が対立するときには、それに拘泥してうまく協調できない可能性がある。また当事者の数は現実には必ずしも四者とは限らないので、とりあえず四者に再編成して進めることが必要になる。

　このように利害が対立する当事者がいる場合でも、むしろ当事者の構成員を方式1に従って、割り振ることにより、異なる当事者の構成員が互いに混じることにより、かえって相互のコミュニケーションと相互理解や信頼が最終的に進むことが期待できる。

（3・6）（3・4）で洗い出したものを分担に即して個別具体化することにより、これを分担別テーマとして設定する。

　その際、「ピカッと光る」「イキが良い」「スジが良い」（ピカ＝独創性、イキ＝新鮮度・持続性、スジ＝論理性）をキーワードにブレーンストーミングで出した項目（素材）を吟味し、四つの分担課題（四色のマーカーを使って分類する）に振り分けて書き込む（分担別テーマの決定）（図5-2）。

　ここまでは相互に相談し合いながらの共同作業で行う。

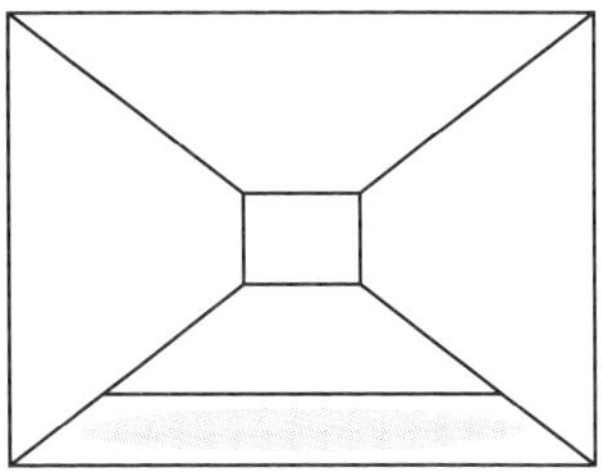

図5-2

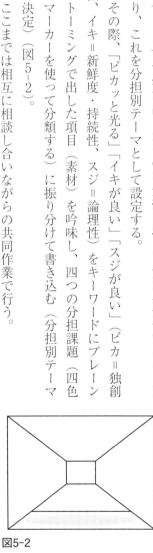

（3・7）（3・6）で決めたフレームを基に、各プレーヤーごとに分担計画素案（連想ゲームでシナリオづくり）をつくる（図5-3）。

（3・8）ディベート

対面プレーヤー同士（たとえばプレーヤー1と2）で各分担案の内容の是非についてディベートを行う（SWOT分析の結果も活用する）。その際、残りの対面プレーヤー（たとえばプレーヤーAとB）はディベートの審判やアドバイス役をつとめる。

なおディベートは実行上の盲点を見つけ出すとともに、お互いにもっと協力し合う余地がないかの智恵出しを行うために討議するもので、これをwin-win debateという。

（3・9）逆転ディベート

次に対面同士が役割交換をしてもう一度ディベートを行う。二回のディベートの結果をふまえて、各分担案の補強・修正を行う。やり取りする対面プレーヤー以外のもう一組の対面プレーヤーは審判やアドバイス役を務める。

（3・10）全体でもう一度意見交換をして各分担案が相互に密接につながるように相互の連携と最終調整を行う。合意ができれば一応これをもって成案とする。

（3・11）テーマ（課題）に対して、最終的にこれだという切り札（最後の詰め札）を一つ絞り込む。これを大骨（柱）として決定する（全計画スパン＝長期　たとえば一〇年後）（図5-4）。

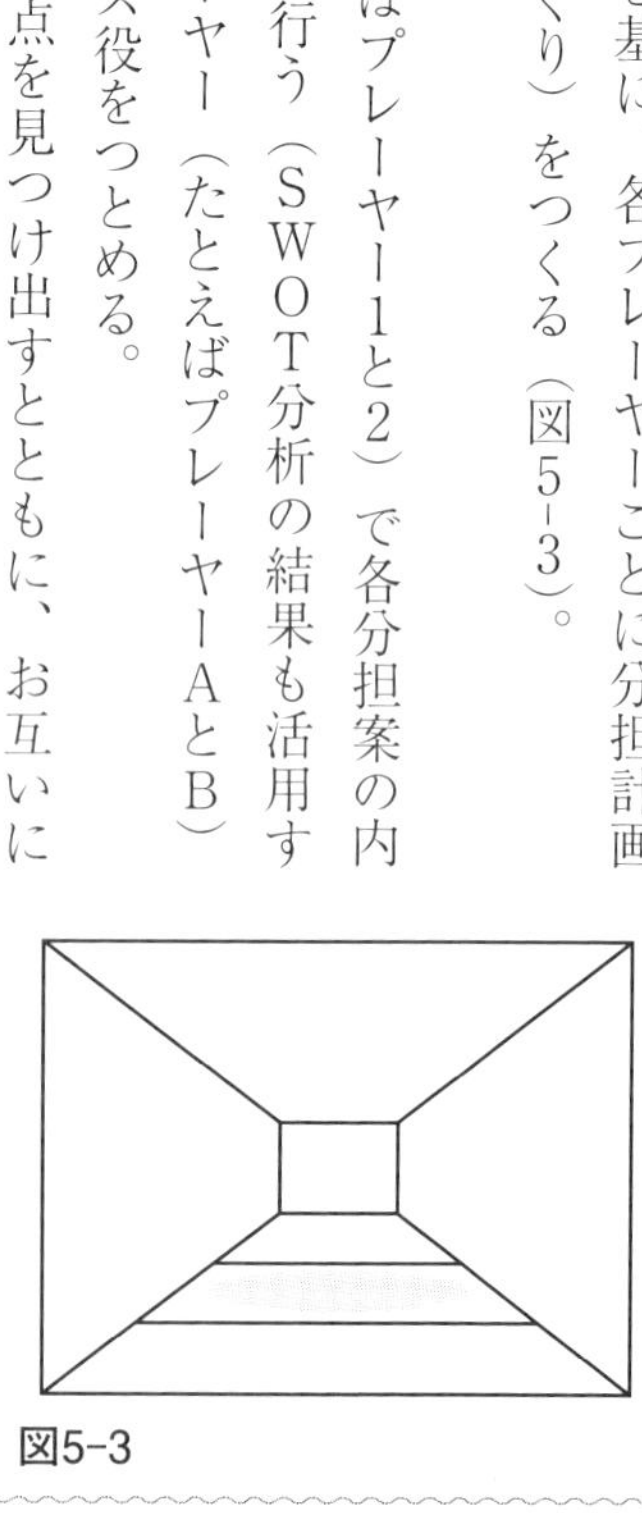

図5-3

（3・12）大骨（柱）に対して、全計画スパンの最初の小ステップ（短期）、たとえば1年をどう行動を起こしていくかを検討してこれを小骨（柱）として建てる。　さらに、全計画スパンの中間段階（中期、たとえば三～五年目のステップ）をどのように進めるかを検討し、これを中骨（柱）としてたてる（図5-5）。

（4）後詰めステージ

（4・1）四面会議図をもとに、事業実施計画書を作成する（図5-6）。

（4・2）ロードマップを作成する。誰が、いつ（までに）、何をするか担当を指名して記入する（図5-7）。

（4・3）全体確認プレゼンテーション、質疑応答の後、四面会議図（確定した計画項目書き込み完了の図面）の署名をして終わるとする。最終的にできあがった四面会議図は図5-8の中に具体的な計画項目が書き込まれ、配置されたものになる。これを揚げて全員で記念写真を撮るのも効果的である。

＊＊＊　終了　＊＊＊

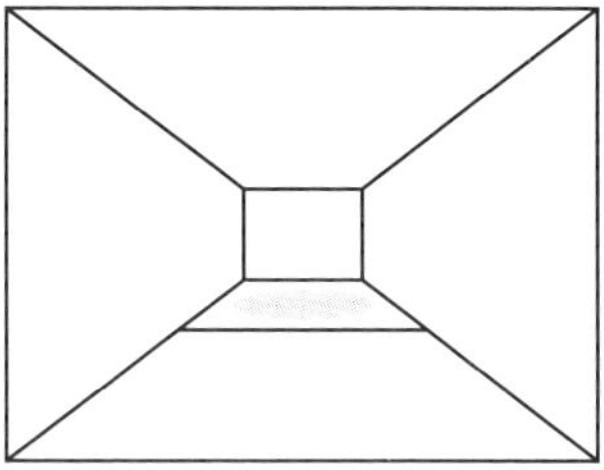

図5-4

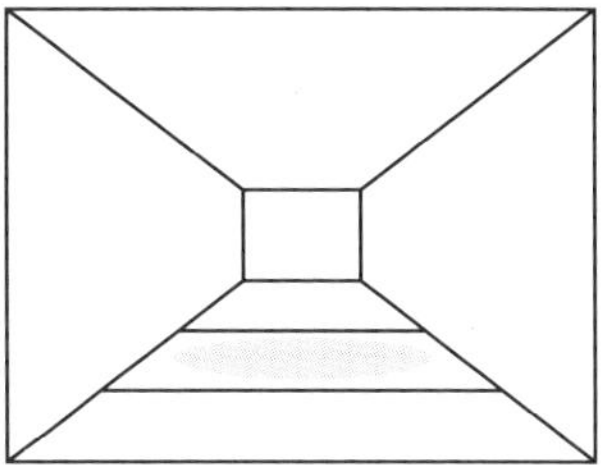

図5-5

1. テーマ

2. テーマの設定理由
　＝目指すべき事業像＝

3. 4 本の柱
○
○
○
○

4. 10 年後の姿

図5-6　事業実施計画書

分　類	行　動　計　画			備　　考
	1 年	3〜5 年	10 年後	

図5-7　四面会議システム図（計画項目書き込み前の図面）

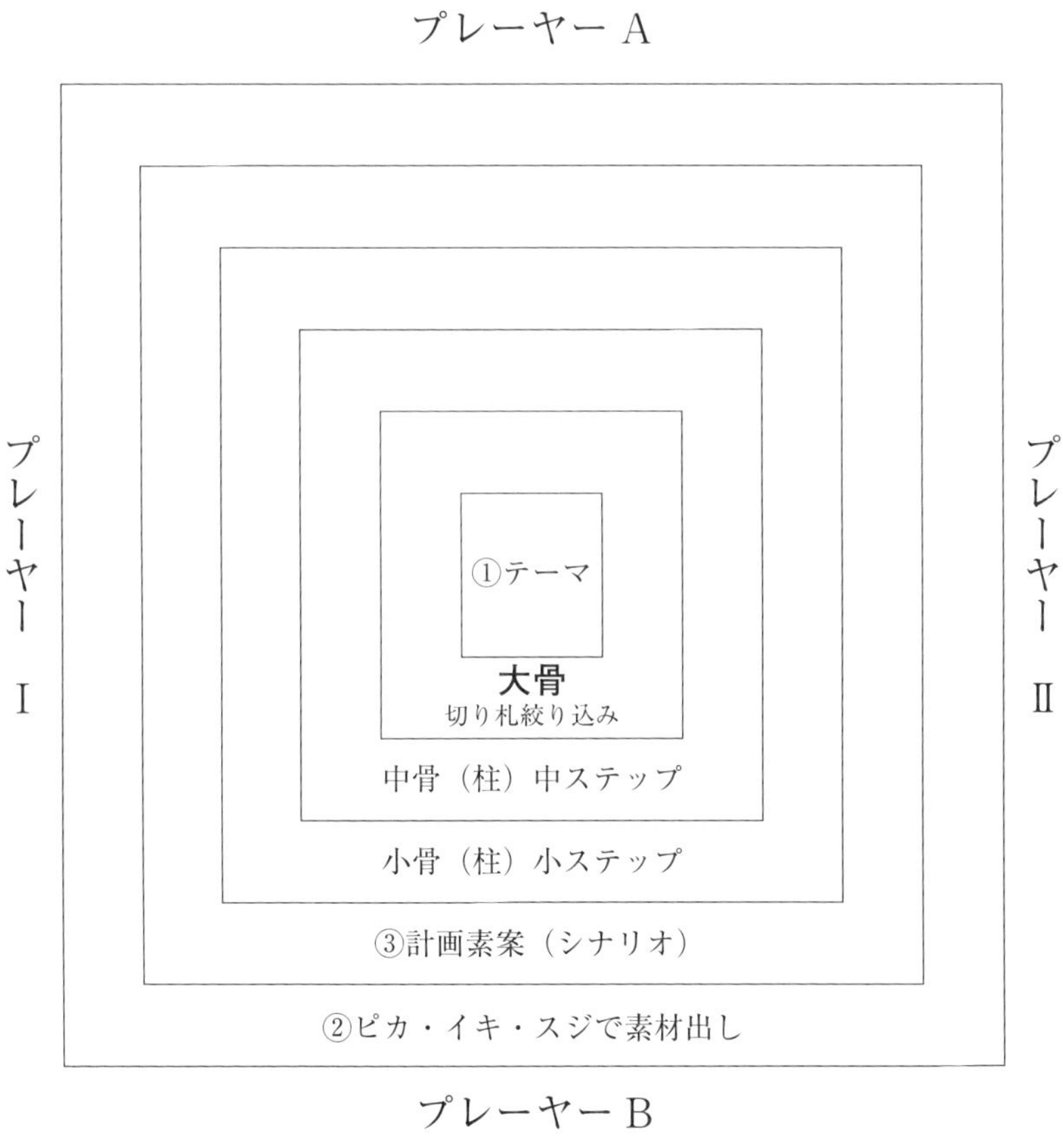
プレーヤーＡ
プレーヤーⅠ
プレーヤーⅡ
①テーマ
大骨
切り札絞り込み
中骨（柱）中ステップ
小骨（柱）小ステップ
③計画素案（シナリオ）
②ピカ・イキ・スジで素材出し
プレーヤーＢ

図5-8

参考文献

岡田憲夫編『地域経営まちづくり～四面会議システム――利用の手引き編』日本地域経営実践士協会、二〇一三年。

多々納裕一「四面会議システム序説――背景と目的」『RIIM Report』第6巻、地域経営の視角とマネジメントの実際：地域経営アドバイザー養成セミナーの記録2、社団法人建設コンサルタンツ協会インフラストラクチャー研究所、二〇〇八年四月〈http://www.jcca.or.jp/achievement/riim_report/vol_06/002report6.pdf〉。

寺谷篤志・平塚伸治『地域経営まちづくり塾――思考のデザイン編』日本地域経営実践士協会、二〇一三年。

羅貞一・岡田憲夫「四面会議システム技法で行う知識の行動化形成過程の構造化検証に関する基礎的研究」『京都大学防災研究所年報』第五二号B、二〇〇九年六月、一六五―一七一頁〈http://www.dpri.kyoto-u.ac.jp/nenpo/no52/ronbunB/a52b0p17.pdf〉。

Okada Norio, Jonil Na, and Atsushi Teratani: The Yonmenkaigi System Method-An Implementation-oriented Decision Support Approach, Group Decision Negotiation, pp 53-61, 22, 2013.

Na, Jonil and Norio Okada: Implementation of the Yonmenkaigi System Method for Capacity Building on Disaster Risk Management, Annals of Disaster Prevention Research Institute, Kyoto University, pp. 157- 164, No.54B, 2011. 〈http://www.dpri.kyoto-u.ac.jp/nenpo/no54/ronbunB/a54b0p19.pdf〉.

第6章　発想転換

事起こしから入る自然災害と過疎化の二重災害からの地域復興

1　過疎地域の災害復興は二重の難題に向き合うこと

（岡田、二〇一四を改題・加筆して掲載）

大（自然）災害が発生すると地域は壊滅的打撃を受ける。たちまち地域崩壊の淵に立たされることになる。二〇一一年三月一一日に発生した東日本大震災はそれを如実に物語る。そこから「地域を立て（建て）直す」ことは容易ではない。一〇年、二〇年、それ以上の長い、長い年月を要することになるかもしれない。いや、そこまで努めても「地域を立て直す」ことができるとはかぎらない。それぐらいの難事業なのである。これを「第一の難事業」ということにしよう。実は難事業はそれだけではない。大災害で露わとなった地域の被災断面をよく見ると、実はその大災害以前から遡ることずいぶん前から長年にわたって地域に圧しかかっていたことを暗示する社会的なストレスの跡を認めることになる。潜在的なひずみ圧力が長年にわたって溜まっていて、大災害にあわなくてもいずれ社会崩壊が起きても不思議ではなかったことを私たちは後から知ることになる。難儀なことは大災害を引き起こした物理的ストレスが一時的に過ぎ去っても、この社会的ストレスは相変わらずかかり続ける可能性が高い。この意味で**長期的で広範に日常化したストレス**なのである。災害が起こったことを契機に、地域社会の崩壊が加速し、社会的ストレスがさらに増すことすらある。これに向き合い地域をどのように立て直すのか、これが「**第二の難事業**」なのである。難事業はこのように複層的で複合的な問題への挑戦なのである。

2　公的セクターのトップダウンアプローチ、大学やＮＧＯの補完的役割

このような難事業が地域だけの手でできるわけはない。とりあえず第一の難事業だけを考えてみよう。当然、国や外部から多くの支援が不可欠である。たとえば高台造成や防潮堤の再建や強化、土地区画整理はもとより、避難所建設から始まって災害復興のための公営住宅の建設など特にハードの対策を遅滞なく進めるためには国や都道府県、市町村などの公共セクターの役割は大きい。特に市町村の境界や県の境界をまたぐような公的なハードの（再）整備のための国や都道府県がはたすべき役割はとても重要である。膨大な公的資金や有用な土木・建設技術を持ち、長期的に有効な社会基盤計画を立てて戦略的に実行していく権限と責任を有しているからである。しかし大きな欠点もある。そのような重要な役目を日常的に付与されているが、必ずしも大災害時に適した柔軟な役割規定でないため、「想定」を超えた状況が起こると十分に有効な仕事が遂行できないことも多い。たとえば、このようなハードが真に機能するためには、あらたな制度の整備や

情報の提供・利活用などのソフトの充実が欠かせない。それを担う人材も不可欠である。だが国や都道府県、市町村などの公共セクターにそのような人材を育てる仕組みや体制が戦略的に整えられているとはいいがたい。

そこでトップダウンの良さと力を活用しながら、他方でボトムアップの良さと力を引き出すファシリテーションの能力と経験を積んだプロフェショナルをいかに育てるかが急務の課題となる。国や都道府県もそのように人材を内部に養成したり、採用したりすることができなければならない。しかしながらトップダウンの組織のなかでこのような人材を育成することには自ずから限界があることも事実である。つまりボトムアップの良さと力を引き出すファシリテーションの能力と経験を積んだプロフェショナルは組織（とりわけトップダウン型の組織）の内部だけで育てることは難しい。トップダウンの組織を出て、ボトムアップが求められる実践の場がどうしても必要だからである。

そこで、中間媒体組織が必要になる。このような人材育てに地域の大学がはたすべき役割が非常に大切となるであろう。このほかに政府機関でもない、大学でもない第三者の組織（ＮＧＯや他の団体）の登場も期待される。

3　ゼロから始める自分起こしの事起こし　究極のボトムアップアプローチ

被災した地域の人たちから見るとどうであろう。まず地域といっても多様であり、生活の仕方も、抱える問題もそれぞれ一様ではない。大災害に遭遇し、かろうじて生き残っても、身内や知人、隣人を亡くした場合はとりわけ喪失感や精神的トラウマで呆然自失の状態が続くことになる。そうであっても生き残った人たちにとって遠からず向き合わざるをえない最初の難題は「自らの生活を立て直す」ということであろう。これはたいへん過酷なことである。しかし生き残った人のなかの誰かが自ら「自分起こしの事起こし」をする決意で、ゼロから自身の立て直しを目指すことを始めなければならない。つまり「**自分を起こすひとりの一歩が周りの足場を整える一歩となる**」はずだ。

まず誰かが、ひとり自身でまずよろよろとでも立ち上がることができたとき、結果としてそこに足場が生まれるのである。ぬかるんで足をとられかねない泥沼に一歩立つ場ができたとき、そばに同じく立ちあがろうとする他者がいたとしよう。その人があとに続いて締め固めをさらに確固たるものにしていくはずである。それに続くもう一人が出てくる。東北の被災者の人たちはこのような過酷の体験を実際にしているのだ。その第一歩なくして「沼地」に道は開拓できないのである。つまり**一人が始める事起こしの足場づくりが地域を立て直すことにつながる**のである。

「地域が立て直されること」を座して待つことは現実的ではない。もし皆がそのように考えて「待ちの姿勢」でいるならば、締め固められ、足場となりうる地域はいつまでたっても周りには生まれないであろう。だから「地域が立て直されること」を待つのでない、「地域を立て直すことを自身が始める」のである。そのような人が一人ここに出てくる。またそこに、あちらにと出てくる。すべての人が無理であっても、少しずつそのような「自分起こしの事起こし」が始まる。これが肝心なところである。そうすることを地道に続けていくことで、自ら立ち直る小さな事起こしができていなかった人にも足場を用意することができる。こうして「地域を立て直す足場づくり」に参加する人たちが増えていく。

だが自分一人の事起こしと周りの人たちとの事起こしと平仄を合わせていくことがなかなか難しいことも事実である。自分ひとりがもとの居所（場所）に家（商店や工場）を再建しようとしても限界がある。近隣のコミュニティがどのように新しく生きのびようとしているのかということとが、一人の人の生活再建と他の人のそれとが密接に相互に関係し合っているからである。生活再建とはたんに物理的な再建ではなく、各自の「壮絶で生々しい生きざま」と「息遣い」が相互に絡み合い、作用しあう「**ヒトビトが棲息地を蘇生させる小さな現場**」でもあるのだ。決して「広域」の（たとえば何十キロメートル半径の広がりをもった）地域である必要はない。むしろ小さな棲息地（生きたエリア）としてとらえることがとても大切なのである。小さな地域ごとに異なる個性的生き方と息遣いをもち、その土壌に根を張って他の地域とつながっていく。結果的にもっと大きなエリアをカバーする多彩な絵模様の広い地域が棲息地として蘇生していくのである。遠回りに見えても、それが近道となるはずである。

4　事起こし以前のハンディキャップならしの地道な克服
「必要とすること」と「必要とされること」の「合わせ事」が成り立つ社会システム

地域を立て直すためには、まず自らを立て直すことから始める。そう前で述べた。たしかにそうだとしても、被災した地域住民が自らだけで「地域を立て直す」ことは至難のわざであるとの反論があっても当然である。あらかじめ法制度や行政的支援のスキームが整えられていればそれに越したことはない。しかし高齢者や、もともと病弱で身体の不自由な人たち、経済的に困窮している人たちには自らを立て直すということ自体がハードルの高い課題であろう。だから場合によってはゼロから始める事起こしのアプローチはなかなかあてはまらないかもしれない。むしろ自らの命を維持し糊口をしのぐためには他者の支援の手が差し伸べられなければならない。その場合は「支援を必要とする人がいること」と「支援できる人がいること」が合致する場が成立するための仕組みが必要になる。言いかえれば、事起こしをうながす仕組みづくりとは別に、**「必要とすること」と「必要とされること」の「合わせごと」が成り立つ社会システムのデザインも求められるのである**（これについては社会包摂理論［内藤ら、二〇〇四］やエンパワーメント理論に基づくガバナンスを検討すべきであるが、ここではこれ以上立ち入らない）。

5　日常性に隠れた「もう一つの災害」としてみた「地域の過疎化」

自然災害が発生するとそこからどのように地域を復興させるかがたいへんな難事業になることは既述したとおりである。しかしよく考えてみると、自然災害が起こる以前から潜行して進行しているのが「地域の過疎化」ではないであろうか。災害が起こると、「地域の過疎化」はさらに輪を掛けて悪化するのが常である。そうであれば「**地域の過疎化」は、日常性に隠れた「もう一つの災害」とみなす**べきではなかろうか？「地域の過疎化」の本質は、地域が崩壊していくところにあるとみるのである。そうすると**地域の過疎化を克服するということは、もう一つの災害からのたゆまぬ地域復興**だとみなせる。

そうすると次のような発想転換も生まれてくる。**自然災害からの地域復興自体も、災害が起こってからの地域復興だけでは対処しきれない。災害の前（事前）から息の長い「地域の立て直し」を戦略的に行っておくべきである。**不幸にして、その途上で自然災害が起こったとしても、事前からの地域の立て直しをしていればそのぶん、立ち直りは早くなるはずだ。また被災すれば潜在的に進行していた「地域の過疎化」はもっと深刻な形で進行することになる。自然災害からの被害と、もともとから進行している「地域の過疎化」の被害とが負の相乗効果を引き起こすことになる。そうであれば事前から「地域の過疎化」を日常性に隠れた「もう一つの災害」とみなして持続的な「災害復興」対策を講じていく。そうすることで、より根本的で実効性のある地域復興が可能になると考えるのである。

6 発想転換　小さな地域から、地域を復興させるモデルづくり

根本的で実効性のある地域復興というが、どうすればそれが可能になるのであろうか？これまででも何度もそのような「理屈」や「理想」は識者によって唱えられてきたではないか。でも一向に実効性は上がらなかったではないか。そんな疑問が出てきても不思議ではない。

そこで求められるのが「発想転換」である。**「地域」を一般的にとらえてもだめである。「地域」を広域にとらえても、それでは手に余って地域を変えることは叶わないとあきらめるのがオチである。真逆に考えて、思い切って「地域」を小さく、小さく絞り込むことにしよう。いくらでも小さく絞ってもよいから、必ず「地域復興」の小さな事起こしができるようにすること。**それを目的とするのである。この場合、「地域」はむろん具体の実地域でなければならない。たとえば実際に存在する「地域」を対象に、風景の見える地理的空間の範囲に絞ることにより、近隣集落レベルの顔が見える住民自らが主体的に行う「小さな事起こし」として地域復興の可能性を議論しようとすることを提唱したい。本書で述べてきたように筆者は鳥取県智頭町における住民有志による地域活性化の取り組みを三〇年近くにわたって研究者の立場で観察・分析するとともに、政策論的アドバイスも行ってきた。このほかの過疎地域や都市地域の実フィールドにも入って智頭町との比較検討も行ってきた。本章の主眼は、筆者のこのような研究実践に基づく経験知をもとに住民自らが主体的に行う「小さな事起こし」の具体像をプロトタイプモデルとして提示することである。住民が主体的

に参画することにより始まり、進められる「小さな地域（マチ）復興論」がそれである。

なおこれまでの住民参加論ではともすると①住民が参加できる場が必要であること、②公的セクターや外部支援者（たとえば行政やＮＰＯなどの支援組織）がそのような参加の場を用意することが望まれること、などが主たる論調であった。しかしそれとは異なる視点とアプローチをここでは提案したい。それは**主体的な住民であれば、参加の場はまず自ら用意し、そこに公的セクターや外部支援者を招きいれることができるはずであり、そうすべきである、**ということである。

では、**そのような参加の場はどのようにして主体的に生み出されるのであろうか？**

筆者の答えは、**住民の誰か一人が必要性に気づき、小さな事起こしをすることから始まる、**というものだ。住民がどのような条件が満たされれば主体的に参加できるかという議論からさらにもう一歩踏み出して、いかにしてひとりからでも「地域（マチ）復興のための参画の場」を紡ぎだすことができるのかを考えよう。このような究極のボトムアップ型アプローチを住民参加型計画の基本の基本として位置づけるというものだ。参加の場ありきから、参加の場をひとりから生み出すという「発想転換」を求めているのである。ほとんどゼロの状態からひとりがささやかな一つの事起こしを始めるわけで、その本質はゼロをイチにする「社会的変革」（social transformation）であり、「社会的革新」（social innovation）を追求することでもある。「イチ」はある意味での原初的ボトムが築かれることでもある。これに関連することとして、ピーター・ティールは、新しいテクノロジーを生み出すスタートアップテクノロジーの重要性を指摘し、「君はゼロから何を生み出すことができるか」という問いを発している［ピーター・ティール、二〇一〇］。なお**ゼロからイチ**

へ（zero to one）の概念と意味については、筆者自身が二一世紀の時代はゼロからイチの「**ほぼゼロからイチを起こす**」動的プロセスのシステム技術が求められる時代になるはずだと一九九四年にすでに指摘しているところである。その後、筆者も関わっている鳥取県智頭町の日本ゼロ分のイチ村おこし運動のネーミングと基本コンセプトとしても「ゼロからイチへ」が採用されたことは既述したとおりである。

もちろん筆者は、国や政治家が主導的に担うべき「トップダウン的なサポート」の重要性や責任がこれによって免じられることを主張するものではない。また自然災害によって引き起こされる「地域弱体化」や「地域崩壊」がすべて災害前から進行しているものであると論じるものでもない。要は被災後の地域復興は、災害発生の前からの地域弱体化や地域崩壊への持続的な取り組みがあるか（あったか）ないかで、決定的にそのたどるプロセスが異なるであろう。少なくとも事前の取り組みがあったほうが、そうでなかった場合に比べて参照軸があるぶんだけ地域復興が容易であり、住民がより主体的に復興の過程と成果をものにすることにつながると考えられる。

なお本章で提唱するアプローチは、広い意味での「事前復興論」に含まれ得るかもしれない。「事前復興」については、中林をはじめすでにいくつかの研究（たとえば［日本建築学会、二〇〇九］［中林研究室・事前復興研究会］［市子ら、二〇〇四］）、その後の実践的取り組みなどがある。ただし「事前復興」にもいくつかの解釈の幅がありそうである。筆者なりの表現を使えば、「災害が起こりうることを予想し、実際に起こったらどのような惨事になるかを想像し、そこから系統だって復旧・復興していくための包括的な計画を事前に立てて（できることはあらかじめ実行もして）おくことを『事前復興計画』と考える」のが主流である。ただし筆者がここで提唱する以下のアプローチは、ある意味で非常に「遠回りの事前復興計画」であり、あえて言えば「急がば回れのアプローチ」である。過疎地域に焦点を当てていること（ただし、大都会にも過疎化が深刻な小さな地域は少なくない）、地域をスケールダウンしてとらえ、顔の見える事起こしという観点から接近するという点で、これまでの事前復興計画と趣きを異にしている。意図的に日常性から入るまちづくりという点も特徴であろう。

7　日常性に隠れた「もうひとつの災害」　地域の過疎化

(1) 過疎化の意味を吟味する

わが国で「過疎化」という言葉が正式に登場したのは一九六六年に遡るとみられる［経済審議会、一九六六］。この年度に経済審議会の地域部会中間報告で以下のように、人口が増大し続ける都市における「過密問題」に対比するかたちで人口が減少する地域社会の「過疎問題」に取り組む必要性が指摘された。

人口減少地域における問題を『過密問題』に対する意味で『過疎問題』とよび、過疎を人口減少のために一定の生活水準を維持することが困難になった状態、たとえば防災、教育、保健などの地域社会の基礎的条件の維持が困難になり、それとともに資源の合理的利用が困難となって地域の生産機能が著しく低下することと理解すれば、人口減少の結果、人口密度が低下し、年齢構成の老齢化が進み、従来の生活パターンの維持が困難となりつつある地域では、過疎問題が生じ、また生じつつあると思われる。

注目すべきは、過疎問題は第一に人口減少が原因であると指摘していることである。そのうえで、人口減少にともなうさまざまな困難が生じることによって地域社会の基礎的条件、特に生活パターンの維持が困難になった問題が過疎問題であるという見立てがここに示されている。特にこの時点ですでに年齢構成の高齢化が大きな要因であることも注目される。

その後政府が本格的に取り組むための法的枠組みとして一九七〇年に施行された過疎地域対策緊急措置法から何度かの延長・改定をみて、いわゆる「過疎法」のシリーズが制定された。現行の過疎地域自立促進特別措置法では、法律の趣旨を以下のように述べている。

人口の著しい減少にともなって地域社会における活力が低下し、生産機能及び生活環境の整備等が他の地域に比較して低位にある地域について、総合的かつ計画的な対策を実施するために必要な特別措置を講ずることにより、これらの地域の自立促進を図り、もって住民福祉の向上、雇用の増大、地域格差の是正及び美しく風格ある国土の形成に寄与することを目的とする。

（総務省ホームページ「過疎地域自立促進特別措置法の概要」）

注目したいのはここでも依然として過疎問題の一義的原因は人口の減少としている点である。また過疎地域の要件（法第二条）をみると、過疎地域が市町村単位をひとまとめとしており、人口減少率が著しいこと（たとえば昭和四五年～平成七年の人口減少率が一九パーセント以上）に加えて、自前の財政的基盤が脆弱であること（平成八年度～平成一〇年度の三カ年平均の財政力指数が〇・四二以下）が基本的な判定条件になっている。さらには高齢者比率（六五歳以上）の高さや若年者比率（一五歳以上三〇歳未満）の低さも評価の尺度として示されている。つまり国土政策論的定義としての「過疎地域」は、①あくまで地方自治体レベルの行政区域全体を対象とすること、②人口が過去から現在にいたるまで著しい減少が進んでいること、③高齢化が格段に進んでおり、逆に若年者の割合が顕著に減少していること、④財政力基盤が脆弱であることなどが要件になっている。その結果としてどの程度「地域社会の活力」が低下し、住民福祉、雇用、地域格差が不備な状態にあるのかは問われていない。また「風格ある国土」とはどのようなものであり、その形成にどのような障害が生じているのかは明らかではない。

（2）求められる過疎対策の発想転換――地域復興としてとらえなおすべき過疎問題

筆者は前述した長年の過疎問題への取り組みがそれなりの効果をあげてきたことを否定するものではない。ただしそれはあきらかに曲がり角にきているという点が重要である。理由は以下のとおりである。

①　これまでの「過疎問題」への対応には、どのようになればそれが解決するのかというビジョン（到達目標）が欠落している。**地域を立て（建て）直し、いかに復興させるかという地域復興ビジョンがなければならない。**

②　経済成長が右肩上がりで進み続けるというパラダイムが成り立たなくなったなかで、「過疎地域」だけではなく大都市や地方都市でも「人口がピークであったあのとき」を目指して人口の回復を図ることは現実味を欠く。まして「過疎地域」が「人口がピークであったあのとき」を基準に「人口の回復」を目指すことは幻想であり、ノスタルジア以外の何ものでもない。本質的に見当違いである。むしろ大都市がいまだに人口成長至上主義から離れられないなかで、四〇年近く過疎問題と格闘してさまざまな挑戦をしてきた地域は、新しいパラダイムづくりの先進地域だと評価することも必要である。

③　地方自治体の行政区域のなかにも、過疎問題が急激に進行しているところと、比較的それが緩慢に進んでいるところがある。つまり地方自治体を大きく括って地域診断し対策を論じることは適当でなく、効果的でもない（これは大都市でもいえることである。域内には小学校が廃校になったり、シャッター商店街が広がったり、夜間人口が激減して地域コミュニティが崩壊しかねない地区もある。ここでは形を変えた「過疎問題」が深刻化しているともいえる）。

（3）「小さくても生きている地域」と「主体的に生きる人」が過疎問題を突破する担い手となるという発想転換

「人口」は頭数（マス）の概念である。たとえ頭数としての人口が減少し続けても、それに抗して主体的に生きる人が一人でもいるところは、そうでないところと比べて新しいパラダイムづくりの先進地域となる可能性がある（なお「限界集落」という概念が大野によって提唱され、政策指標としても有用だとみなされている［大野　二〇〇八年］。筆者もその有用性は認めるが、そこでも「人口」が基底に置かれていてそこから脱却できないでいること、また以下に述べるような人口とは異次元の、いわば「**地域の力**」**が明確に反映されないで、地域の限界性が過度に強調されるきらいがあること**を指摘しておきたい。これについては本章ではこれ以上論じることは控える）。

そのような「**主体的に生きる人**」が役割を発揮できるのは、近隣コミュニティ程度の「**小さな地域**」であることに注目しよう。また外部から見てもその変化が体感しやすいし、その支援も効果を上げやすい。ここでいう「主体的に生きる人」とは、主体的に選択して生きる人であり、何よりもまずそこに住み続けるということを意図して選択した人である。主体的に住むことを選択した人は、自ずから地域社会に対してたんに受身では生きていくことはしないことを自覚しているはずだ。地域社会や外部の変化に適応し、必要に応じて主体的に行動して住む環境を自ら変えていくという「事起こし」のリスクをとれる人であろう。このような人たちが少しずつ増えていく小さな地域は、「**主体的に生きる小さな地域**」であるはずだ。**このような**「**小さな地域**」**へのまなざしが過疎問題を論じていくうえでこれまでは欠けていた**と言わざるをえない。またそのような「主体的に生きる人」たちが増える事起こしの取り組みはゼロから始めてボトムアップで起こしていくアプローチであるが、国や地方自治体がこれに呼応してサポートして政策面に反映していくトップダウンならぬ「トップへのリンクアップ」や「トップのボトムへのアクセス」が切実に求められるのである。

（4）「じんこう」概念を広げる——頭数としての「人口」対、一人ひとりの主体的関与の総合力としての「人効」

筆者はここで発想を大転換して、**小さな地域にとっては、頭数（人口）ではない、かけがえのない一人ひとりの人の持ち味や個性が地域に与える効果は大きな質的意味や価値を持つはずであるということ**を指摘したい（これについては第2章でも少しふれた）。このような一人ひとりの、（小さな）地域に与える質的効果を「**人《じん》効《こう》**」とよぶことにしたい。頭数としての「人口」を基本に地域の活力と成長を計る発想から転じて、一人ひとりの主体的関与の総合力としての「人効《じんこう》」という補助概念を提唱したい。頭数としての「人口」を否定するのではなく、同じ人口であっても「人効」が大きくなれば地域の活力と成長が高まると考えるのである。特に、対象地域を近隣地区等の小さな地域にスケールダウンしてみると、頭数の人口自体もそれほど大きくなく、相対的に「人効」の効果は無視できないものになるであろう。人々の顔が見え、景観が共有できるまでヒューマンスケール化することでもある。たとえば**かけがいのない一人ひとり、個性、資質、人柄、持ち味などが地域の資源や価値として認識され、活用できるような地域**は人効の効果が高いところである。人効の効果を力になぞらえて「人効力」とよぼう。これはある意味で人間力に裏づけられた「地域力」であるともいえる。

このような概念を取り入れて「人口」を「人効」と相対化させてとらえよう。スケールアップを目指すことに陥りがちな「人口」に対してスケールダウンを指向する逆方向のベクトルを提唱して、量的成長と質的成長の動的バランスを重視する「地域復興のパラダイム」づくりへの補助概念としたいのである。

（5）過疎化圧と過疎耐力

以上の論点を踏まえて過疎化（過疎問題が悪化する減少）が進行する構図を、当該地域において「過疎化内圧」が高まることとみなし、以下のように定義してみよう。

過疎化内圧＝人口力低下度×人効力低下度×社会基盤力低下度

ここでは過疎化内圧は、人口力低下度、人効力低下度、社会基盤力低下度の三つの要素の（概念的な意味での）掛け算（正確には相乗効果）によって決まるとモデル化している。前述したように人効力は、主体的に生きる人が人間力の協働効果として生み出す「地域力」とよび変えてもよいであろう。なお「社会基盤力」という概念については（6）で補足的に説明する。なお過疎化（推進）力は、過疎化内圧のほかに「過疎化外圧」が関係し、両者があいまって（概念的な意味での掛け算で）決まると考えることにする。つまり

過疎化（推進）力＝過疎化外圧×過疎化内圧

である。過疎化外圧を一概に定義するのは難しいが内外の経済・社会・政治・技術的変化が関係するであろう。グローバルな価値観の変化や生活様式の変化なども関係するであろう。

その地域がボトムアップで戦略的に取り組める「過疎化（推進）力への耐力」の向上は、人効力低下度への耐力向上であろう。忘れてはならないのは、**人々の顔が見え、景観が共有できるまでヒューマンスケール化すること**が前提である。対象地域はそこまで小さく、小さくスケールダウンしておくことが必要である。

過疎化は人口の減少が引き金となることが大きく関係しているには違いはない。しかしそこにだけ目を奪われると、**過疎化のもっと奥深い「地域の空洞化」の本質的な側面**に光を当てる必要性に気づかなくなってしまう危険がある。つまり「**主体的に生きる心**」**が挫けて、いわば内部に鬆《す》が入るように地域自体が脆弱化していく状態**も過疎化のもう一つの本質的な側面であることに目を向けねばならない。

もとよりこれが過疎対策の決定打になるとは言い難いが、このようなアプローチが決定的に今までの過疎対策にほとんど欠けていたのである。以下ではこの点からの新しい切り口を論じてみたい。

（6）「生きた地域」を五重の塔に見立てる

岡田は、「地域」を「生きた地域」としてとらえることが、地域マネジメントに新しい視点を与えると主張している。たとえば五層モデル［岡田ら、二〇〇〇］を用いて阪神・淡路大震災の教訓を整理すると以下のようになる（図6-1）。

- 第五層［生活活動の層　時間・日・週・月・年単位で変化する（させうる）もの］：地震の発生時刻が異なれば、都市のふるまいや抵抗力は異なり、被害の規模も様相も変わる。危機管理方策も異なったものとなる。助け合いができるコミュニティが普段からできていれば、お年寄りと若者とが混在するとこ

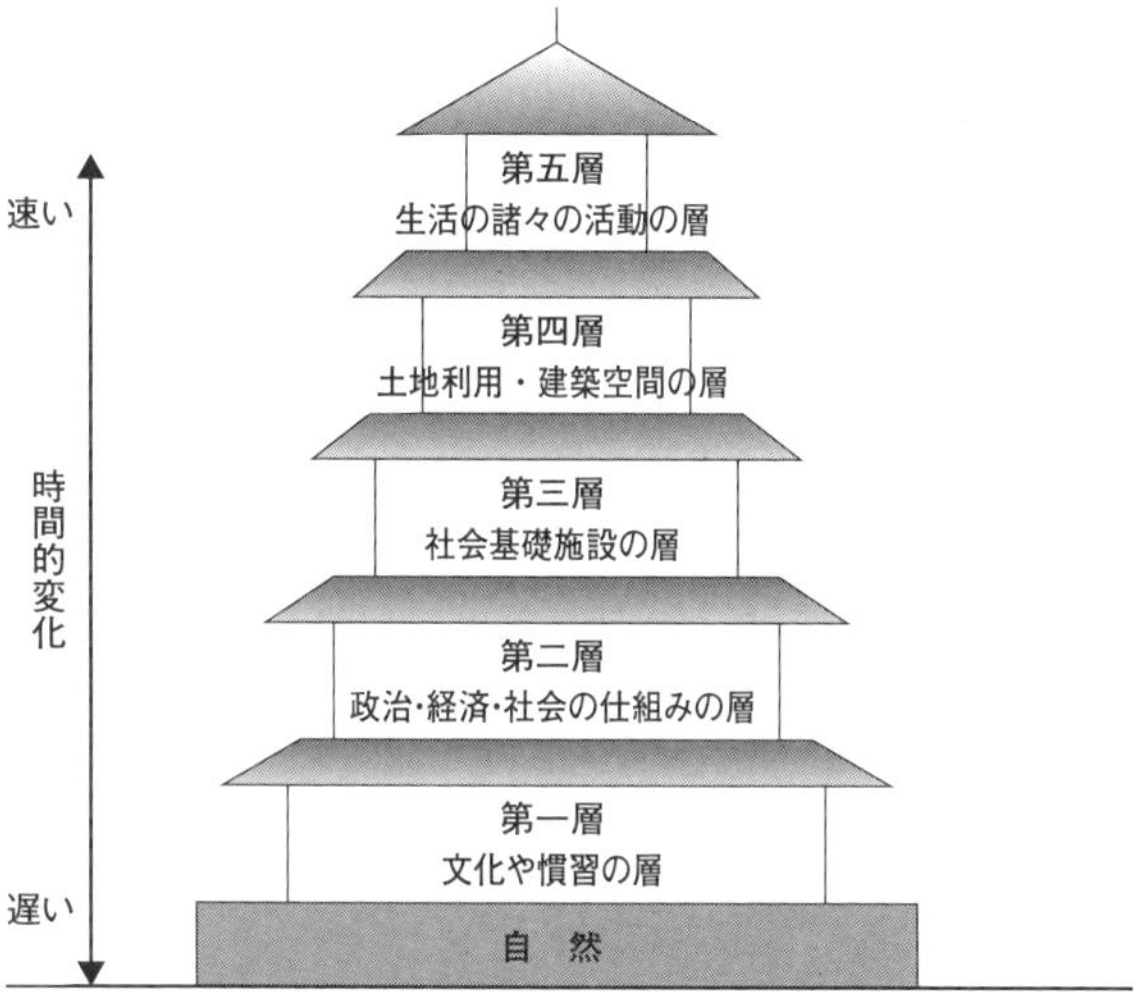

図6-1　五層モデルとしてみた地域・都市の複層構造

ろは、そうでないところと比べて人命が失われる可能性が少なくなる傾向がある。

- 第四層［土地利用・建築空間の層　一年から数年単位で変化する（させうる）もの］：家屋の耐震性能性や密集度の違いにより、被害の規模も様相も異なったものとなる。
- 第三層［社会基盤施設の層　数年から十年、二十年単位で変化するもの時間・日・週・月・年単位で変化する（させうる）もの］：高速道路やその他の基幹道路にリダンダンシー（迂回道路などの余裕性・ゆとり度）があると、被害の規模も様相も異なる。
- 第二層［政治・経済・社会の仕組みの層　十年から数十年単位で変化する（させうる）もの］：各層の連携可能性や予測可能性は法制度、社会システムとその利用可能技術の違いに依存して被害の規模も様相も異なる。
- 第一層［文化・慣習の層　数十年単位からそれ以上の時間スパンで変化する（させうる）もの］：地域文化や慣習はそう簡単に変化しない。地域集落の運営のしかた、人々のコミュニケーションのしかた、地域の閉鎖性／開放性などの特性が第一層から第五層までを貫く心柱《しんばしら》の安定性や耐力を決定づけるところが少なくないのである。

- 基層［自然環境層　数十年、百年、数百年、千年単位で変化する（させうる）もの］：地震の発生は内陸型か海溝型か、あるいはどの断層がずれるかなどのシナリオの違いにより、第一層から第五層に加わる物理的力や社会的力が異なり、それによって災害の被害規模も様相も異なる。

重要なことは、阪神・淡路大震災はもとより東日本大震災のような低頻度・甚大被害型災害（カタストロフ災害）へ適切に備えるための総合政策論的視座を得ることができるということである。たとえば事前に有効な方策を講じるためには、複数の層にまたがった垂直的な統合をいかに戦略的に行うべきかが鍵となることが示唆される。たとえば老朽住宅が多く、細路や行き止まりの路地が多い密集市街地はそれ自体が公共時空間にかかわる大きな災害リスクであるが、それにかかわる要因は多様である。抜本的に密集市街地の土地区画を整え、土地利用を純化して物理的に改変するためには、第三層の社会基盤層や第四層の建築空間層の両方にまたがる調整をふまえた整合的な整備が不可欠である。そのためには、**第五層の日常的な生活を維持しながら、並行して第三層、第四層のかかわる整備を実施する工夫が求められる**。人々の日常生活を大きく拘束することで、そのような整備を促進することは可能であるが、現実にはそのような合意を関係生活者から得ることは容易ではなく、またその実現に長い時間を要する。結果的に、計画だけで実現できないうちに大震災に見舞われることになりがちである。

後述するが、東日本大震災によって壊滅的被害を受けた数多くの集落・地区はそれぞれが長い間に築いてきた「小さな五層モデル」を一瞬にして壊された状況にたとえることができる。また過疎化の進行は、見えない形で日常的に「心柱《しんばしら》」や各層がシロアリに食いつぶされて「鬆《す》」が入った状態になぞらえられるであろう。そこを大災害が襲うとする。地域の体力（耐力）が衰えているために、耐え切れずに五層モデルは崩れてしまうことになるのである（なお過疎問題を五層モデルで診断〈みてとる〉方法については、第７章195頁の図7-5を参照されたい）。

8　三・一一の被災地の地域復興の困難性と可能性

鳥取県智頭町の被災ケースの思考実験については、第二章第四節で述べたとおりである。このような思考実験により三・一一の被災地の地域復興にどのような示唆が得られるのであろうか？　結論的にはそのままではほとんどあてはまらないであろう。それにもかかわらず（いや、それだからこそ）直截《ちょくせつ》的には比較の対象にならないのはなぜかということを考察するヒントにはなるかもしれない。

以下思いつくことを箇条書きにしておきたい。

①　東日本被災地の数多くの集落・地区は被災前から過疎問題に苛められていたと推察される。そこを大地震と大津波が襲って壊滅的な被害を受けたために、被災の後から地域を二重の意味で立て直すことに

直面している。それは「被災からの地域の建て直し」であり、もう一つは被災前にすでに長い間進行していたと推察される「過疎化による地域脆弱化・地域崩壊」からの地域の建て直しに向き合わなければならないということである。これは東日本の被災地にとって待ったなしの厳しい現実の問題である。思考実験で擬似的に被災した智頭町のケースとはここがまず根本的に異なる。

東日本被災地のなかには災害前から過疎問題と積極的に取り組んできた地域も少なくないと思われる。このような地域が事前の取り組みによって被災後に復旧・復興でどのような効果があったのかは今後の調査が必要であろう。ただこれは事後から事前に遡及して推察するという限界がともなう。この点については、たとえば出口の研究が参考になる［出口］。なおこのような研究を行ううえでの基礎的データとして被災地の被災前と被災後の人口変動の比較をした図2-2「東日本大震災の被災前と被災後の人口変動の比較」（本書41頁）が、被災が過疎化に与えた人口動態面での影響を探る糸口となる。

② 一方、被災前にそのような取り組みをほとんどしていなかった地域は、「地域復興ビジョン」を一からつくり出さなければならない。普段の状態でもそのようなビジョンづくりとその合意は簡単ではないし、たいへん時間のかかる仕事でもある。ましてや被災した直後にそのようなことを悠長にしているゆとりも時間もない。地域ビジョンづくりは五層モデルのいわば「心柱《しんばしら》」づくりにたとえることができよう。難儀なことに、まれに見る大災害は五層モデルのほとんどの層を一度に破壊してしまった。このような復興という難事業は、時間のかかるなかで第三層（たとえば堤防や高台を築くという土木インフラ整備）の建て直しと、比較的早く立て直すことが求められる第二層（日々の生活、特に生計を立てると

いう営み）の建て直しを同期させることを要請する。より困難なことは、このような「地域の建て直しのための計画フレームづくりとその合意形成」である。これはある意味で第二層の制度・慣習の層の再設計でもあり、きわめて五層モデルの基底に近いレベルに属する、時間の掛かる再構築作業である。そして何よりも、心柱《しんばしら》づくりは地域が目指すビジョンづくりでもあり、まずそのイメージ合わせからたいへんな困難をともなうことになるのである。

③　このことは西日本の地域に貴重な教訓が得られる。いったん大災害が起こってしまってからでは間に合わない、このような「地域復興ビジョン」づくりは事前にできるだけ早めから始めておくべきだということである。たとえそれが実現へとつながらない間に大災害が起こっても「地域復興ビジョン」というコンパスがあれば、それを頼りに地域復興の事起こしを始めることができる。「災害だけからの地域復興」という考え方には限界がともなうし、現実的ではない。もちろん経済的支援も得ての物理的な回復（たとえば居住施設の再建や道路やライフラインの回復）は最低限に必要である。ただ目に見えて計量可能な物理的な回復ではない、もっとソフトで、人の心理にもかかわる目に見えない側面が地域復興の要となることが多い。「地域復興ビジョン」というコンパスをあらかじめ用意してあるのかどうかは、この意味で被災した（被災しうる）地域の災害からの地域復興の成否を決める鍵を握ることになるのは想像に難くないのである。

参考文献

市古太郎他「事前復興論に基づく震災復興まちづくり模擬訓練の設計と試行」『地域安全学会論文集』第六号、二〇〇四年、三五七―三六六頁。

大野晃『限界集落と地域再生』京都新聞企画事業、二〇〇八年。

岡田憲夫・杉万俊夫・平塚伸治・河原利和『地域からの挑戦――鳥取県智頭町の「くに」おこし』岩波書店、二〇〇〇年。

岡田憲夫「日常性に隠れた『もう一つの災害』に重なる大自然からの地域復興――小さな事起こしの可能性と課題」『災害復興研究』第六号、関西学院大学災害復興制度研究所、二〇一四年、一―一六頁。

関西学院大学災害復興制度研究所『検証　被災者生活再建支援法』自然災害被災者促進連絡会発行、関西学院大学出版サービス、二〇一四年。

経済審議会「地域部会中間報告」一九六六年。

厚生省（当時）「社会的な擁護を必要とする人々に対する社会福祉のあり方に館駆る検討会報告書審議会記事録」二〇〇〇年〈http://www1.mhlw.go.jp/shingi/s0012/s1208-2_16.html〉。

杉万俊夫『鳥取県智頭町「日本ゼロ分のイチ村おこし運動」――住民自治システムの内発的創造』NIRA Case Study Series No. 2007-06-AA-3, 2007.

「図録東日本大震災被災市町村の被災後の人口変化」〈http://www2.ttcn.ne.jp/honkawa/4364.html〉。

総務省ホームページ「過疎地域自立促進特別措置法の概要」〈http://www.soumu.go.jp/main_content/000290499.pdf〉。

出口恭子「高齢化と人口減少という被災地の厳しい条件」政策大学院〈http://www.grips.ac.jp/docs/security/files/prof.deguchi.pdf〉。

内藤直樹・山北輝裕（編）『社会的包摂／排除の人類学――開発・難民・福祉』昭和堂、二〇〇四年。

中林一樹研究室「事前復興計画研究会」〈http://www.tokyo-sangaku.jp/file_cabinet/research_pdfs/03-108-109.PDF〉。

日本建築学会編『復興まちづくり』日本建築学会叢書8　大震災に備えるシリーズⅡ、二〇〇九年。

日本地域と科学の出会い館『ひまわりシステムのまちづくり——進化する社会システム』はる書房、一九九七年。

早尻正宏「過疎山村の地域づくりと住民参画の展開過程——鳥取県智頭町の事例」『北海道大学大学院教育学研究紀要』第一一六号、二〇一二年、八七—九九頁。

ピーター・ティール、ブレイク・マスターズ『ゼロ・トゥ・ワン——君はゼロから何を生み出せるか』（瀧本哲史序文・関美和訳）ＮＨＫ出版、二〇一四年。

ヘレナ・ノーバーグ・ホッジ『ラダック 懐かしい未来』『懐かしい未来』翻訳委員会訳、山と溪谷社、二〇〇三年。

渡邊奈々『チェンジ・メーカー——社会起業家が世の中を変える』日経ＢＰ社、二〇〇五年。

Dan Allman: The Sociology of Social Inclusion DOI: 10.1177/2158244012471957Published 8 January 2013.

第7章　事起こしのすすめ

実践システム理論と適用

1　読者としてみた実践者と実践的専門家

本章は主たる読者として現場での実践に従事している実務者とそれを支援する専門家を念頭において、実践にかかわる多様な経験知・暗黙知とそれらの関係性を全体的に見てとるシステム論的とらえ方と理論について説明することを目的としている。現場の実践者やそれを支援する専門家が、事起こしを進めていく（あるいは専門的立場から支援していく）うえで役に立ちそうな経験上の知恵や理屈がいろいろとあるはずである。形として見えなかったり、系統だって伝えられなかったりすることが多いと思われて結局は経験者の頭と体のなかで留まって他者には修得が困難なものとされてしまう可能性が高い。それではあまりにももったいないないし、継承可能な技術や知識として残し、深めていく対象となり得ない。しかし、はたしてそうであろうか？　実は本書のサブテーマである鳥取県智頭町の事起こしの実践には、まさにこの問いに肯定的な答えを出すというしたたかな知識開発の事起こしが秘められていたのである。つまり三十余年の事起こしの積み上げのなかで筆者が意図的に目指した副産物がある。必ずや、実践の体験は継承可能な技術や知識として残し、深めていく対象とするというものだ。

たとえば本書でしばしば登場する寺谷篤（元鳥取県智頭町那岐郵便局長）は事起こしの達人であるが、典型的な「現場の良き実践者」でもある。これに対して筆者はささやかではあるがその伴走役として、少し外からの立ち位置で専門的立場から支援する役を長年にわたって務めてきた。狭い意味では、「実践者」は寺谷のような現場の実務家をさす。広い意味では筆者も、その実践を支援する専門家という「実践者」である。「実践的専門家」、「実践的研究者」とよんでもよい。大学に長年勤めてきた人間としては、教育者でもなければならないので、「実践的教育・研究者」を目指していると告白しておくべきであろう。

読者の多くは「実践システム理論」と聞くと、たぶん現場でタタキ上げた実務者である。「実践者」が導き出した実践経験の体系化（の理屈）のようなものを思い浮かべるのではないだろうか？　確かにこれが何よりも良き実践者を目指す人たちには一番ありがたいものであろう。だが本章ではそれについては次節でごく簡単にふれるにとどめる。本書とほぼ同時期に刊行される予定の書物［日本・地域経営実践士協会］で、まさにこの点に焦点を当てた紹介をするのが理由である。ぜひ読者はこちらにも目を通して、本書で不足しているところを補ってもらいたい。

このような理由で本章では次々節以降は主として「実践的専門家」、「実践的教育・研究者」を目指している方々を意識して、筆者が現場の実践者の知恵も借りながら築いてきた「実践システム理論」の一端を紹介することにしたい。

2　良き実践者の良き感性と体得表現に学ぶことから始めよう

ここでは一つだけ、四面会議システムの参加者ならびにファシリテーター役だけではなく、場作りも含めた総合プロデュースを務めることについて、寺谷が実践必中の奥義として自ら文字言葉《もじことば》に起こした覚書を紹介しておこう。

実践必中の奥義……四面会議システム秘伝の巻

寺谷篤

実践者の呟き　模造紙の真っ白な上にアイデアを満載する。なかには、得意げにポストイットを使ってさも意見があったと言わんばかりに項目をあげていく人もいる。こんな人の作業を横で見ていると大事なものを忘れているなと思う。次に、くそ真面目な人がいかにもしたり顔でファシリテーターをやる。システムのステップをふむことに一生懸命で、連想ゲームの楽しさや、共有の時間や場所、事の妙味を知らずに、進めよう進めようとしている滑稽さがある。

四面会議システムの奥義を知ろうとしないと、トンチンカンな四面会議システムになる。そんな人がいつも言うことは、「こんなものは使えない」。ところが道具は使いようによる。四面会議システムは道具である。

演習のとき　まさに遊びの感覚、ゲーム感覚で設定されたテーマをとらえる。ゆめゆめくそ真面目に四面会議システムを動かすことではない。四面会議システムとはこんなものだということがわかればよいのである。つまり、場のつくり方を学習することによって、連想でアイデアを膨らませたり、思わぬ発想をやりとりしたり、共有することの面白みを体験することである。テーマやステップにあまり捕われることはない。幾度か参加して展開しているとツボを心得るようになる。マッサージでもツボを心得ず、身体を揺らされても気持ちはよくならない。マッサージをする人はツボを心得てゆっくり押さえることによって、マッサージされる人のコリや痛みを和らげる。マッサージする人とされる人とが自然体で協和して生まれた処方が実践される。ということは四面会議システムとは参画した集団が新たな協働実践の方策を一緒に生み出す「孵卵《ふらん》器《き》」のようなものだと考えられないだろうか。

　演習のときは、意図的にゲーム感覚で場の共有感覚を磨く。ファシリテーターの腕だめしに活用して腕を上げていくときに役に立つのが演習例題である。

実際のとき　人様の所有地に線や絵が描けるのか？　奇想天外なプランを表現する場があるのか？　行政などが地域の計画を立てる場合、これらの視点はまったく論外で計画の要素にはない。しかし四面会議システムが対象とする問題には、そのような「論外」はない。机上で「軌条の論」（ＳＷＯＴ表や四面会議図上に区画されたスペースで展開される実践誘導論理）の展開を行う。理屈だけではなく、四面会議システムに（何としても実現させるのだという）人々の思いを入れることが肝心なのである。より良き理論はより実践的であるといわれるゆえんである。

ＳＷＯＴで問題点を掘り込みすぎぬようにする。ブレーンストーミング（ブレスト）で前頭葉をフル回転させる。普段、寡黙な人がボソッと発言すれば大成功とみなす。ＫＪ法は〝えいやぁ〟でやっつけ仕事で整理・整頓する。整理とは捨てること、整頓とは一直線にすることだ。

作業の力配分はＳＷＯＴに１、ブレストに５、ＫＪ法に１、四面図の作成に２、ディベートに１のウェイトである。四面会議システムではブレストこそ生命である。この配分で大事なことは決してＳＷＯＴに注力してはいけない。何よりも参加者の個々の持ち味を発想から言葉として紡ぎだすのがファシリテーターの役割と心得よ。つまりは、参加者本人が思ってもみなかった発想を具体的に文字とし、言葉とし、シナリオとして組み立てることができるかどうかにかかっている。発想という創造行為で、連想の翼を広げて取りかかってみよう。これでときには思いもつかなかった着想が生み出されたら、これほど楽しいものはない。

実践者の秘伝　「企画する」を究めることである。「企図する」という営みは人間、そして社会、集団が生き残るうえで必須の基本的能力である。煎じつめれば「先手必勝」のゲーム感覚である。それを社会、集団で演出する最大の企画力を四面会議システムが秘めている。四面会議を活かす精神こそゲーム感覚に他ならない。ゲーム感覚は人生を実り豊かなものにするのだ。

なお寺谷篤には長年にわたって外部から入る実践支援の実務者としてパートナーを務めてきた平塚伸治が

いる。都市開発の専門家としてのバックグランドを持っている。主として二人が呼吸を合わせて「事起こしの実践の妙味を絵詞《えことば》で説く」解説書をすでに発表している［日本・地域経営実践士協会『思考のデザイン』二〇一三］。**良き実践者の良き感性と体得表現は状況や相手に応じて「あらゆることば」によることが有効である。万言を尽くしてはその瞬間に消えていく話言葉《はなしことば》よりは、推敲した文字言葉《もじことば》、いや時には、絵詞《えことば》や体言葉《からだことば》、音楽表現《うたことば》を総動員して伝えればよいのではなかろうか。**前述した新刊書にも一部を紹介しているが、読者はこちらも参照されることを推奨する。

以上はいってみれば良き実践者から紡ぎ出された「統合知《まるごとのち》」であろう。以下では、実践的教育・研究者を目指して今も努力を続けている筆者が自らの体内・脳内を通して析出に努めた概念知や分析知の一端を紹介しよう。ただし現場の実践者を目指す方たちにもそれなりに役に立つものではないかと自負している。

3　実践的教育・研究者に求められる実践哲学

三・一一後の世代の中核を担う年齢層の人たち、つまりまだ若手の研究者や教育者たちには、以下のことを強く訴えたいと思う。実践的教育・研究を目指す人は、何よりもまず、根本で「その人なりの実践哲学」を持っている必要があるということだ。たとえばおこがましいが筆者（岡田）自身への不断の問いかけとして以下のようなことを自らに言い聞かせている。

- およそ人の命にかかわる教育・研究に携わるものは（そのことを標榜し、それで禄を食むものは）、自身の成果が実践の現場に届く（届ける）ことを軽く感じては自己矛盾に陥る。
- 「塊《かたまり》としての人々（人口）」の命は実体感を欠く。つまるところ小さな一人ひとりの命の尊さとかけがえのなさを教育・研究する人が現場から体得し、再確認していくことの積み上げが不可欠である。「塊《かたまり》としての人々（人口）」ではなく、多様で多彩な個性と顔を持った命の連鎖が「地域社会の命」を維持していくのである。
- 社会や社会基盤を整えていくためにはとりもなおさず不特定の「塊としての人々（人口）」を対象にし、その塊がどんどん大きくなっていくということを目指して行うということはもはや必ずしも自明的でない。逆に、もっともっと人間スケールに目線を低くし、個々の人の顔を大写しにし、その命が輝くような「地域社会の整え方」にも強い関心を払っていくこと。これが社会基盤整備のもっとも本質的で甲斐のある未開拓の先端的教育・研究貢献となり得る。
- ひとりから始める事起こしは、この意味で小さな地域変革を促すアダプティブマネジメントとそれを担う人材（財）の可能性に着眼した新規的なテーマとしてどんどん研究しなければならない。

これをそのまま若い研究者に強いることは酷であることは承知している。実践は大切だが研究成果にはなかなかならないと若い研究者はしり込みしてしまいがちである。まずは研究成果の評価の仕方（関連学会）自身が変わらないかぎり難しいと考えてしまう。たしかにそれには一理ある。若い研究者は今は有期雇用という不安定の立場で研究を強いられるケースが多いのでそのような挑戦リスクをとるのは困難かもしれない。そうであればせめてもう少し年上の研究者のなかから、新しい実践的研究の成功モデルを提示できる人たちが出てきてほしいと筆者は切に願っている。ひとりから始める事起こしに興味をもつ研究者であれば、学会自体に風穴を開けるような研究上の挑戦をしてもらいたいと切に願う。そのような挑戦をされる研究者に多少の杖と糸口を提供したいという思いから、以下では筆者が日頃から紡ぎあげてきた「まだ固まりきれない概念モデルの試作品」と、それを研究にしていくための「筆者の着眼点の備忘録」を紹介しておきたい。

4　実践記録整理システム手帳 対 実践理論ガイドブック

実践システム理論は、一見すると二つの真反対の目的と側面を持っている。一つは、現実のいろいろなケースで実践を繰り返しているなかから紡ぎ上げ、編み出されてくるノウハウを（詳細の違いは捨象することで）大枠の構造やパターンとしてモデル化することである。この場合のモデル化は、ことばや図示も含めた概念モデルによる定性的記述であってよい。結果として、実践の結果やプロセスから得られた知識やノウハウをモデルという見立てによってシステマティックに分類・整理・ストック化できるのである。つまりタイプA：**実践している現場で生まれてくる知識・情報の整理のためのシステム理論**ということになる。**道案内的・先取り的な実践理論のガイドブック**であり、フィードフォワード型の実践システム理論であるともいえよう。

もう一つは、その整理の枠組みを使えば実践が容易になったり、効率的で効果的な実践が可能になったりすることがある。実際に現地で実践した後に得られた学習結果を系統的に記録することができる**実践記録整理システム手帳**のようなものである。**フィードバック型の実践システム理論**ともいえる。つまり**タイプＢ：現場の実践のシステマティックな整理・記録に役立てることができるシステム理論**が必要である。特定のモデルの規範的な見立てに縛られないが、包括的に整理・分類するための大枠で網を掛けるアプローチともいえる。

ただこの二つの対比はあくまで便宜的なものであることに注意しよう。実践記録整理システム手帳を事後に、自分自身や他の人たちが分析することで、それを将来に実践理論ガイドブックのデザインや使い方に反映することは可能であり、むしろ実際によく行われることである。実践から理論への還元（橋渡し）といわれる営みがそうである。逆に理論から実践への還元（橋渡し）も当然可能で、有効でもある。実際には現場で何度も実践が続けられるなかで、タイプＡ⇓タイプＢ、タイプＢ⇓タイプＡの両方向の橋渡しが順々に行われることにより、まるで両者がループのような形で循環的につながっているのが望ましいのである。

事実、筆者が三十余年にわたって関わってきた鳥取県智頭町の事起こしを通じて、このような循環的展開が現実に起こってきたことを目の当たりにしている。

5　参加型意思決定支援法としてみた四面会議システム

ワクワクしてエキサイティングな体験が得られるゲーミングプロセス（ＹＳＭゲーム）

本書でハイライトを当てている四面会議システム技法（ＹＳＭ）について実践システム理論という観点から議論してみよう。実はＹＳＭが上記のタイプＡ、Ｂの両方の側面を兼ね備えた典型的な実践システム理論であることが指摘できる。ここではまずタイプＢつまり道案内的・先取り的な実践理論のガイドブックという利用の仕方からＹＳＭの実践システム理論を検討しておこう。実は第５章でＹＳＭの手順をいくつか紹介したが、それがそのまま四面会議システム技法のガイドブックであるともいえる。ここが「実践〈システム〉理論」とよぶ理由を考えるうえで肝心なところであるが、このタイプＢのガイドブック型実践システム理論は、**理論（の積み上げ方）自体が全体と部分の入れ子構造（階層構造）で出来上がっている**ということである。具体的にいえば、以下に説明するようにすでに開発され、広範に使われている「ゲーム理論」の「ものの見方」や基本的な概念、モデル化と分析の知識技術が暗に陽に組み込まれて四面会議システムの実践ガイドブックが開発されてきたのである。このことを次に説明しよう。

システム科学の方法論としてみたとき、四面会議システムはある種の多主体参加型の意思決定支援手法であるといえる。四面から構成される役割分担を担う四人（グループ）のプレーヤーが協力・連携することを大前提に、（たとえ小さくても）現実の包括的な計画問題を取り上げるとともに、各プレーヤーが最善をつくして実践可能な解決策の解集合を発見的（ヒューリスティック）に探索する。そして全体にとってできるだけ最善の解（方策）とみなせるものにたどり着くことを目指す「非常に動的」なゲーミングシミュレーション技法が四面会議システムであるとみなすことができる。「非常に動的」というのは、たんに数理科学的な意味での「動的特性」が強いという意味ではない。実にワクワクしてエキサイティングな体験が得られるゲーミングプロセスを体験・体得できるということだ。以下、四面会議システムをゲームに見立てて、ＹＳＭゲームと呼ぶことにする。たんにゲームということもある。その主な特徴をあげておこう。

①　四人のプレーヤーによる協力ゲームであること。

②　ＹＳＭゲームの開始時点では問題のフレームワーク自体が十分に明示化されておらず、プレーヤー同士が提供する知識・情報・技術・資源などを交換・共有・進化させる動的コミュニケーション・プロセスのなかで、問題のフレームワークの具体的な内容や輪郭が次第に明らかになる。

③　実行（実践）可能な協力解の集合や、全体にとって最善の解がその判定基準の明確化とあわせて発見的・創造的に特定されるのである。この意味で、きわめて非定型型（ill-structuredの計画問題についての多主体参加型意思決定問題を取り上げていることになる。

④　解の発見・探索過程は経路依存的（path-dependent）であり、状況依存的（contingent）でもある。プロセスの途中で、解集合が突然構造的変化を示したり、カタストロフな非連続的転換の振るまいをしたりすることが推察される。この意味で、対象とする問題自体が複雑系システムの高度の動的特性を内包するとともに、プレーヤーの関与の仕方次第では、問題自体が自己増殖したり、自己組織化したりすることが頻繁に起こる可能性がある。

⑤　問題はいくらでも小さなスコープ（解決を目指すために絞り込んだ対象範囲）に限定してもよいが、そのなかに包括的な問題項目が含まれており、項目間の相互連関性も複雑で、かつその構造も問題に最初に取り組む段階ではあまり明らかにはなっていない。つまり非常に複雑で不確実な包括的問題なのである。

⑥　ゲームのルールも相当にファジーであり、初めに決めておく与件的なことは少ない。ゲームの手順は概略決まっているが、プレーヤーの役割や取りうる戦略（手）は事前には明示されていない。自身の「独自性」を発揮することでゲームの行方は変わるし、結果的に落ちつき先（ゲームの最終的な協力解）も変化しうる。主体的な意思決定者という意味で「独立性」をもったプレーヤーであるといえる。しかし自身にメリットがないかぎり他のプレーヤーとは協力しないという趣旨で自身の「独立性」を目的化することが「独自性」を発揮することではない。さらに重要なことは、定型性が強い主流のゲーム理論が仮定するように、首尾変容しない「自分」という意味での「独立性を有した」プレーヤーであることは前提となっていない。むしろ他のプレーヤーとコミュニケーションすることで双方のプレーヤーが柔軟に変容することは歓迎されることなのである。新しい気づきを得て自身の理解が変化したり、大切なことについての判断に変化が起こったりしてもよい。独自性とはそのような意味にもなっている。このようにプレーヤー同士の間でのコミュニケーションしながら協働的に実践可能な解を見出していく学習性がむしろ大前提になっている。

なおまったく視点を変えて、ここまで「ゲーム」とよんでいたYSMを、ヴィトケンシュタインの言語ゲームの概念を用いて、異なる視点からとらえ直すことも可能であろう。彼によれば「言語ゲーム」は「一つのルールが支配する社会」であり、言いかえればそれを相対化することで、「そこから脱した新しいルールが支配する社会」も存在しうることにもなる。たとえば以下に引用する「ヴィトゲンシュタインの講義録Ⅱ」の説明が示唆的である。

> 規律はゲームのルールにすぎない。「ねばならない」と言える場は、ある一つの言語ゲームのルールの中にみながいるときだけだ。そのルールが支配する世界から一歩抜ければ、その「ねばならない」は最初からどこにもない。「ねばならない」が通用する場はしょせん一つの言語ゲームが有効な場所でしかないからだ。
>
> ところが現実はその人為的な言語ゲームにしたがってはいない。だからそのゲームの外にある奇妙なこと、奇蹟的なことが現実に起きて人を驚愕させるのだ。
>
> （ルードビッヒ・ヴィトゲンシュタイン『ルードビッヒ・ヴィトゲンシュタインの言葉』白取春彦編訳、八四頁）

事起こしはルールを変えていく挑戦（changing the game, game changer）でもあるから、一つの言語ゲームから別の言語ゲームを創りだすことでもあるといえるのではないか。筆者は、事起こしをするためのＹＳＭをこのような視点から再解釈する試みも今後必要だと考えている。

⑦　コミュニケーションによる学習性はゲームのなかで緩やかにルール化されている。プレーヤー自身が

win-winディベートをする形で互いにコミュニケーションし合いながら、ゲームの進行に参加するなかで戦略の具体的な内容と種類や数を決めていくことが求められている。たとえば四面会議図を作成していく過程では、プレーヤー同士のディベートが始まる前に、各面の台形のなかにプレーヤーが独自に計画項目を記入・配置していく。この段階で四面会議図には計画項目群が各面台形のスペースに配置されており、それをフルセットとしてみると、コミュニケーションが不十分な発生事象（包括的な整合性がとれていない予備計画案）が提示されていることになる。その後、対面のプレーヤー同士でディベートをしながら四面会議図のなかに各自の戦略を相互に有機的に組み合わせ、融合した発生事象（包括的な整合性がとれ、創造的な協働効果が活かされた計画案）ができあがることになる。

プレーヤー同士の役割を取り替えてwin-winディベートをするというルールは、ゲーム理論的に解釈すれば、プレーヤーの「独立性」を完全に覆すことを意味する。言いかえればプレーヤーの「独自性」を最大限に発揮しながら、プレーヤー同士の「融合性」を奨励することでもある。

ここまでYSMゲームの主要な特徴をあげたが、これは「事起こしの動的ゲーム」であり、それを四人ゲームとしてモデル化したものということもできる。ゲーム理論の主流は、定型性が強く（well-structured）、先験的に多くの条件を課した形で枠組みを整えて単純化をはかり、できるだけ数理的解析や計量化になじむような問題を対象とする。それなりの理由とメリットがあるが、現実の問題の多くがそのような枠組みをはみ出たところに本質的特性がある。既述したYSMゲームとしてモデル化した「四面会議システム計画問題」では、定型化型の主流のゲーム理論の基本的な枠組みを概念レベルでふまえながらも、ルールやプレーヤー、価値判断等にかかわる変数・パラメーターの特定と数、定性的・定量的値について大胆に条件を緩和することが許され、奨励されている。ここは上述した実践システムのタイプBのガイダンス的活用の仕方にかかわるところである。もう一方でＹＳＭゲームは、学習型のゲーミングシミュレーションによる協働的な行動実践方策に到達するためのプロセスを系統的に文書化・記録することも重視していると解釈できよう。四面会議図（YSM Chart）はまさに実践行動計画の策定過程とその結果（output）をコンパクトかつ網羅的に記録する**実践記録整理システム手帳**そのものではないか。これに事業実施計画書とロードマップを加えればＹＳＭのプロセスと結果、ならびに成果（outcomes）に関する情報はほぼ自己充足的であるといえる。これはほかならぬタイプＡの実践システム理論というもう一つの側面を活かすことが四面会議システムを修得するために求められることを示唆している。

6　ｎ人ゲームとしてみたＹ（ｎ）ＳＭ

「四面会議システムはなぜ四面なのか?」という質問をよく受ける。なぜ四人ゲームなのかという疑問と解釈してもよいだろう。これに対する筆者の回答はこうである。

理論的にはｎ面（ｎ人）ゲームであってもよい。ｎは３以上の自然数であるという条件をつけよう。つまり三面（3）SMや五面（5）SM、六面（6）SMなども可能であろう。ただし経験的には四面（四人）が妥当な数とサイズであると筆者は考えている。また現在の標準的な四面会議システムでは、四面であることに以下の特別の意味と理由が込められている。

四面を総合管理（金銭・リスク管理も含む）、人の管理、物の管理、情報の管理（広報を含む）に当てている。

YSMでは基本的には各プレーヤーは水平の関係にある。ただしイニシアティブをとるプレーヤーの存在がないと水平な関係でのコミュニケーションもうまく回らないという経験則をふまえて、総合管理を担うプレーヤーがそのような（全体を見回す視点をもった）コミュニケーターとなることを認めている。現実の場面でも、最初に四面会議システムに参加しようと表明する役割が不可欠である。これに賛同する「人」、「もの」、「情報」でなら貢献できるという参加者が加わる。つまりYSMはこのような参加の順序をある程度意識していて、総合管理にイニシアティブをとる人（最初のプレーヤー）として、他の3人のプレーヤーとは緩やかなレベルの違いを認めているのである。そのようなYSMの特徴をさして、（1＋3）のゲームであるというときがある。

もっともYSMはプレーヤーの交代・入れ替えの手順も組み込んでいるので、終盤ではどのプレーヤーも**（1＋3）のゲームの1のプレーヤーの役割を体得することになるはずである。**したがって少しだけ上になったり、下になったりしながら最終的には水平型参画のダイナミクスを体験することができるのである。

なお補足的に付け加えておけば、四面会議システムはなぜ四面なのかという問いに付随して出てくる質問は、各面に、それぞれの立場や利害を代表とする人を割り当てる方が現実的ではないかということがある。たとえば住民、行政、企業、ＮＧＯという関係者を当事者に見立てて四面に座ってもらうという考え方である。当事者は四人以上（以下）になる場合はどうするのか、という疑問がうまれてくるのも自然であろう。

筆者の体験では当事者割り当て方式はあまり有効ではないということである。四面会議システムが解決しようとしている問題は、お互いに総力をつくして最もふさわしい解決策を絞り出し、これに一丸となってコミット（確実に関与することを確約）していくような協力問題であるからというのがその理由である。特にwin-winの解決策を見出していく場合には、あまり当事者意識にとらわれていてはその妙味を活かした知恵が出てこないことになる。

7　生存の淵を乗り切る四面会議システム・ゲーム　（Survivability-critical YSM ゲーム）

大災害に遭遇しても命だけは失わない（生存の淵を乗り切る）ような行動実践計画を地域コミュニティで総力をつくして立てる問題を考えてみよう。これは、命を自ら守るための事起こしのアプローチを基本にしつつ、持続可能なマチを設えるアプローチを組み合わせることが不可欠であることを示している。さらに行政のトップダウン的なアプローチも合わせることで万全をつくすことを目指すべきであろう。次章（第８章）では大災害に備えた持続的なまちづくりを行うためには、三原色のまちづくりが今後必要となることを述べるが、四面会議システムで実践計画を立てる問題は「命だけは失わないことを基本条件にしたゲーム特性」を備えていることが求められる。これを「生存の淵を乗り切る四面会議システム・ゲーム（Survivability-critical YSMゲーム）」と称することにしよう。筆者はこのようなゲームでは「プレーヤーも命を失う可能性がある（生存の淵）」ことを明示的に組み込んだモデル化が必要だと考えている。ごくかいつまんで述べれば、標準的なゲーム理論ではプレーヤーは必ず存在していることを前提にしているが、生存の淵を乗り切る四面会議システム・ゲームではこの前提自体をcontingent（状況依存的にのみ成り立つこと）であるとする。

第1のサバイバル（生存）：突然、死に瀕する危機的状況になっても、ともかく命だけは失わないようにするぎりぎりの闘い。

第2のサバイバル（生活）：第1の自己サバイバルの闘いのあと、その命を守りきるため活力を維持するぎりぎりの闘い。

第3のサバイバル（共闘）：第2の自己サバイバルの闘いの瀬戸際状態を脱してゆとりのできたプレーヤーが、まだ孤立状態の他のプレーヤーの命を守るために支援する形で行われるぎりぎりの闘い。

岡田はVitae System Model（生命体システムモデル）という概念モデルを提唱し、命を守る当事者（エージェント）は、状況依存的に前記の三つのサバイバルの挑戦を乗り越えなければならないというサバイバル行動原理を定型化している。すなわち

① Survivability（死に瀕して命を守る）

②　Vitality（活力で命を守る）

③　Con-vivality（共につながって命を守る）

それぞれ第1、第2、第3のサバイバルに相当していることがわかるであろう（図7-1、図7-2参照）。四面会議システムにおいてこのような命を守りきる実践行動計画を立てるためには、何らかの形で三通りのサバイバル問題を明確に意識した総力をつくしての知恵出しが必要になってくる。筆者は四面会議システムなどの実践行動計画づくりにあたって、このようなサバイバルの状況を可視化したりして思考実験に役立てるなどの「ＹＳＭの実践システム論を補うノウハウ」を開発していくべきだと考えている。なおその一例として、Higo and Okada［2012, 2013］は突然の集中豪雨のために浸水した地下街に閉じ込められた人々がどのようにして緊急避難し、生き残るかという問題を取り上げた研究が参考になるであろう。この研究では、京都市をケーススタディにエージェント・シミュレーションを実施し、起こり得る状況の多様性と取るべき対応の実行可能性について分析している。実際にVitae System Modelを適用して第1、第2、第3のサバイバルの行動原理を定型化し、人々（エージェントたち）の行動規範として組み込んだエージェントモデルを提唱している。

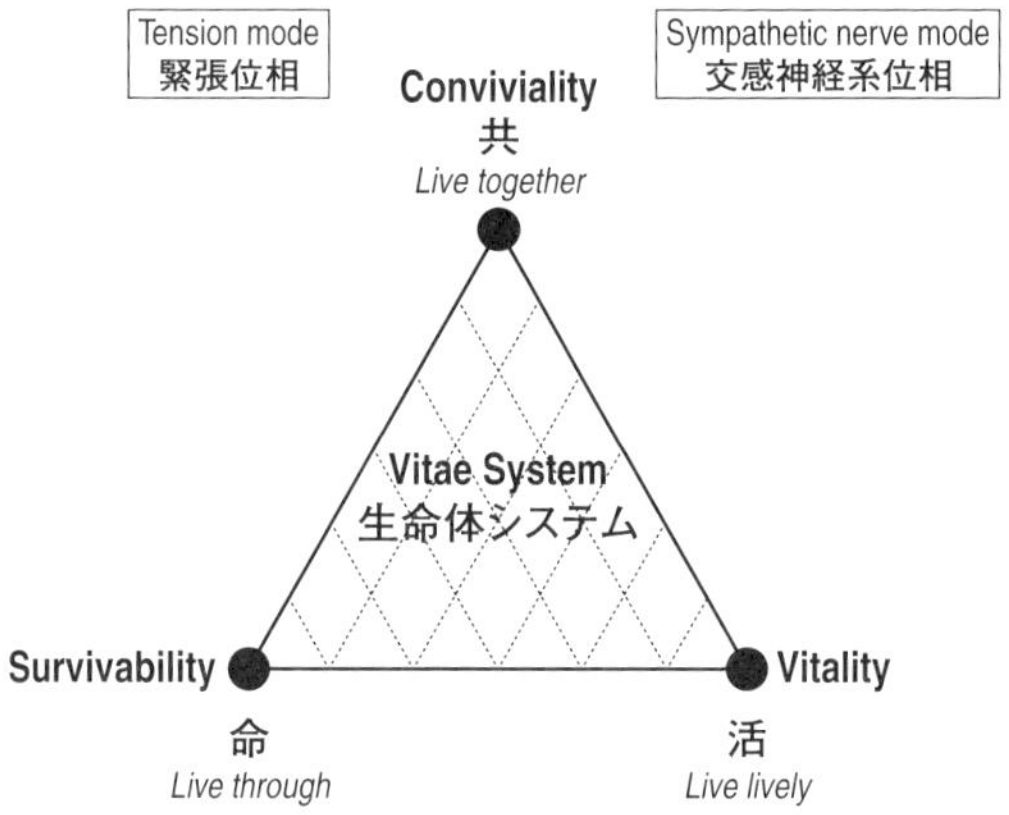

図7-1　Vitae System Model（生命体システムモデル）

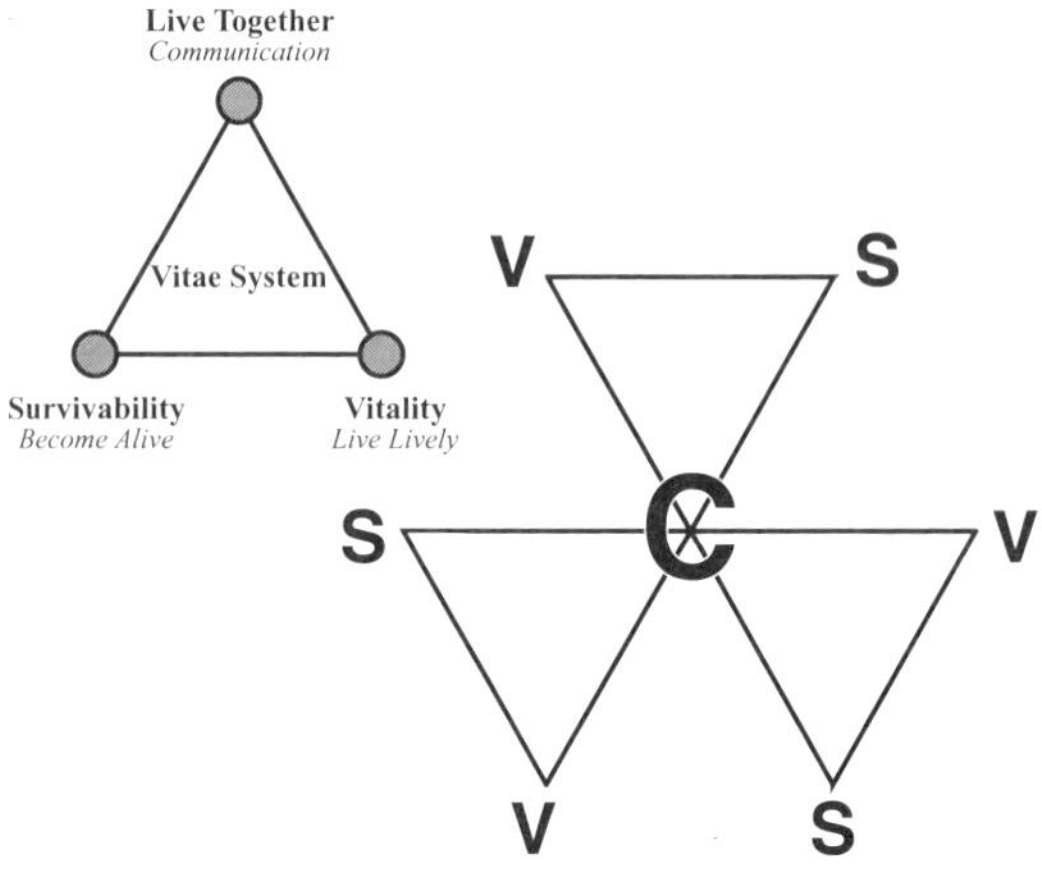

図7-2　Vitae System Network Model（生命体システムネットワークモデル）

8　win-win debate logics（ウィン・ウィンのディベート論理）

四面会議システムの実践システム理論として、win-win debateの討議形式と使われる独特の論理、ならびにその背後にあるwin-winな創造力・想像力について今後、定型化が必要であろう。筆者はその一つの糸口として、下記のことを例示的に指摘しておきたい。

相手のプレーヤーの「〜ないという言明」を前向きに（創造力・想像力を活かして）否定する。

⇓「ない」の「ない」は「ある」という共同の発想転換の）逆提案

（例）

資源（金・人・もの・情報）が「ない」ことはない

私にはない　⇓〈こちらの私〉にはある　活かしてもらえばありがたい

今はない　⇓　待てば〈次の今〉にはある

私には今はない　⇓〈こちらの私には〉今はある　あとで返してもらえばよい

私にはほとんどない　⇓〈こちらの私〉には少しはある　〈そちらの私〉にも少しある

〈あそこの私〉にも少しある　⇓皆で合わせれば十分にある

ここにはない　⇓〈こちらには〉ある　〈こちらにも〉ある　〈あちらにも〉ある
時間がない　⇓〈こちらには〉ある　〈こちらにも〉ある　〈あちらにも〉ある
⇓　待てば〈次の今〉にはある
努力・技術・時間がない　⇓　今かかっている仕事の効率を高めれば時間はつくれる
他の事に掛かっていて私はする暇はない　⇓〈こちらの私〉がかわってしよう
⇓「私はする事はない」ということを考えるゆとりが〈そちらの私には〉ある
⇓「ゆとり」はないから見つける動機が生まれる
⇓「ゆとり」の足し算・掛け算の妙味を体験しよう
力・勇気・経験・駄目元　⇓やったことが「ない」⇓やったことが〈ある〉ように挑戦しよう
ここまでしかできない　⇓ここまではできる⇓〈ここまで〉をもう少し伸ばしてみよう
私はやる気がない　⇓やる気は相手があってこそ生まれる⇓私が相手になるからやる気を出そう
私には間違いはない　⇓〈こちらの私〉には、〈そちらの私〉の間違いがあることがわかる
善意のあら捜し

9　アダプティブマネジメント　事起こしの動的学習過程

事起こしを戦略的に行っていくための実践システム理論として、いわゆるアダプティブマネジメントという方法論をあげることができよう。これはある意味でもともと現場での品質管理モデルとして開発されたPlan-Do-Check-Action（ＰＤＣＡ）サイクルプロセスに相当していると解釈できるが、順々にレベルアップして多段階の螺旋型のＰＤＣＡサイクル（Nested PDCA）に拡張して考えると、アダプティブマネジメントの本質的な特性がモデル化できる（図7-3、7-4参照）。

その動的な過程は、以下のようなボトムアップとトップダウンの動的なやり取りがうまく出会い、「社会的成立解（成解）」として均衡することが期待されている。

現場からまた上に順々に上げていく

←　→

環境・体制を整えてまた現場に下ろす

その場合、ボトムアップは

- 初登頂を目指し、まず一合目を目指す

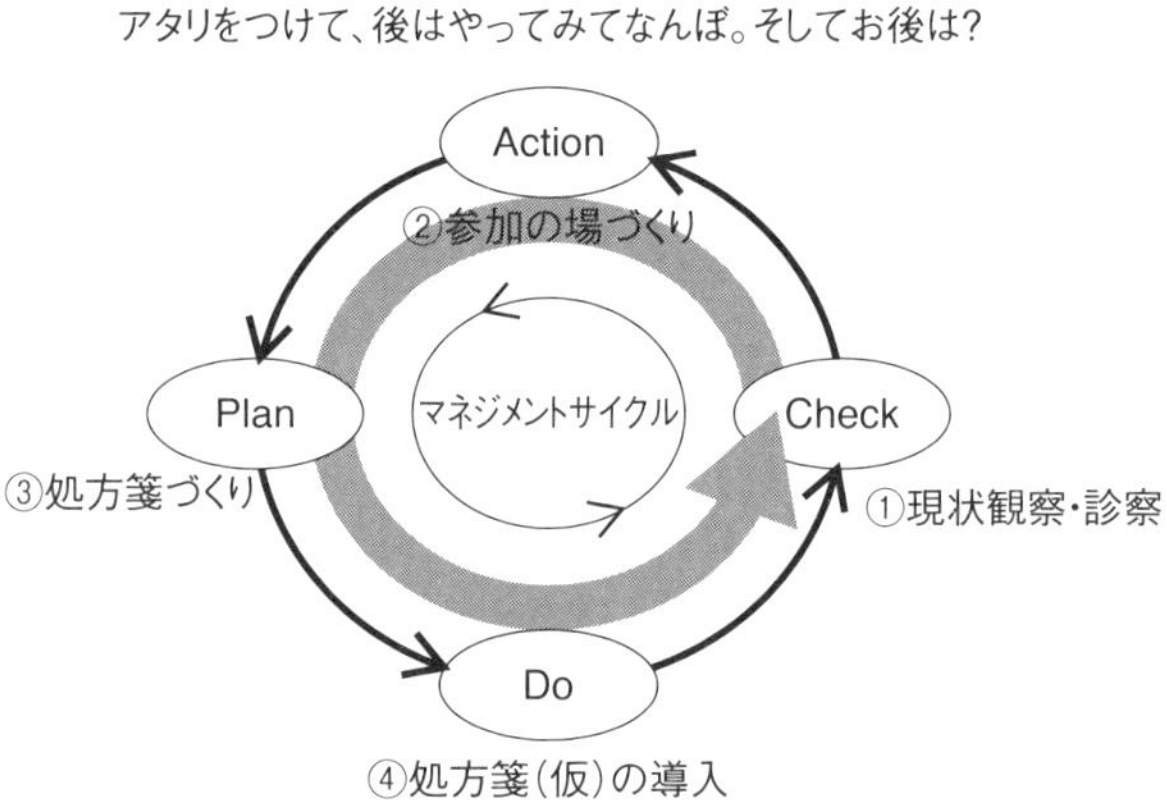

図7-3　アダプティブマネジメント（適応的マネジメント）

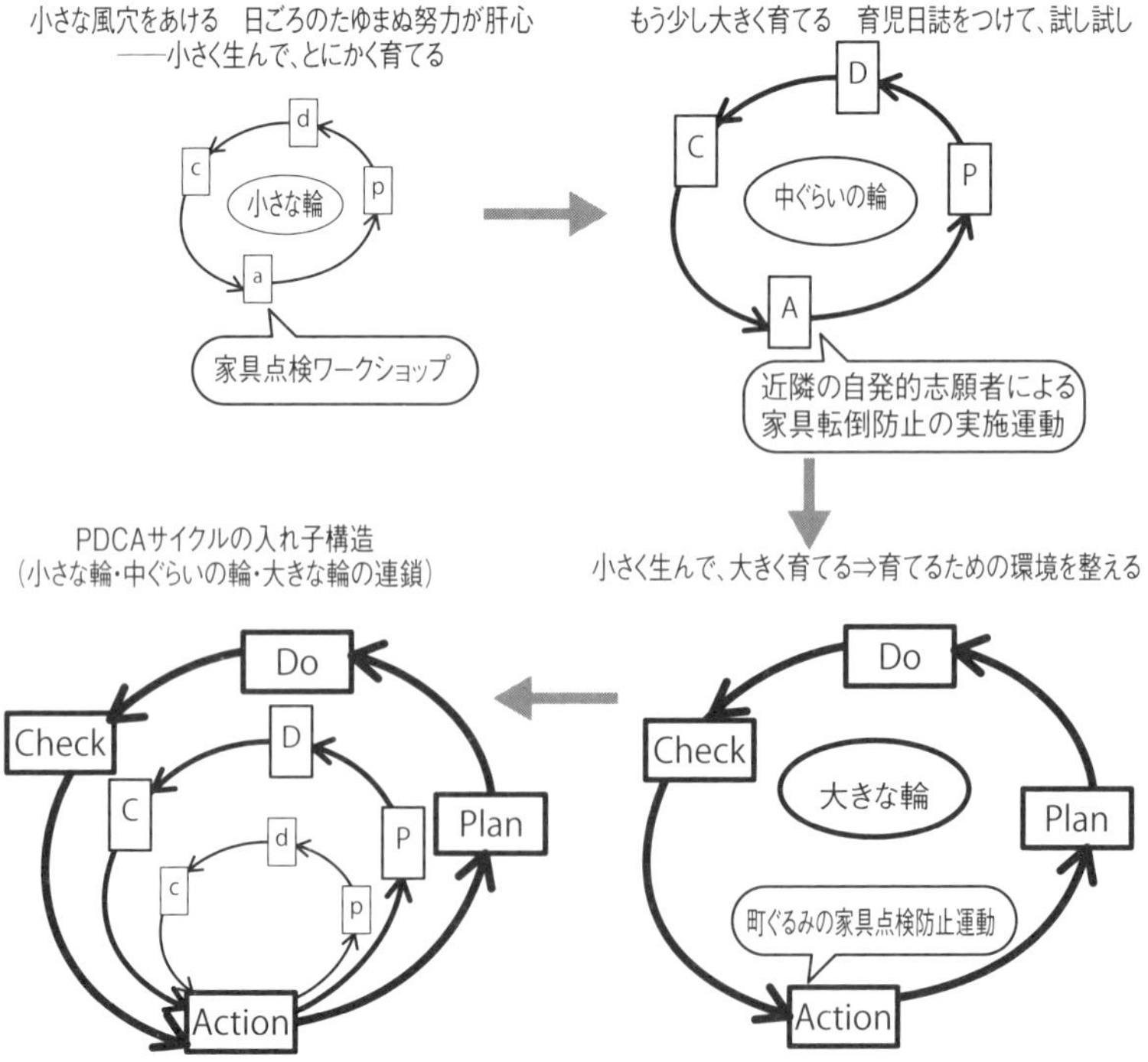

図7-4　アダプティブマネジメントの多段的入れ子構造

- 一合目を制覇、そこまでの学習結果をふまえ
- 二合目の制覇を目指す
- 二合目の制覇を制覇、そこまでの学習結果をふまえ
- 三合目（頂上＝峠）の制覇を目指す
- 三合目の制覇を制覇、そこで幟《のぼり》を掲げる
- そこまでの学習結果をふまえ、今度は峠の向こうの下りの世界の制覇を目指す！

のような形で高みを目指していく「登頂プロセス」にたとえることができる。

なお事起こし＝アダプティブマネジメントとみなすと、その哲学的基盤を米国プラグマティズムに求めることも可能である。特に二〇世紀前半に活躍したチャールズ・パースやウィリアム・ジェームズ、ジョン・デューイらのプラグマティストが代表的であろう。特に、パースによれば、「宇宙の構造は秩序（コスモス）と無秩序（カオス）との相互作用によって生まれ、それを媒介したのは「成長する習慣形成の力」であった」（伊藤『パースの宇宙論』九頁）という。さらに次のようにも述べている。

習慣の力とは、個々の具体的な状況のなかで何らかの一般的なパターンを実現するとともに、状況に応じて必要とあれば、それまでのしかたでは対応できない状況に応じるような、新しいパターンを生み出すことである。

（伊藤『パースの宇宙論』一三三頁）

ただしここでいう「習慣」とは、むしろラテン語のハビトゥス（habitus）に依頼する英語のハビットで、原義的には、むしろ和語の「ならい」に近いという。「ハビトゥスには日本語でいう習慣よりも言葉の意味に奥行きがあり、身体や精神を座としてそこに根づき、消滅し難く備わっている能力であり、行為を結果として直接生み出す基体なのである。

〔山内『〈つまずき〉のなかの哲学』一二七頁〕

10　五層モデルで過疎化の総合的な症状を説明・解釈する

過疎化は総合的な症状である。地域（マチ）を集落地区・基礎集落単位に小さく取り上げても、そのレベルでの地域の重層的・有機的構造として地域の症状を総合的に診断することが可能である。なおこのようにスケールダウンしたレベルで見ると、「過疎化」は山村・漁村地域にかぎらず、大都市圏でも今後深刻化すると予想されることは第6章で既述したとおりである。

ともかくこのような小地域では五層モデル〔岡田、二〇〇五〕はそのような見立てで説明するうえできわめて有効である。詳細は省略するが、図7‐5にはその適用事例が示されている。

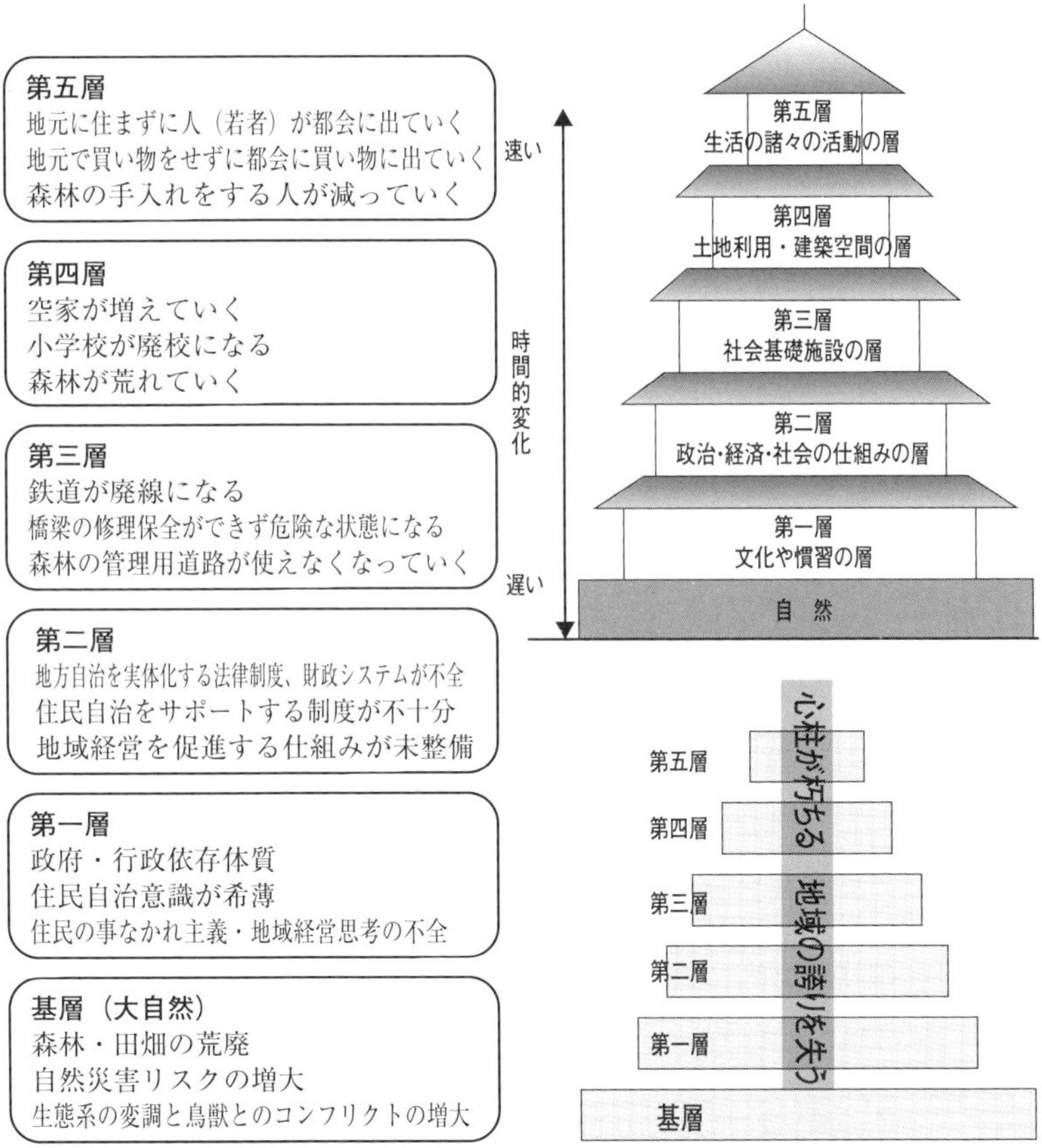

図7-5　五層モデルでみてとる過疎問題

11　糧⇓舵⇓絆⇓礎〔循環〕モデルを用いて「地域・社会システム」の動的構造特性を説明・解釈する

岡田は、糧⇓舵⇓絆⇓礎〔循環〕モデルを用いて「地域・社会システム」の動的構造特性を説明・解釈できることを明らかにしている［岡田ら、二〇〇五］。なおこのモデルはパーソンズのＡＧＩＬ図式を地域・社会システムとして翻訳・読みかえたものである［Rowans, 1951］。適用の一例を図７-６に示してある。

12　地域（マチ）復興のための事起こしのプロセスのモデル化とコンフリクト・マネジメントの意義

岡田は、地域（マチ）復興のための事起こしのプロセスを多くの実例に基づいて分析・総合した結果として、事起こしの結果、地域が活性化につながる過程で、以下のような三段階のプロセスをたどることが多いことを明らかにしている（図７-７参照）。きっかけが内発的か、外発的かによって概略下記のように二通りのパターンが考えられる。

①　**内発的プロセス：覚醒化《かくせいか》⇓攪拌化《かくはんか》⇓葛藤化《かっとうか》⇓活性化《かっせいか》**

内部に、「変わらなければ」という気づき〔覚醒〕をした人がまず出て、それが事起こしをすることで地

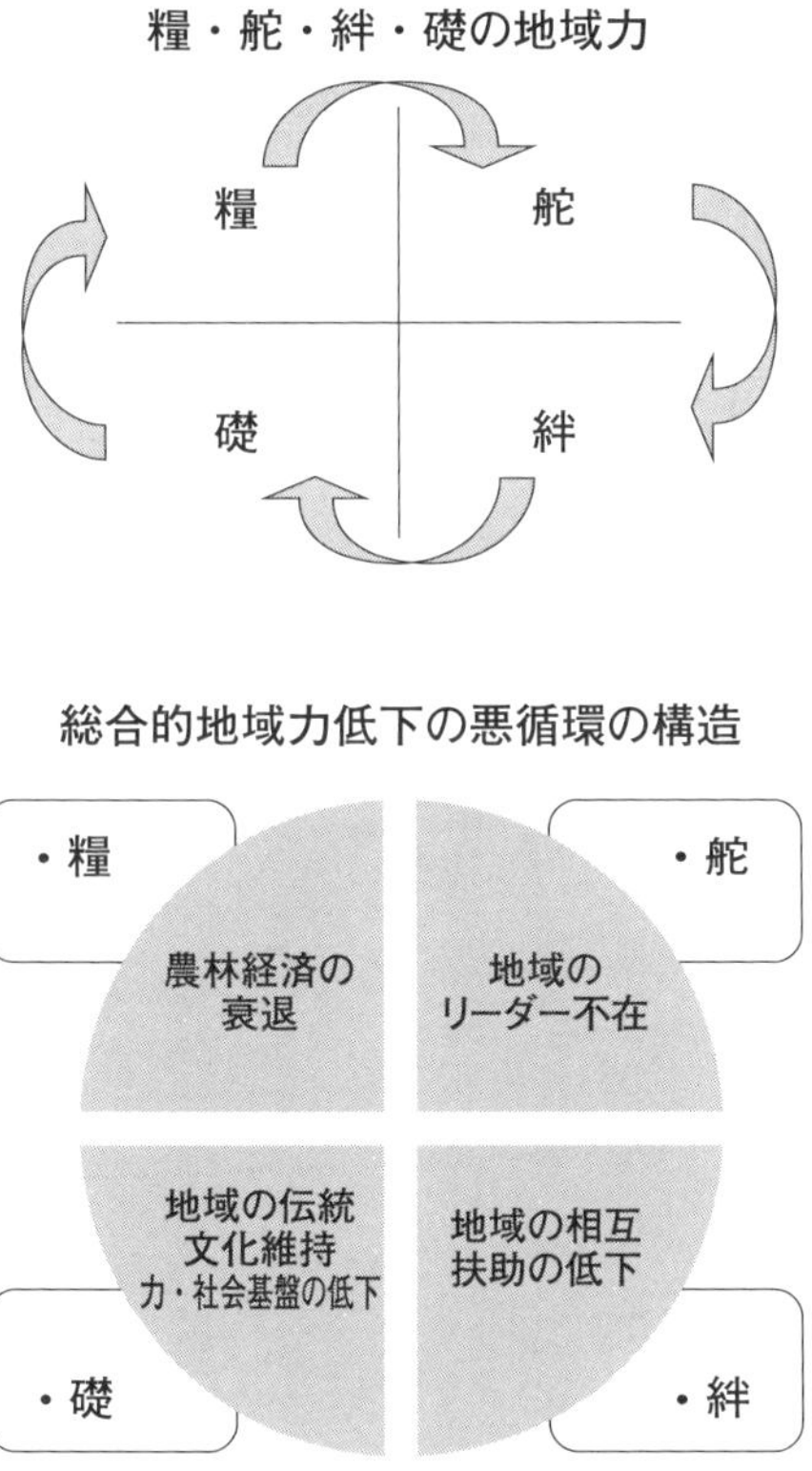

図7-6　糧⇒舵⇒絆⇒礎モデル

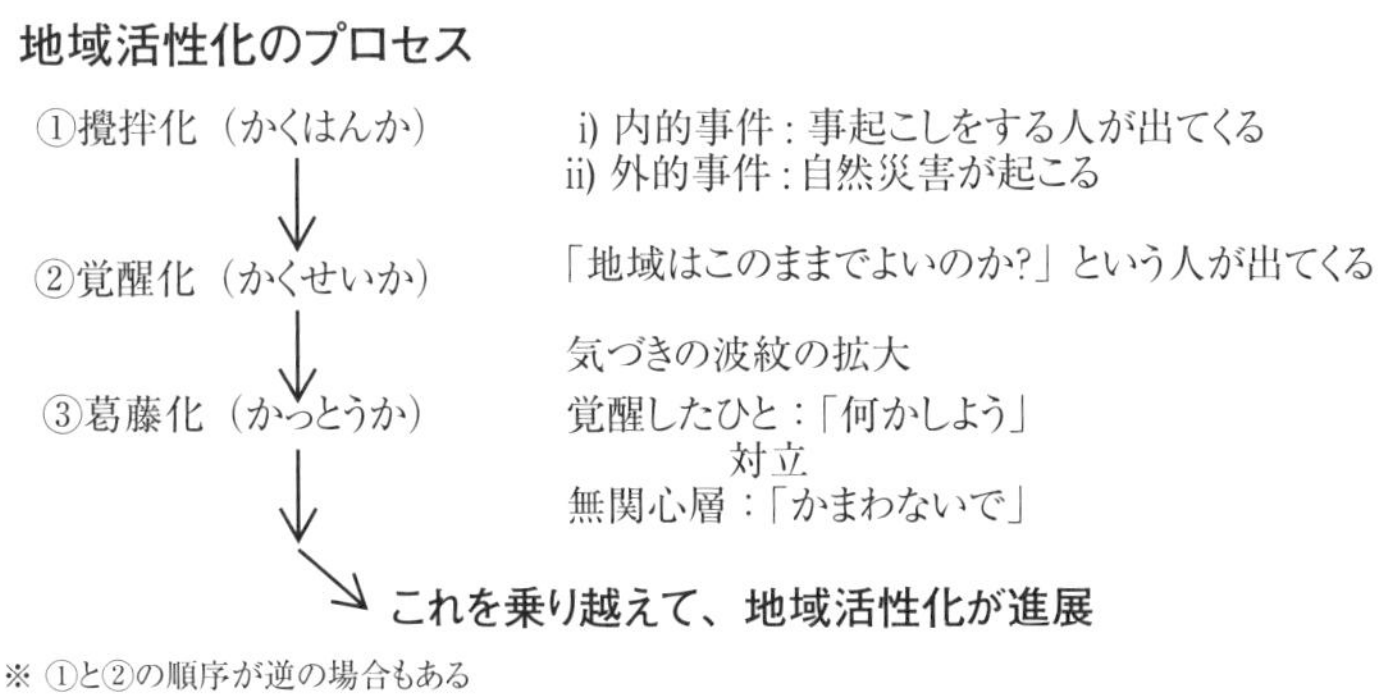

図7-7　地域活性化の動的プロセス

域（社会・組織）が攪拌され、一見平穏に見えた（実は惰眠をむさぼる、あるいは事なかれ主義ですましてきた）人たちの間で葛藤（コンフリクト）が生まれることになる。このコンフリクトを変革のダイナミズムとして創造的に活かすことができれば、人々が「良い方向に地域（社会）が進んでいる」と感じられる新しい秩序が生まれることになる。逆に、このコンフリクトのマネジメントを誤ると、最初の状態からみて「悪い方向に進んでいる」状態に陥ってしまうことになるのである。このように地域復興を目指して事起こしを進めていくと、いずれ何らかのコンフリクトが起こることに留意したい。コンフリクトの発生が事起こしの新しい創造的エネルギーとなって、さらに高みを目指した事起こしとして持続するかどうかは、コンフリクトをどのようにうまくマネジメントできるかどうかに大きくかかっているのである。

② 外発的プロセス：攪拌化《かくはんか》⇒覚醒化《かくせいか》⇒葛藤化《かっとうか》⇒活性化《かっせいか》

東日本大震災のような大きな出来事が、外部から襲ってきた場合がこのケースに相当する。これは自然災害でなくても、人的な災害や事故・事件であっても当てはまる。たとえばリーマン・ショックのような金融市場の大混乱なども当てはまる。いずれにしても結果として地域（社会・組織）に大きな攪拌が起こり、大混乱となる。その結果、多様な立場の人たちや当事者の間で思惑や利害、価値判断に対立が起こることになる。このようなコンフリクトをどのように解決するかは非常に複雑で困難なマネジメントの問題となる。たとえば高台移転の造成工事を待って、将来安全で安心できる新住居に移るまでしのぎながら待つのか、逆にそれをあきらめて地域の外に住むことを選択するのか、あるいは、安全・安心の点では劣るが、利便性などを考えると元の低地・海岸部に居住することを選ぶのかは、典型的なコンフリクト問題である。筆者は、小さな事起こしをすることでこのようなコンフリクトを乗り越える知恵と工夫ができるのではないかと考えているが、これについては今後の大変重要な検討課題であり、東日本大震災の被災地の復旧・復興プロセスの実情をこのような観点から記録・整理し、検証していくことが必要だと考えている。

13　次の高みを目指す実践と教育・研究実践　場づくりのシステム知の開発を目指して

実は本書ではまだ紹介できなかった知的挑戦課題として、ひとりからの事起こしが二人、三人、四人と仲間を増やし、そこに参画のベースが生まれてくる創発性をともなった動的なプロセスをどのようにシステム知（統合知×概念知×分析知）として説明し、理解し、伝え、利用していくかという挑戦的テーマである。参画のベースが生成されれば、さらにボトムアップを積み上げて他者を巻き込んだ参加の機会と場所と意味の総体の場が現れてくる。四面会議システムを使って実際に参加型計画づくりを行っていると、そこに立ち現れる（現出する）「場としか言いようのない総体」を体感することがしばしばある。それが証拠に実践の達人の寺谷は第7章2節で紹介したなかでこういっている。

システムのステップを踏むことに一生懸命で、連想ゲームの楽しさや、共有の時間や場所、事の妙味を知らずに、進めよう進めようとしている滑稽さがある。

(1) 意味が生まれる場(場所)

裏をかえせば、「共有の時間や場所、事の妙味を知ること」こそが四面会議システムという道具立てを通じて体得できるコツであるはずだということになる。「共有の時間や場所」がいわば「場としか言いようのない総体」であり、そこでこそ「事の妙味を知ること」ができるということであろう。「事の妙味」とはそこに居合わせたものだけが共有体験できる意味の創出に共鳴することではなかろうか。

実は「場」の持つこのような「時間」とともに推移する「意味」の特性を指摘している研究者は少なくない。たとえば岩見は、先行研究であるCarteauの言説をふまえて「現前する空間の背後には、すでに、何層にもわたった場所が蓄積されているのであり、その場所の意味と応答しつつ、新たな意味分けがなされるのである」と指摘している〔岩見、二〇一二〕。物理的空間(一般にいわれる物理的な場所)を「空間」とよび、意味が付されると「場所」になると解釈している。ここでは筆者がいう「場としか言いようのない総体」が「場所」とみなされている。

「場所」に時間の推移に従って新たな意味が付された場所を「場所」と表記して以下のような定式化を提案している。

場所=場所+空間+意味

岩見は「設計された場所」と「読み取られた場所」という概念も提示している。ただ筆者の解釈では、四面会議システムを用いた参画型計画のダイナミックなプロセスでは、いつの間にか「設計された場所」と「読み取られた場所」が混淆し、設計者と利用者といった区別が判然としなくなる体験をすることが可能である。これこそが参画型計画、特に本気で実践できる計画を協働的につくり出す場合の、目指すべき到達点（アウトカム）ではないだろうか？　四面会議システムには、このようなことが自ずから生まれてくる仕掛けがいくつか施されている。win-win debateや逆転のwin-win debateが仕掛けの要を担っている。またファシリテーターの腕しだいでは、いろいろな即興劇的演出の舞台に「所を得て」身を置くことになり、ゲーム感覚的遊び心が呼び起こされて「競演の妙」にエキサイトすることになる。このような意味がダイナミックに創出される場（場所）の実態（実体）をどのようにドキュメンテーションし、定型的な知識として蓄積していくかは今後の重要な研究テーマであるに違いない。その際、四面会議システムや四面会議図は、実践の場で起こっていることを端的に整理して視覚化しながら分類するきわめて有効な道具となり得るのではないかと筆者は予想している。筆者は第7章4節で言及した**実践記録整整理システム手帳のような使い方を四面会議図は秘めていると確信している。**事実、災害食を専門家の慧眼をもって実践的に研究している奥田和子（甲南女子大学名誉教授）は、次章でもふれる広島土砂災害（二〇一四年八月二〇日）の直後に被災地に協力者とともに入り、被災者へ災害食を実際に提供しながら、その場に身を置いて課題として見えてくる事項を四面会議図に整理整頓することができることを示した（写真7-1）。これこそが筆者がいう**実践記録整理システム手帳のような使い方**なのである。場（場所）のもつ重要性をふまえて、課題を求めるとすれば、その場に身を置いて感得された「意味」もあわせて、どのようにドキュメンテーションするかということがあろう。

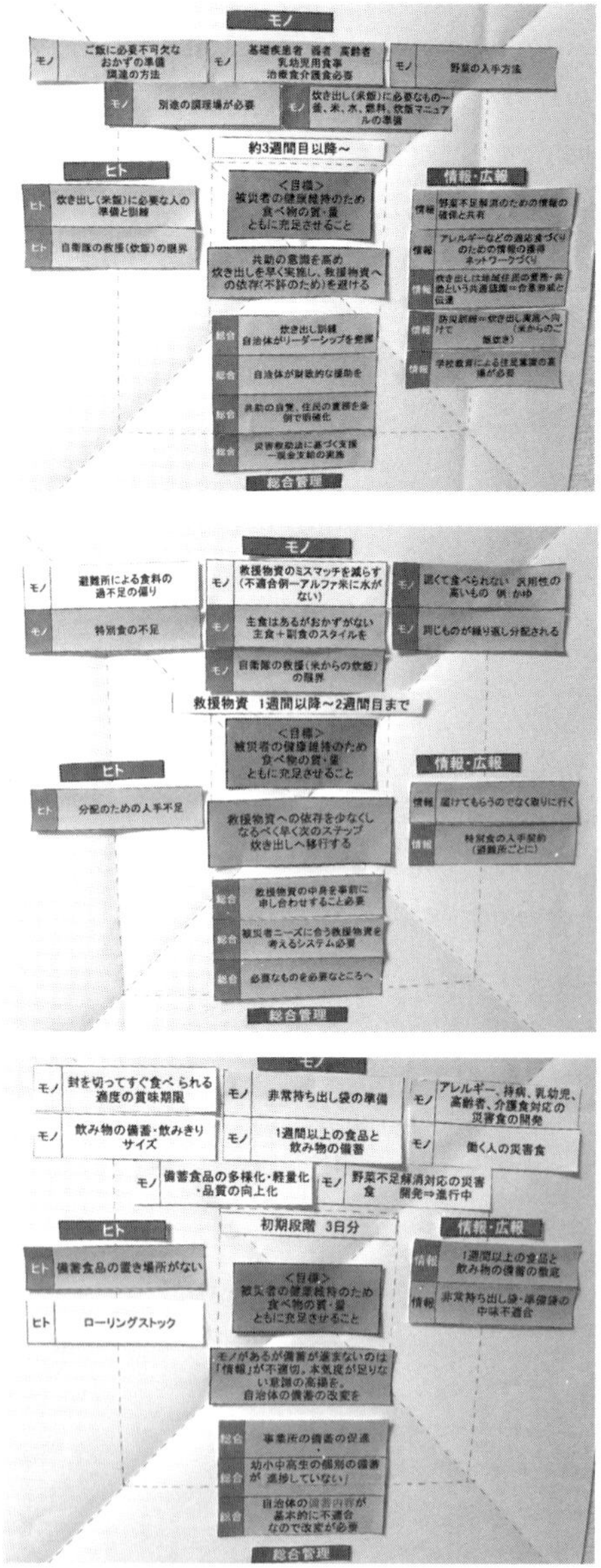

写真7-1 四面会議で整理した災害食の問題点

（2）リスクコミュニケーション・プロセスとしてみた四面会議システムの実施手順

繰り返し述べてきたように四面会議システムを導入することで、「一堂に会する人たち」によるコミュニケーションの場がダイナミックに生まれるという実感を得ることができる。結果として協働的な問題解決のプロセスが生まれてくる。事起こしのような創造的なプロセスは、多様なリスクの協働的な処理プロセスであるとみなすことも可能である。多々納はRowanのCAUSEモデル（図7-8）を用いて、リスクコミュニケーションのプロセスとして四面会議システムの実施手順に対応するという解釈を示している。このモデルはリスクコミュニケーションが成り立つためには、入り口（第一段階）としてリスク情報を伝える（伝え合う）人がそこに集う他の人にそれなりに信用されることが不可欠であるという前提に立っている。次には、リスクをAwareness（認識する）Understanding（わかる）Solution（解決策を見出す）段階がくる。こうした後にやっとExecution（実施する）がくるという次第である。なるほど四面会議システムの手順は概略このモデルのいうところに合致しているようである。しかしながら、もう少し詳細に検討すると、Rowanのモデルは、そもそもなぜそのようなコミュニケーションが進められる「場（場所）」が存在するのかをうまく説明していない。最初からそのような場があるところから始

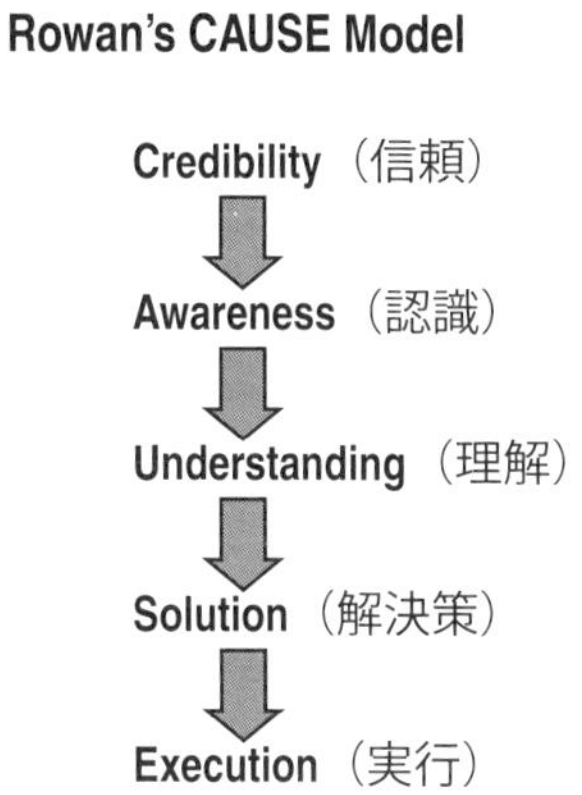

図7-8　RowanのCAUSE Model

まるかのようである。実はこのRowanのモデルにかぎらずこれまで提案されてきたいろいろな参加（参画）型計画のプロセスモデルは同じような欠陥を抱えている。

四面会議システムを使って実際に参画型計画を具体の問題解決をしようとすると、このような前提は必ずしも協働的な参画型計画の醍醐味を表現し得ていないことが明らかになる。入り口の最初の段階で少なくとも「場になり得る素地」が生まれていなければならないのである。たとえば誰かが呼びかけて「ともかくそこに来てください」（“Be there!”）というメッセージが発信され、人々がしぶしぶ怪訝な顔でも、ともかくそこに現れることが実現しなければならない。呼びかけ人が誰であるかは別として、その人はそれなりに信用（Credible）されていることが前提だという反論は可能である。だから最初にCredibleがくるというわけである。だがCredibleであるかどうかは、集まってみてから居合わせたメンバー同士で結果的に得心するケースのほうが普通であろう。つまり「場になり得る素地」が提供されてからでないとCredibleかどうかは判定しようがないのである。であるならば、なぜ「ともかくそこに来てください」（“Be there!”）で人が集まってくるのか、ということになる。この最初の段階を「B」で表すことにしよう。筆者はこう考える。まず潜在的にすでにいつかはどこかで集まることが必要だと内心で考えている人が一人ならずいるという条件が成り立っていることが必要だということである。さらに集まる理由づけがあまり大層なことではなく、しかしそれぐらいなら話にのってもよいかもしれないと思う程度のテーマで「ともかくそこに来てください」と言われることである。さらに重要なポイントを付け加えれば、ある種の興趣が感じられ、遊び心をくすぐられることが小さな引力となる仕かけができていることである。「面白い」、「ワクワクする」、「興奮する」

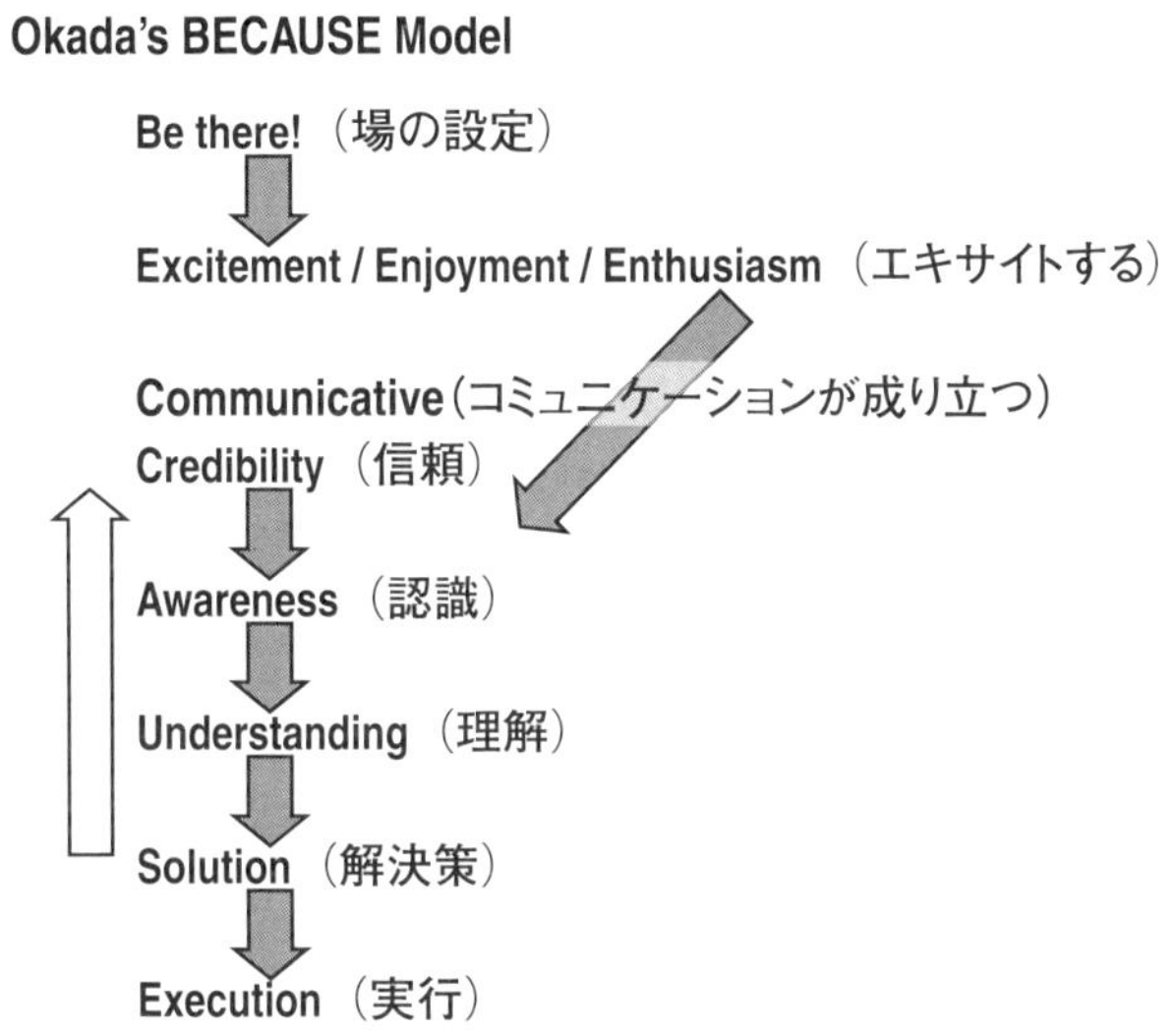

図7-9　岡田のBECAUSE Model

という気持ちが高まるような場が用意されているとなおのことよい。そのキーワードを英語で表現すれば“Excitement”“Enjoyment”“Enthusiasm”といったところであろう。頭文字をとって「E」となる（ただしCAUSE modelの“Execution”の「E」とは区別が必要である）。つまり「B」と「E」がこの順で、しかもほぼ一体となって成り立つ段階がCAUSEの前にきて、“BECAUSE”となる。筆者はこのモデルを“BECAUSE Model”と称することにしたい（図7-9）。四面会議システムの手順は、BECAUSE Modelでより本質をとらえることができるのではないかと考える。

(3) 共創的コミュニケーションと「場」――コミュニカビリティの技術としてみた四面会議システムの可能性

四面会議システムを実際していると、ある瞬間に急に参加者間での心理的バリアーが薄くなり、皆が打ちとけて盛り上がりが生まれることが起こる。もちろんファシリテーターのコミュニケーションの技量に依存するところが大きい。たとえばテーブルの前の椅子に座って議論している状態から、タイミングを見計らって全員に立って話し合いをするようにうながすと効果がある。同時にwin-winの解決策をディベートなどによりゲーム感覚でしていると日頃の立場や顔見知りからどうかを思わず忘れて、より良い解決法を見出すことに打ち込むことが起こる。その体験は新鮮でそれによってお互いにますますエキサイトして、より創造的な提案が生まれたりする。「実はこんな人を知っている」、「それならば私はこんなことができるのだ」、などの前向きで自発的な申し出が連想ゲームのように次々と出てくるようになる。あたかも異なるリズムを持った人々が共鳴し合って、大きなリズムに収斂していくように共鳴し合う場がそこに現出するのである。円形・環状に配置された多数のメトロノームが、最初は異なる周期で振動しているが、しだいに一つの周期に同期してくる物理現象が知られている。引き込み現像とよばれるものがそうだ(非線形解釈集団池口研究室)。実際にこのような律動的な現象にも着目した生物物理学やロボティックスの研究者集団が、共創的コミュニケーションと「場」、コミュニカビリティの技術開発という独創的な研究パースペクティブのもとに先端的な研究を行ってきている。たとえば三宅は清水らとの共同研究プロジェクトの成果を紹介して、以下のような指摘をしている。

人と人がつながる可能性としての空間や自己表現の空間を拡大することが求められている……（中略）……わたしは、自己と人工物の関係における共生成が、その人工物と新たな人間の関係において再生成され、人と人が共生成的につながることのできる、そんな創造的な世界に生活したいと考える。介助ロボットの原点もここにある。しかし**人工物とは機械だけに限定されるものではない。それは言葉であり音楽であり、人間のあらゆる表現のことである。**このような自己表現の世界において、人と人とはどのようにつながることができるのだろうか。いかに信じあえるのであろうか。そして、そのようなコミュニケーションの基底にあるものは何であろうか。

（三宅、二〇〇〇）

筆者は、三宅がいう人工物が身体の延長にあって身体ではない、生き物のような特性を持つメディアだと解釈している。そうならば、四面会議システム図や四面会議システムの総体的な技術はまぎれもない人工物である。それは言葉であり音楽であり、人間のあらゆる表現のことでもあるのだ。

さらに三宅らは哲学者西田幾多郎の思索の跡にもヒントを読み解こうとする。

普通には主観が客観を主観化すると考えるが、然し客観が主観を客観化するのである。それが大事なことである。……（中略）……即ち向かうものが自分を奪って客観化する。本当の形成作用はそういうものでなくてはならない。

（西田、一九六五）

彼のいう客観とはいわゆる客観ではない。普遍としての客観である。自己を包摂する潜在的なはたらきとしての客観である。これこそわれわれが求めてゆかねばならないものである。（三宅、二〇〇〇）

事実、これまで述べたように実際に四面会議システムを使って参画型計画づくりに興じていると、西田が指摘するような「向かうものが自分を奪って客観化（普遍化）する」ということを実感することが少なくない。それは以下の二つの一見矛盾した段階として立ち現れる。

西洋流というか国際的な多くの場面では、参加し、議論する以上は、ものをいう人たち、言うべきことをもっている人たちがそこにいて気持ちや意見を交わす（ぶつけ合う）といったことが、あたりまえのように受け止められている。だが、そうでない人たちが参加できる場面はないのかという問いが出てきても不思議ではない。むしろ世のなかそんな人のほうが断然多数である。参加の場に出てこない「沈黙する多数」（silent majority）の問題とみなすと、現代の民主主義の限界と挑戦課題と解釈することもできよう。だが見方をかえれば、参加の場面があってもものを言わない人ははたして傾聴に値しないのかとも問える。私たち**はそこにいて傾聴に値する何かをもっている人がぼそぼそとでも口を開いた瞬間、その一言が「万言を超える何か」として居合わせた人たち全体の腑に落ちる、そんなことがたまにはあり得る**のである。まぎれもなく**「向かうものが自分を奪って客観化（普遍化）する」**ことが起こるのである。四面会議システムのファシリテーションに熟達している寺谷はこれこそ本技法の妙味であるという。筆者の関心はそれが**達人の暗黙知としてではなく、形式知としていかに伝え得るものにする**のかにある。これ自体が研究・教育の興味深い題材となるであろうが、たとえばカウンセリングやコーチング、傾聴の技術といわれるコミュニケーション技法〔たとえば川野、二〇〇四参照〕の分野もその可能性を秘めているのではないかと考えている。

いったん人々がものを言う状態になると、逆に自らの意見をどんどん表明してもらうことがむしろ歓迎すべきことになる。ただそれが「おれが」、「私が」という世界に留まってしまえば、共同で知恵を出して集まっている場が台無しになる。しかし幸いなことに、四面会議システムがうまく活かされたときにはゲーム感覚でwin-win solutionを見つけることや、立場を入れかえた逆転ディベートをいつの間にか「おれが」、「私が」という世界を超越して「そんなことになっている」という世界が生まれてくる。そのことを体得できる瞬間がある。このような状態になっていることを、欧米の研究者は、「計画づくりプロセスを私たちが共有した（We have owned the process of participation.）という言い方で説明する。これこそが実践を目指した協働的な参画型計画が目指すべき成果（outcomes）なのだということである。たしかにそのような説明・解釈は可能であるが、**四面会議システムが生み出す究極の場は、「主語のない世界」、「述語の世界」になっているというほうが的確なように筆者は考えている。**

このように考えると四面会議システムは究めかたしだいで、まだまだ奥が深いようである。そして何よりも、人間と人間がつながる価値と可能性にかかわる基本的なテーマにも行き渡るようにも思える。

参考文献

伊藤邦武『パースの宇宙論』岩波書店、二〇〇六年。

岩見良太郎『場のまちづくりの理論——現代都市計画批判』日本経済評論社、二〇一二年。

宇野重規『民主主義のつくり方』筑摩書房、二〇一三年。

岡田憲夫ら『RIIM Report』第5巻、社団法人建設コンサルタンツ協会インフラストラクチャー研究所、二〇〇五年五月〈http://www.jcca.or.jp/achievement/riim_report/report_vol_05.html〉。

小熊英二『社会を変えるには』講談社現代新書、二〇一二年。

川野雅資『傾聴とカウンセリング』関西看護出版、二〇〇二年。

久米是志・三輪敬之・三宅美博『場と共創』NTT出版、二〇〇〇年。三九四—三九五頁。

駒崎弘樹『「社会を変える」を仕事にする』ちくま書房、二〇一一年。

佐藤勉『社会体系論』青木書店、一九七四年。

シェリー・ストーカー『政治をあきらめない理由』（山口二郎訳）岩波新書、二〇一三年。

清水博『生命知としての場の論理』中公新書、一九九六年。

清水博『場の思想』東京大学出版会、二〇〇三年。

慎泰俊『未来が変わる働き方』ディスカヴァー・トゥエンティワン、二〇一三年。

パーソンズ『社会体系論』（佐藤勉訳）青木書店、一九七四年（原書 The Social System, 1974）。

山内士朗『〈つまずき〉のなかの哲学』NHKブックス、二〇〇七年。

ルードビッヒ・ヴィトゲンシュタイン『超訳　ヴィトゲンシュタインの言葉』（白取春彦編訳）ディスカバー・トゥエンティワン、二〇一四年。

多々納裕一「Rowanのリスクコミュニケーションモデルとしてみた四面会議システムの実施手順」『地域経営まちづくり

塾』京都大学黄檗プラザセミナー室、二〇一四年九月一三日。
西田幾多郎『西田幾多郎全集』岩波書店、一九六二年。
日本・地域経営実践士協会『地域経営まちづくり・思考のデザイン』二〇一三年。
日本・地域経営実践士協会『「地方創生」から「地域経営」へ』仕事と暮らしの研究所、二〇一五年（刊行予定）。
非線形解決集団池口研究室「メトロノーム（円形）」〈https://www.youtube.com/watch?v=EsIuWavQrw4〉。
渡邊奈々『チェンジメーカー——社会企業家が世の中を変える』、日経ＢＰ社、二〇〇五年。
Higo, E. at al: Analysis of self-evacuation to rescuing process under survivability-critical states in underground flooding by Vitae System based agent modeling and simulation. Proceedings of the IEEE International Conference on Systems, Man and Cybernetics, Anchorage, Alaska, USA, October 9-12, 2011 DOI: 10.1109/ICSMC.2011.6084129 Conference:
Higo, E., and Okada, N: Agent modeling for evacuation and amateur rescue under survivability-critical states in underground flooding, Proceedings of Systems, Man, and Cybernetics (SMC), 2012 IEEE International Conference, DOI: 10.1109/ICSMC.2012.6378167
Holling, C. S.（ed.）Adaptive Environmental Assessment and Management. Chichester: Wiley, 1978.
Parsons, 1951, The Social System.
Rowan, K. E; Innovative Approaches to Risk Communication, US EPA Community Involvement Conference, Jacksonville, Fl. USA, June 2007.〈http://www.epa.gov/ciconference/previous/2007/2007_presentations/wednesday/1015am/innovative_approaches_3pa.pdf〉

第8章　むすび　事起こしの時代を支える三原色のまちづくり
――安全で安心でき、活力ある持続的なまちづくりを目指すためには

1　ひとりから始める事起こしが生み出すボトムアップのダイナミズム

事起こしの時代を築く挑戦を読者に呼びかけた本書もいよいよ終章にたどりついた。筆者はこれまでは一貫して「ひとりから始める事起こし」に焦点を当てて、三・一一後世代を生きる者として、何よりもまず私たち一人ひとりが周りの環境を少しでも良くするための小さな行動を始めることが肝心なことであると主張してきた。それが自らの周りへのかかわり方の意識を受身から能動に変え、行動実践へとつなげる。当然何らかのリスクがともなうが、そうすることで自らが周りを変える能力を獲得するとともに、周りを変えるという事起こしの最初の当事者となることができる。もしそれが一人よがりのことでなければ、辛抱強く続ければ賛同する人が少しずつ加わってくるはずだ。輪がだんだん波紋のように広がっていく。別の事起こしをひとりから始めた人と出会って、二つの事起こしの輪が新しい波紋を広げていくことになることも十分に考えられる。そうすることで多層的になった事起こしの輪に参画する当事者の数と多様性が増していく。結果

として周りを自発的に変えていこうとする当事者意識をもった人たちがつくりだす「参画から生まれる土台（ボトム）」が存在するようになるはずだ。そう「ボトム」は自分たちで自ら締め固めて築くものなのだ。いったんボトムが築かれるとそこを足がかりにして、より広範な人々や多様な主体・組織が参加してくることができるようになる。順々に高まりをみせて広範に広がっていく。行政や専門家、ＮＰＯもこのようにして巻き込まれるように入ってくる。これが参画型ボトムを土台にしたボトムアップの真髄であろう。言いかえれば、ひとりから始める事起こしこそがボトムづくりの基本であり、そのような基礎的営みに裏づけられてこそボトムアップの躍動的な突き上げ力（下からのダイナミズム）が生まれてくるのである。

要するに一人ひとりが住み手として自身の周りを変えていくことが、周りをコミュニティとして意識し、良くなるように変えていくことにもつながる。このコミュニティがそのまま近隣の地理的な空間とおおむね合致するときは、住み手が主体的に関与する形で小さな近隣地域（マチ）を整えていく営みとみなすことができる。これを「私たち住み手が担う小さなまち（マチ）づくり」（私たちのマチづくり）とよぶならば、**ボトムづくりの事起こしこそがその基礎の基礎**となるということが指摘できる。なおここでいう「私たち」とは、特定のマチにおける固有名詞がついている個々の人たちを指していることにも注意したい。事起こしに参画してボトムをつくる人が現れてこそ、あとから参加する人たちや組織（住民や行政、専門家、ＮＰＯなど）がそこに入ってくる余地が生まれてくるのである。

2　進化型の行政主導が求められるトップダウンのアプローチ

ところがこれまでは、地域（都市や農山漁村のマチ的機能）を整えていくことは、不特定多数の人々（特定の住民だけではなく、他地域の人たちや企業など）のためであり、それゆえに公的セクターである行政（役人）が業務として責任をもって担っていく仕事であると考えるのが普通であった。行政の人たちだけではなく、一般の人たちもそのように受け止めてすましてきた。たんに行政だけではなく、選挙で選ばれた政治家が行政の首長として直接リーダーシップを発揮したり、議会等の議員活動を通じて法令や政策づくりや対策に関与している。ただし例外はある。普段は地域を整えていくことには無関心で行政に任せているつもりの住民であっても、いったん自身の利害に直接関わるときには行政に対して明確な意思や要求を突きつけることができる。たとえば自身の土地が国や都道府県、市町村の道路整備のルートにかかる可能性が出てきた場合がそうである。議員を通じて間接的にクレームや要求を出すことで地域を変えていくことが自身の不利益にならないように働きかけることもある。そのようなことはこれまでも多くあった。高度経済成長から金融バブルがはじけるまでの時代は、大規模でスピーディな都市・地域開発優先主義が跋扈したために、もっぱら利害当事者だけをみた行政対応になりがちであったことは否めない。結果として行政の人たちのなかには、住民対応とは、公共的な目的に協力するよりはただ自身の利益や都合のみを主張してクレームをつける人への対応であり、つまるところ住民とは「自身の利益（を最大限に高めるように）要求をする利己的で厄介な人たち」という受け止め方が染みついていたように見える。住民運動すなわち利己的な反対運動とみなされた時代がそうである。しかし新しい多自然型の川づくりや、伝統的な町並保存運動などに代表される「まちづくり」のなかには、本書が唱える主体的な地域変革のための事起こしという公共マインドをもった住み手がボトムアップで推し進める運動であることに行政の人たちもしだいに気づかされることになった。結果として、行政が主導して地域を整える場合にも、住民の人たちに参加の機会と場を与えて、意見を反映した事業を行う方式をとることが新しい流儀となってきた。その場合は「住民参加による」という枕詞がつく。とりあえずそうしておくというのが本音の場合も実態として少なくない。

しかしである。本書で紹介した鳥取県智頭町のように、三十余年の事起こしの運動のようなことが実際に進んでいるところとなると、**そんなアプローチではまったくボトムアップの突き上げ力と噛み合わないし、歯が立たない**ことになる。智頭では、主体的な住民たちが「事起こし」を戦略的に意図し、手を変え、品を変えて持続的に推し進める先進的なボトムアップモデルを提供してきたのである。手を変え、品を変えるとは、特定のテーマや政治思想や価値観に必ずしもとらわれないしたたかさと、息の長い取り組みであることでもある。それでいて「**地域のあり方の決め方**」と「**主体的な担い手としての住民**」が生み出されていくように、**試行錯誤で適応的にデザインしていく地域ガバナンスを標榜している**のである。この意味で、とにも**かくにも実現へと導いていく「事起こしの実践的方法論」がバック**にあることが何よりの特徴といえよう。

かえりみてみよう。行政の人たちはこれまでは不特定多数のためにといいつつ、一方ではクレームばかりを主張する人たちのほうにばかり耳を貸し、目を向けて対応するという矛盾に長く陥っていたようである。

そこから脱却しなければならない。地域のなかにはたとえ多数でなくても、公共マインドをもった人たちが確かにいる。事起こしの経験をふまえて、行政とも共同で地域を整えていくチャレンジをしたいと考えているはずだ。このようなボトムアップの強烈なダイナミズムが突き上げる地域にあっては、行政もいたずらに旧来的なトップダウンのアプローチに拘泥していては限界に突き当たる。お茶を濁したような参加型を取り入れても太刀打ちできなくなる。相手は何枚も上手《うわて》をいくこともあるのだ。したがって行政の人たちもここらで大きく発想転換をしなければならない。

行政が得意とするところは、ある種のトップダウン的アプローチであろう。正当性があれば自らの権限や、財政基盤、技術、情報、さらに組織として実行する人材（財）を最大限に行使できる執行力を行政は創造的に活かすことができるはずだ。特に広域的な視点や、長期的な視野から、不特定多数の人たちのための地域の基盤を整えていくことに行政の人たちは長けている。反面、仕事の仕方や責任の持ち方が部署ごとに分断されていて、総合的で包括的な執行力が弱いという通弊がある。一方、事起こしにベースを置いたボトムアップのアプローチは対象とする地域は狭いエリアに限定されるが、地域をまるごとでとらえて、手を変え、品を変えて包括的に改善して行こうとするアダプティブのダイナミズムを持っている。つまり**両方のアプローチは双方がうまく平仄を合わせて協働的に仕事をすれば、お互いの欠陥を補い、全体として「地域を整える具合」が量的にも、質的にも高まることが期待できる**のである。つまり住民たちが特定の小さな地域に足場を置きながら、いろいろな部署にわかれた行政の人たちを、自分たちが挑戦する包括的な問題（群）に、手を変え、品を変えて巻き込んでいくことができることになる。行政が住民に参加してもらう（参加させる?)のではなく、逆に住民がいろいろな部署の行政に参加してもらうという新しい図式が求められるのである。そこに参加(参画)する行政は、旧来のようなトップダウンではないが、あえてボトムアップのダイナミズムと相見《あいまみ》え、組まれると見せては組みかえすしたたかなリード役を担うことこそ進化したトップダウンと心得るべきである。たとえば専門家を派遣してサポートしたり、必要な情報を提供したり、新しい法制度や補助制度をつくってボトムアップのアプローチを支援したりすることなどが考えられる。ただし、そのためには主体的に身の回りの地域を変えていこうとする住民がどんどん現れてボトムアップで行政を突き上げ続けることが大前提となる。

3 長い時間軸に沿った地域の三局面の持続的なマネジメント

日常モードと、災害モード、大災害(非常事態)モードが回転扉のように巡ることをあたりまえとした「地域の整え方」

実は三・一一後世代を生きる私たちは、地域をより良く整えていくために、①主体的な住民による事起こしを起点にしたボトムアップ、②進化した行政のトップダウン、に加えて、もう一つ新しい機軸のアプローチを必要としているのである。ふだんは平穏に見えても、災害はつねに陰のように忍び寄っているということである。数年に一度、数十年に一度といった比較的頻度の高いもので、被害は比較的小さいタイプの災害がそうである。この種の通常型災害は少なくとも行政部局はそれなりに織り込みずみ(想定の範囲)である。一方、三・一一の東日本大震災や西日本が備えるべきといわれている南海トラフ型地震、近年とみに顕著になった異常気象による大災害などは、むしろ「非常事態（型災害）」とよぶほうがわかりやすいであろう。三・一一の大震災後の反省として、非常事態（型災害）に対して行政の諸部局は想定の枠内で最善をつくすだけでは不十分であり、枠内で収まりきらない事態に対しても可能な政策や対応（特に情報等のソフトな対応や行政部局間や民間、住民等との連携などのヒューマンウエア）を講じることを目指すべきだという考え方が主流になってきた。また非常事態が発生した場合にこそ、躊躇なくトップダウンの指示・指令系統が機能するような危機管理が必要であり、行政の担うべき重要な任務であると筆者は考える。つまり、このような危機管理がなされるべきときは、日常時においては望ましい地域住民からのボトムアップの決め方やコミュニケーションの仕方が非常時にはむしろ不適切になる可能性があることにも留意したい。これは一見、前述した①、②のアプローチの両立と動的均衡が不可欠であるという本書のこれまでの指摘と矛盾するように聞こえるかもしれない。しかし実際はそうではなく、やはり①、②の組み合わせが基本である。ただこれまでの議論では非常事態（型災害）のような状況がありうることをリスクとして明確に取り上げていなかったためである。言いかえれば、**これまでの話は、日常モードあるいはせいぜい通常型の災害モードを前提にしたうえで、住民と行政が協働で地域をどのように整え直していくかという議論であった。だが日本列島に住むかぎり、それだけではもはや不十分であり、これからは必要に応じて第三の非常事態モードも、起こりうるモードの一つとして、地域を整え直していくときにはどうしても織り込まなければならなくなってくる**というのが筆者の考えである。

ここで問題になるのが第三の非常事態モードの状況をシナリオとして提示し、思考実験する場を提供するのは誰であるのかという点である。いや、「誰と誰」と問うべきかもしれない。一人や一つの組織だけが担うこと自体が現実的だとは思えないからである。付言すれば、そのようなことを可能にする制度も経験知をもった人々や組織も現段階ではほとんど現れていないということがある。たとえ皆無ではないにしても、同じ地域に拠点をもって十年単位で共同作業をしながら試行錯誤を繰り返して改善を重ねていく機会と場所と経験の物語りが紡がれていくコミュニケーションのプラットフォーム（「参画の場」）が存在していない。これは安全で安心でき、しかも活力あふれる地域に関係者が一堂に会して整えていくという仕組みがトップダウン的に提供されていないことでもあり、その仕組みを小さな事起こしとしてボトムアップから起こしていく挑戦がまだ不足しているためでもある。

しかしそれだけではない。そのような参画の場をあらかじめ構想し、やわらかくデザインしながら、十年単位で持続していく学びの場（たとえばコンソーシアム形式の地域復興の学校）のようなものが整えられていくことが必須なのである。これはトップダウン、ボトムアップ、長期的スパンでの局面変化のリスクを織り込んだ律動的で持続的な地域マネジメント、の三つのアプローチがあたかも三つの機軸の時空間（座標系上）においてガバナンスされる見取り図（パースペクティブ）がいままさに求められていることを意味している。それを開発しながら、「地域復興の学校」を持続的に営んでいく「誰か」が担い手として出てくることも待望される。このような観点から「地域復興を図る」ことは「地域を整える（整え直す）」ことでもある。これを広い意味での「まちづくり」とみなすことにしよう。そうすれば、三・一一後の世代にふさわしい「まちづくり」には、三つの機軸から構成される多元的で協働的なガバナンスがどうしても必要になることが推察されるであろう。第三軸のアプローチは非常事態を思考実験的に思い起こすことから入る事前の学習と、いったん自地域や近くの地域に非常事態が起きたときには、まさに命がけの実践が求められる。その体験を新たな知識として組み込みながら地域復興の学習を続けていかねばならない。そのような場合のリード役として非常事態の専門家や外部の体験者の役割がきわめて大きいことを明記しておこう。

このことを以下では、最近の災害の事例にも目を向ける形で、もう少し具体的にみていくことにしたい。内容的に重複する説明にもなるが、読者は辛抱しておつきあい願いたい。

4　広島土砂災害（二〇一四・八・二〇）が問いかけること

本書をほぼ書き終えようとしていた二〇一四年八月二〇日に、広島市で豪雨による大規模な土砂災害（広島土砂災害）が起こった。広島市北部の安佐北区や安佐南区の住宅街を中心に多くの土砂災害が発生した。地区によっては時間雨量が最大で一二〇ミリメートルほど、累積降雨量も二九〇ミリメートル弱であったという。まさに異常豪雨である。そして住宅街も多くの家屋が押し流され、押しつぶされてしまった。幸いにして命拾いをした人たちもそこで住宅を再建することは容易ではないであろう。経済的・資金的な制約から再建が困難であるだけではない。そもそも同じ場所に再び住居を構えるということが災害リスクを考えると賢明なことなのかどうか。たんに住居の再建ではない、周りの近隣の人たちも含めてコミュニティをどのように復興させればよいのか？　同じ場所に住み続けるべきか、別の場所に移り住むべきか、個人・世帯の問題だけではなく、地域（マチ）の復興にかかわる、重く、つらい（集合的）意思決定の問題にもなってくる。不幸にして被災し当事者となった人たちは重くとも、つらくとも腰をあげ、ゼロからの事起こしを早晩しなければならなくなるであろう。

おやっと思わないであろうか？　ついこの間、私たちは同じような光景を目にしたばかりではないだろうか？　いや当の被災者になってしまった人も少なからずいるはずだ。平成二三（二〇一一）年台風一二号豪雨災害がそうだ。紀伊半島地域、特に五条市大塔町や十津川村などでは大規模な土砂災害（一部は深層崩壊）があちこちで発生し犠牲者をだした。半年前の同じ年の三月一一には東日本大震災が発生している。たしかに、東日本大震災の大津波により壊滅的な被災をした東北の沿岸地域集落とは、引き金となった自然災害の種類、被害の様相や規模はまったく異なる。この広島土砂災害も大都市近郊の住宅開発地域が被災した都市災害であるが、紀伊半島の豪雨・土砂災害は典型的な山間地域が被害に見舞われた点で一概に同じ災害とくくるわけにはいかないことも確かである。しかしよく考えてみよう。これらの大災害以外にも災害の引き金となる種類や規模は異なるものの、毎年、この日本列島のそこかしこで災害が発生しているのである。もはやどこに住んでいても忍び寄る災害リスクの陰を忘れて安全で安心できる生活は営めないのである。

5　自然災害（嵐）が起こる前に地域に降りかかる陰（社会的ストレス）から地域を復興し続ける挑戦

皮肉なことにいったん災害が起こってから私たちの多くは気づくのである。大災害に見舞われるということは、個人・世帯が被災するだけではない。周辺地域のコミュニティが消えてしまうかもしれないリスクに見舞われるということなのだ。被災から立ち直り、災害から復興するということは、より本質的には自分たちの地域（マチ）をどのように復興させるかという難題に挑戦せざるをえないことなのである。しかし地域復興には人々が共有し合えるビジョンがなければならない。地域が傍目にはどんなに物理的に元に復したとしても、共有のビジョンがないところでは「復興しつつある」、「復興した」という共通認識や共有の達成感が生まれないのである。そのビジョンを災害で壊滅的な状態に投げ込まれ、難渋する人たちがゼロから描きだすことは実に困難なことなのだ。一方でまだこのような災害にあっていないが、いつ同じような災難に遭遇するかもわからない人たちと地域は数えきれないくらいあるはずだ。被災する不幸に見舞われないうちに、事前に少しずつでも被災しにくく、被災してもしなやかに立ち直れる地域コミュニティにどのように変えていくべきなのか、この挑戦へのハードルはけっして低くない。しかし、三・一一後を生きる世代人である私たち一人ひとりは、広島の体験も含めてこれを「貴重な記憶遺産」とし、風化させずに、少しでも我が事のように思えたタイミングを事起こしの動力エネルギーとして戦略的に活かしていくべきであろう。いや、「べき」だけではなく、我が事として小さく始めるのであれば「できること」なのである。

時はいま、その事起こしを私たち一人ひとりにうながしている。二〇一一・三・一一東北と二〇一四・八・二〇広島のあいだにも、三・一一後を生きる世代人である私たちは矢継早に「異常災害」や「めったに起こるはずのない甚大災害」がこの国に、そしてこの地球に起こりえることを思い知らされてきた。このような大災害が実は我が国のそこかしこで起こりうること、つまりもはや他人事と高をくってはおられない、いつかは自分たちにも起こりうること（我が事）との思いを新たにした人たちが、いまほど多くいるときはないはずである。

実は三・一一後を生きる世代人が向き合わざるを得ないもう一つの重大な大問題がある。本書全体のなかで通奏低音のように警告してきたこと、特に第6章では一章ぶんをさいて指摘したことである。日本のそこかしこの地域（マチ）が大きく変調をきたして衰退しかかっているということである。地方対中央という単純な政治的図式での「地方」だけがその憂き目にあっているのではない。東京に代表される中央も含めた、すべての地域において当てはまる。特に小さな近隣生活エリアにおいては、大都市圏の真んなかであっても変調と衰退の症状は深刻なのである。根幹には本書が指摘する「**生活空間の空洞化**（**過疎化**）」（**とその裏腹の**「**上限なき量的成長＝豊かさの根源**」**神話**）がある。しかもたとえ量的な豊かさが増しても、生きがいが高まり、安心できて周りの人と共に生きているという生活実感は下がっている人が少なくないであろう。ましてや、量的な生活の豊かさも低下し、生きがいも感じられず、安心で生き生きとしたコミュニティが周りから消えてきていると実感する人たちがどんどん増えているのではなかろうか。つまり限られた人たちを除き、人々が実感する生活質はいずれにしても低下を続け、そのぶん地域（マチ）は生活空間として空洞化・

空疎化が進んでいると受け止める人たちが大多数になってくる。これが**「生活空間の空洞化」（とその裏腹の「上限なき量的成長＝豊かさの根源」神話）の本質なのである。**

皮肉なことに、二〇一一・三・一一の発生のタイミングは日本全体でも、大都市圏であっても人口が頭打ち状態から、むしろ低下する時代に入った時期と同期しているのである。つまり頭数だけを増やす指標としての人口を、「上限なき量的成長＝豊かさの根源」とする神話が成り立たなくなる時代の転換点が、二〇一一・三・一一の出来事のもう一つの姿でもあったということである。そうであれば、ここで発想転換できないかぎり、「生活空間の空洞化」は地方の集落のことだけではなく、東京も含めて大都会の真んなかでも進行し続けるのである。このような社会ストレスに日本列島全体が苛まれていて、結果として自然災害リスクや環境リスクの増大や社会的なセキュリティの大幅な低下が起こっているのである。**招かれざる客である大災害が突如発生するとそのことが突然露わになる。**災害が発生してから（事後）の地域復興は事前に取り組む場合とは比べてはるかに困難であり、様相も大きく異なる。しかし被災した人たちは必死に乗り越えて地域復興を遂げていくしかない。でなければ地域崩壊に瀕するのである。並大抵ではない東北の人たちの苦悩はそこにある。そんななかから自ら事起こしをしていく人が出てくるためには、しかるべき時間とともに外部からも他者の支援が不可欠であることはいうまでもない。三・一一後を生きる私たちはどのような形でかかわりをもち続ける（コミットし続ける）ことができるのであろうか？　率直にいって、被災地に近いところに居るのでないかぎり、コミットは容易ではないであろう。

筆者の提案はこうである。**三・一一後を生きる世代人であるということを自覚し続けることである。**三・

一一が私たちにもたらしたことを我が事としてとらえ続ける。決して三・一一を忘れない、そんなささやかなコミットでよいのではないか。その延長線に事前の地域復興事起こしを「我が事」として位置づけ、できることから始めることがもっとも実質的で前向きのコミットであるはずだ。そのことを次に述べよう。

6　招かれざる客を演ずる余計な世話役も必要な事前の地域復興事起こし

自然災害は大変に不幸なことだが、いったん発生すると人々は事態の深刻さに気づき、実感する。しかしそれとは知らず平穏なようすの陰に進んでいく生活空間の空洞化はある意味でもっと厄介でもある。たとえてみればこうだ。日陰にあってますます日陰を暗くする雲海が迫っている。まぎれて背後から嵐が忍び寄っている。足元を危うくする日の陰りと、そこに襲いかかる嵐。嵐の前の静けさとはこのようなことをいうのだろう。人々はその暗さを我が身に迫ることとしてとらえず、気づいたときは遅きに失することになりかねない。そのことを地域のなかにあって気づくことは非常に難しい。だから外側からの警鐘が必要なのだ。ではどうすればよいか？

気づかないうちに進行している、私たちの身近な生活空間における地域崩壊リスク（日陰）と災害リスク（嵐）との二重のリスクに早く気づくための、警鐘を鳴らす人といち早く聞きつけて地域の人たちをたたき起こす人との共同作業がぜひとも必要なのだ。適切な「機会や場所」がないと共同作業ができないことも忘れてはならない。このような二重のリスクへの息長い挑戦こそが三・一一世代人に課された「一人ひとりのゼロから起こす地域復興」ではなかろうか。

であれば今私たち一人ひとりは何をすべきなのか？　このままですませてはいけない、自分のこととしてまず自分が少しは変わらなければ、そう思った人も少なくはないであろう。小さくてよい、自らも変わる、まさにゼロからの事起こしを始めなければならないのだ。

7　減災も含めた持続的な地域（マチ）復興は多元的・多角的ガバナンスのまちづくり

三原色のまちづくり

以上述べてきた一人ひとりのゼロからの事起こしは、自分が変わり、周りが変わることで地域（マチ）が少しずつ変わっていくアプローチを地域復興のまちづくりの主軸に位置づけようとする斬新なものである。事起こしとしてみると主軸ではあるが、「まちとしての社会基盤を整える」伝統的なアプローチは行政主体の仕事であるとされてきた。都市計画に代表される地域（マチ）を住みよくする社会基盤整備計画の仕事は公的セクターの責務とされてきた。そこでこれを広い意味のまちづくりの第一のアプローチとよぶことにしよう。これに対して、一人ひとりのゼロからの事起こしは、後述するように住民主体の参加型でまちを変えていく「ボトムアップ方式の基本の基本」に相当する。はじめからボトムアップが簡単にできるわけがない。まずは参加のための最低限の土台、つまりボトムをつくるためのゼロからイチへのアップ（ゼロ・イチアップ）がその基本の基本なのである。そこでこのアプローチを第二の軸に立てて、第二のまちづくりのアプローチということにする。ところが**減災も含めた持続的な地域（マチ）復興のためのまちづくりはさらにもう一つの軸を必要とすることに留意したい**。大災害のリスクや生活質の過疎化の社会的なリスクと息長くつき合いながら、地域で生き続けるための取り組みを実現するためには、第一のアプローチだけでも、第二のアプローチだけでも不十分である。以下この点についてもう少し掘り下げて説明しておこう。

（1）第一のアプローチ——行政主体のオーソドックスなやり方を進化させた方式

二一世紀の我が国において地域・都市を住みよく、働きやすく、訪れやすく整えていくには、三つのアプローチが必要である。第一のアプローチは二〇世紀の近代化の過程で取られてきた、ある意味で一番オーソドックスなやり方である。行政が担う、いわゆる「都市計画」やハードの施設整備を主体とした社会基盤整備計画がそれである。対象域は必ずしも「都市」だけに限定されず、農山漁村のハードのインフラ整備にかかわる計画である。より厳密にいえば、狭い意味での計画段階だけではなく、設置された施設の維持・管理や土地・空間利用の規制や誘導などを含むマネジメント全体をさしている。これは法律に基づき、行政が司（つかさ＝セクター）別に職掌し、権限や専門知識技術、財政的裏づけをもってトップダウン的に行うものである。このアプローチは今後も地域・都市の大枠をハード面から整えていく第一の方法として重要であることは論を待たない。しかし二〇世紀とは異なり、我が国の地域・都市のハードの基盤は量的には一定の水準に到達し、より住みよく、働きやすく、訪れやすくすることの意味合いはより「質的な向上」を求めることに変わってきている。「質的な向上」には、個別の施設やセクターの整備から、より統合的な効果やネットワーク化によるサービスの質の向上などが含まれる。たとえば東日本大震災の教訓として、特段の災害リスクを総合的にマネジメントすることが、日本のどこの地域・都市を整えていく場合にも避けて通れない政策的課題となってきている。それは「災害に強い安全・安心なまちづくり」や「減災型まちづくり」とよばれたりするが、旧来的なトップダウンで、ハード中心でセクター別のやり方では目的の達成には大きな限界がある。セクターを超えた横断的なマネジメントは首長の強い政治的リーダーシップがあればある程度実現可能である。しかし行政の宿命としてそれには自ずから限界がある。なるほど近年「合意形成」を目指して住民や地元の企業を当事者として巻き込むことが、この第一のアプローチの限界を超える試みとしていろいろなところで行われてきている。このような方法を「まちづくり」とよぶことが一般化しつつあるが、それはあくまで行政が導入することを目指す事業の推進と実現を円滑化するために、〈利害が関係する住民〉を〈巻き込んだ〉「合意形成」の域をでない。その意味で「行政主導のまちづくり」は「まちづくりが究極的に目指すべき本質」をとらえきれていないことが多い。「災害に強い安全・安心なまちづくり」や「減災型まちづくり」を効果的に進めていくためには、〈利害が関係する住民〉や、行政が主導して〈巻き込んだ〉住民が対象となることとの限界を乗り越えなければならない。「減災型まちづくり」では、第一の行政主導型でハード主体のアプローチが最大限に活かされることを求めつつ、その限界を直視しなければならない。結果として「〈命が脅かされかねない究極の当人〉以外には誰にもカバーされない災害リスク」が残っているという「減災まちづくりのリスク観」がその当人に切実なリアリティをもって受け止められることが鍵となる。

そうしてはじめて主体的参加（参画）のもとにすべての当事者に共有されることが可能になるのである。そのためには第一のアプローチではどうしても乗り越えられない限界がある。まったく異なる次元・角度からのアプローチが求められるのである。

（2）第二のアプローチ——ひとりで始め（られ）る事起こし

第二のアプローチが必要なのは、実はそのような限界を乗り越えるうえで本質的に不可欠であると考えられるものである。しかしながら、その「必須で不可欠ならざるもの」が何であるかがこれまで的確に指摘されてこなかった。なるほど「参加型アプローチ」とか、「住民主体のまちづくり」がいまや不可欠であり、いろいろな地域でそれが実践されていることが報告されている。だがそれが第二のアプローチの本質を言い当ててはいない。**「参加型アプローチ」は、ともすると本来的に一人ひとりが当事者意識と能力をもち、主体的にそこにかかわり、かつ自分ができるところを実践するということが条件として担保されていない。**「住民主体のまちづくり」といっても、漠然と「住民」が集合的に想定されているが、住民も主体的であるためには、つまるところ一人ひとりの自発的運動が基本になければならない。そもそも参加はいかにして始まるのかも示されていない。そこで筆者が提唱する第二のアプローチは以下のように定義される。

①「ひとりで始め（られ）る事起こし」であること。そのためのテーマ（現状を変えていくためのビジョンや課題）を持っていること。

②実践にまで結びつくこと。

③　一回の実践で事足れりではなく、実践による経験をふまえて繰り返し学習してレベルアップすることを目指すこと。ボトムアップで積み上げながら、そこに関与していく人（当事者）の数やタイプを増やしていくこと。

④　「ひとりで始められる事起こし」は一人だけのために行うのではなく、少なくともそこに「ささやかな公益性」や「小さな公共空間」が意識されていることが不可欠である。

⑤　このような小さな事起こしは、「ひとりで始めるまちづくり」であるともいえる。

なおテーマや課題は自らが主体的に選択すること、ただしどんなに小さくてもよい。いや、むしろできるだけ小さな、一見ささやかなことでよい。「ささやかな公益性」や「小さな公共空間」を意識することは、陰に陽に身近な他者とのかかわりづくりを意図する（利他生）ことから生まれるともいえる。これは主体的に行うまちづくりのための究極の当事者づくりの事初めだともいえる。

たとえば自身で毎日読書をし、それを日記につけることを「ひとりで始める事起こし」と考えたとしよう。それが実践されているかどうかは自身で検証可能であるが、そこで留まっているのでは「ささやかな公益性」や「小さな公共空間」にはなかなか結びつかない。逆に、もしいずれ仲間を見つけて、二人だけの読書会にすることを意図しているとすればそこに関心の共有という「ささやかな公益性」や「小さな公共空間」が生まれ得るので「ひとりで始めるまちづくり」を目指していると解釈できる。もう一つの例として、自分の家とその周りのゴミ拾いを毎日続ける事起こしを考えてみよう。この場合は一人で始めた時点で、実在する「小さな物理的公共空間」＝自分の家とその周りに当人が直接関与することになる。よってこの段階ですでに「ひとりで始めるまちづくり」の重要な要件を満たしつつある。そしてその段階で自分の家とその周りとのかかわりが自身の意識のなかで変わってくる。その結果、自身にとってその「小さな公共空間」の意味や価値が変容する。つまりすでに当人にとって「主体的に関わるまちづくり」が始まっているのである。たとえその公共空間になんら物理的変化が起きなくてもである。

なおここで三・一一の震災の教訓として求められる「災害に強い安全・安心なまちづくり」や「減災型まちづくり」という観点から補足説明が必要である。そこに住む個々人が、「これは（小さくても）変えたいと思うテーマ」に自ら気がつき、自ら事を起こして自身が当事者能力を身につけて行く。それによって結果的に周りの人達がそこに加わってくる。結果としてささやかな公益が達成され、小さな公共空間が当人たちにとって改善されてくる。それだけであれば前述した第二のアプローチは必ずしも安全・安心や減災にことさら関係づけなくてよいはずである。たしかにそうである。しかし第一のアプローチの限界に関してすでに指摘したように、「〈命が脅かされかねない究極の当人〉以外には誰にもカバーされない災害リスク」が残っているという「減災まちづくりのリスク観」を主体的参加（参画）のもとにすべての当事者に共有することが求められる場合には話は別になる。〈命が脅かされるリスクに曝されている究極の当人〉が、そのことを自覚し、リスクと向き合って最低限、命を失わずに生き残ることが実践可能にならなければならない。そのためにまず自分自身ができることを「ひとりでもできる事起こし」として始めることが求められるのである。それが第二、第三の当事者が生まれてくることが期待される。最初にそのことに気づいて実行し始める人はこの意味でリーダーであり、そのようなリーダーは「災害に強い安全・安心なまちづくり」や「減災型まちづくり」を効果的に進められるための要となる人材（財）である。またそのようなリーダーを専門的に支援する人材（財）も不可欠である。

しかしながら東日本大震災のような格別の災害リスクが起こりうることを考えると、この第二のアプローチだけでも十分ではないと考えられる。

（3）第三のアプローチ――持続可能な共生圏づくりのアプローチ

既述したように、このアプローチは実のところまだ概念レベルにとどまっていて、開発はまだ進んでいないというべきであろう。地域・都市を整えていくことを目的としたときに、第三のアプローチが現状ではまったく欠けていることに気づいている専門家もほとんどいないのではないか。必要性は感じていても地域・都市を整えていくことと直接結びつけて新たなアプローチを開発することが必須であるとまで受け止めていない。そういう人も少なくないであろう。実在していないのでイメージしづらく、その重要性と本質的特性に懐疑的な人たちも多くいる。しかし筆者は二一世紀において地域・都市を住みよく、働きやすく、訪れやすく整えていくためには、この第三のアプローチが欠くべからざるものとなると考える。

第三のアプローチが満たすべき要件とは何か？　以下、筆者が考えるその要件を列挙する。

①　日常（事態）のモードとは異なる異常事態のモードへの局面展開を織り込んだ地域・都市の総合的なリスクマネジメント。

② 既成の地域・都市空間の枠や近隣地区コミュニティの生活圏をホームベースにしつつも、その外側にもうひとつ広い（空間スケールの）「共生のためのネットワーク」や「共生のための公共空間」を築く営み。

③ 時間スケールの点でも、世代を超えて地域・都市が生き残り、世代を超えて人が住み続けられる視野を持った超長期のタイムスパンのリスクに息長く、律動的につき合う営み。

④ 以上のことに倦《う》まず弛《たゆ》まず息長く取り組んでいくことが可能になるためには、日常性のモードのなかに埋め込んで習慣化する戦略がどうしても必要となる。日常性から緊急性への転換の能力を日常性のなかで養っていく（広義の日常性へ再転換する）発想と仕掛けが求められるのである。

東日本大震災のような格別に大きな震災リスクだけが問題なのではない。気候変動によるともされる異常気象や極端災害事象の発生が多発するにつれて、その被災体験と備えの取り組みの知恵と知識技術を「明日は我が身」のゆえに「お互いさま」との共生的な世界観が少しずつであるが着実に芽生えている。事実、近年の一連の大きな自然災害の後には、過去に被災体験した地域の人々が自発的にボランティアとして支援するために駆けつけるということが繰り返されているようである。過去の被災地の生き残り体験が、異なる地域で違った災害に遭った人々の生き残りの知恵として進化した形で相互学習がはかられる。それが順々に繰り返されることにより減災の知恵や共生のための知識技術を系統的に蓄積する新しいタイプの公共空間が生みだされることが期待される。なおこのような相互扶助の被災支援システムは、ある地域・都市の一地区集落と、別の地域・都市の一地区集落とが事前に協定を結んでおくことが有効であろう。姉妹都市ならぬ「**姉妹共生集落連携**」とでもよんでこう。それがいざというときにも実践可能になるためには、日常性と異常性を「通常的」に行き来する相互交流が有効であろう。普段から「広い意味での減災」や「自然災害に限らない安全・安心の向上」をテーマにした相互交流を行っておくことがその一例である。

実は「災害」を「災難」と読みかえてみると、二一世紀は自然災害だけではなく、格別の災難が日本のすみずみの地域・都市に迫っていることが想像できる。それは日本だけではなく、アジアや世界の各地にも程度の差や形の違いはあるものの当てはまることである。なかでも世界共通の現象として地球レベルの気候変動に加えて、経済や社会のグローバル化があげられる。高度情報通信技術がそれを促進している。これらの地球規模の経済社会と文化的変動は地域・都市に住まう人たちにとってプラスにもマイナスにも働くが、私たちが新たに直面する多様なリスクを生み出している。リーマンショックに代表されるような金融リスクやグローバル資本主義が依拠しているマーケットメカニズム等の制度的疲労が秘めている多様な経済・社会リスクはそれが発生したときには破局的な被害をもたらしうる。

食の安全と安心をいかに高めるかという観点も重要である。たとえば昨今日本のＴＰＰへの加盟の是非をめぐって論争が繰り広げられているが、たとえそれが国と国のレベルでの政治的駆け引きの結果、短期的に避けられたとしても、グローバルな利潤追求による効率性重視の方向へ向かう大きな経済的な流れはせき止めがたいであろう。しかしそこには、食の安全・安心の確保という観点からみて、途方もなく野放図なブラックボックスが存在することを意味する。それはトップダウンで一般消費者にあてがわれる。そうであれば、それに満足できない消費者が小さな事起こしを始めればよい。ただしその事起こしにはパートナーが欠かせない。顔が見えて食の安全と安心について信頼できる生産者が必要になる。食材の種類によっては距離が離れた別の地域・都市にいる生産者をみつけて、利用し、利用される関係が築かれれば望ましい。このように考えると、共生関係を築く相手の地域・都市は当該域の内部だけではなく、むしろ外部であることが普通であろう。しかもその外部は場合によっては近接したところではなく、距離的に離れた地域であることもありうる。つまり第三のアプローチは安全・安心や減災という観点からみて、当該地域の内部、共生しあう関係の外部の他地域（のキーパーソンとなる他者）、ブラックボックスの大きな外部という三層構造の存在を認めた総合的なリスクマネジメントを目指すことになる。

第三のアプローチの異質性と困難性は、誰（どんな主体）が主導してそのアプローチを進めるのかという点であろう。ひとつ有効と考えられる方法はこうである。たとえば自分の食べる食の安全と安心を確保するというテーマのもとに、まずはその必要性に気づいた人がパートナーを（自地域または他地域に）みつけるという事起こしを実践し始めることである。それは小さくささやかな始まりであってよい。つまりこの方法は基本的に第二のアプローチに依存するものである。ただし他地域にパートナーをみつけて見合いをするためには、紹介役や介添え役が必要であることが多い。ある種のネットワーカーである。場合によっては出会いをつくってからもそれを触発する役（触媒者＝カタリスト）をつとめる。そのような主体は、「内」または「外」にいる住民や企業人であったりするが、専門的な知識や経験をもってそのようなネットワーカーやカタリストとして貢献することが望まれる。そのような専門性をもった主体としてＮＰＯやＮＧＯの形成が今後より重要性を帯びてくるであろう。また社会実験的に特定の先進地域で成功事例づくりをはかる場合には、大学や中立的な研究機関等の主体の関与も有効になる可能性がある。ただし、この場合重要なのは、本アプローチが要件とする第三の事項、つまり③「時間スケールの点でも、世代を超えて地域・都市が生き残り、世代を超えて人が住み続けられる視野をもった超長期のタイムスパンのリスクにつき合う営み」を目指すという点である。このような観点からは、筆者らが長年にわたってかかわってきた鳥取県智頭町を実フィールドにした三十年単位の取り組みが一つの可能性としてあげられよう。つまり長い時間軸上での事起こしによる連続的・継続的な社会革新の実験プロセスの知識データバンクが有効と思われる。

このように考えてくると第三のアプローチは第二のアプローチと重なるところが少なくないようである。しかし要件とされる①「日常（事態）性のモードとは異なる緊急（事態）性のモードへの局面展開を織り込んだ地域・都市の総合的なリスクマネジメント」は、ふつうの人たちが一人で事起こしをすることだけでは限界があることは明らかである。ある種の専門的見地や実体験的知恵や知識を内部にもち込む主体の関与が不可欠となる。なお不幸にして大きな自然災害を体験したところは、はからずもまるごとの知恵と知識を獲得したわけで、それは大きな地域間共通資産となりえる。しかし、災害は常に形をかえて襲ってくる。起こりうる一つの可能性が現実化したことに基づく被災体験の過信は別のリスクをはらんでいる。そのようなリスクに気づき、より包括的な観点から方策を検討し、取り組むことが求められる。この意味でもある種の専門的見地や実体験的知恵や知識を内部にもち込む主体の関与は、どうしても必要なのである。

なお③の要件として、「時間スケールの点でも、世代を超えて地域・都市が生き残り、世代を超えて人が住み続けられる視野をもった超長期のタイムスパンのリスクにつき合う営み」を指摘しておいた。このような世代を超えた取り組みにはそれを担える現世代と次世代の人材（財）の育成が急務だと考えられる。

（4） 3つのアプローチは統合できるのか？

さてそれぞれのアプローチの必要性と意義は認められたとしても、はたしてその統合は可能なのか？　あるいは必要なのか？　この問いに対して筆者は、「必要である」、そして「可能にしなければならない」と答えておきたい。そのための現実的で着実な糸口を見出すためには、やはり「小さな地域」と「小さいがまるごとのテーマ」を扱う事起こしがその推進エネルギーを担うのがよい。その過程で適当なタイミングでパートナーとなりうる（他の小さな地域の）「キーパーソン」）も見出してネットワークを築いていく社会革新を続けていくのである。やはり外部の専門家の支援も不可欠である。大災害を経験した人たちを外部から招いて体験や学習事項を学び交流するということも効果的であろう。そこに第一のアプローチを本領とする行政も参加していく。そのためにもそれを支援する人財の育成が必要なのである。

このような三つのアプローチの導入と統合を目指すパースペクティブは、現実の試行のなかで次第に実体化していくに違いない。はっきりしていることは、パースペクティブを持ち合わせなければ、社会にその実体化は起こりえないということである。

8　三原色のまちづくり

これら三通りの「地域・都市を整えていく」アプローチを、筆者は「光の三原色のまちづくり」とよぶことを提唱している（図8-1）。第一のアプローチを赤色に（トップダウン的イメージを赤に託した）、第二を青色に（ひとりでできる事起こしの清冽さを青にたとえた）、第三を緑色に（持続可能な社会を信号の緑でイメージした）モデル化したものである。

さて光をまちづくりにたとえることが、どこまで政策論的意味をもち得るのかについては疑問が多く提示されるであろう。これから多様で独創的な解釈が生まれることも歓迎である。ともかく、これら三つのアプローチを直観的に掴み取るうえで、このような視覚的なアナロジーをもち出すことが（限界をふまえたうえで）有効だと筆者は考える。特に読者の皆さんの想像力を喚起できれば嬉しい。現時点で筆者は次のような意味を付することとして解釈可能ではないかと考えている。

「光がその担い手の主体に当てられる」ではなく、むしろ「光をその担い手が掲げて照射する」というふうに解釈してみよう。このようにみなすことで、光はアプローチに、それを掲げる人の主体性が明確になる。光を松明《たいまつ》にたとえれば、その人が主体的にその松明を掲げて進むべき範囲や対象、方向などを照射することと解釈できる。ところで第一のアプローチは、トップダウンを基調とする。いわば「行政的領分」を規定してその範囲を示して松明《たいまつ》で照らすことといえる。その照らし方は規定の範囲であり、個人的な大きな自由度

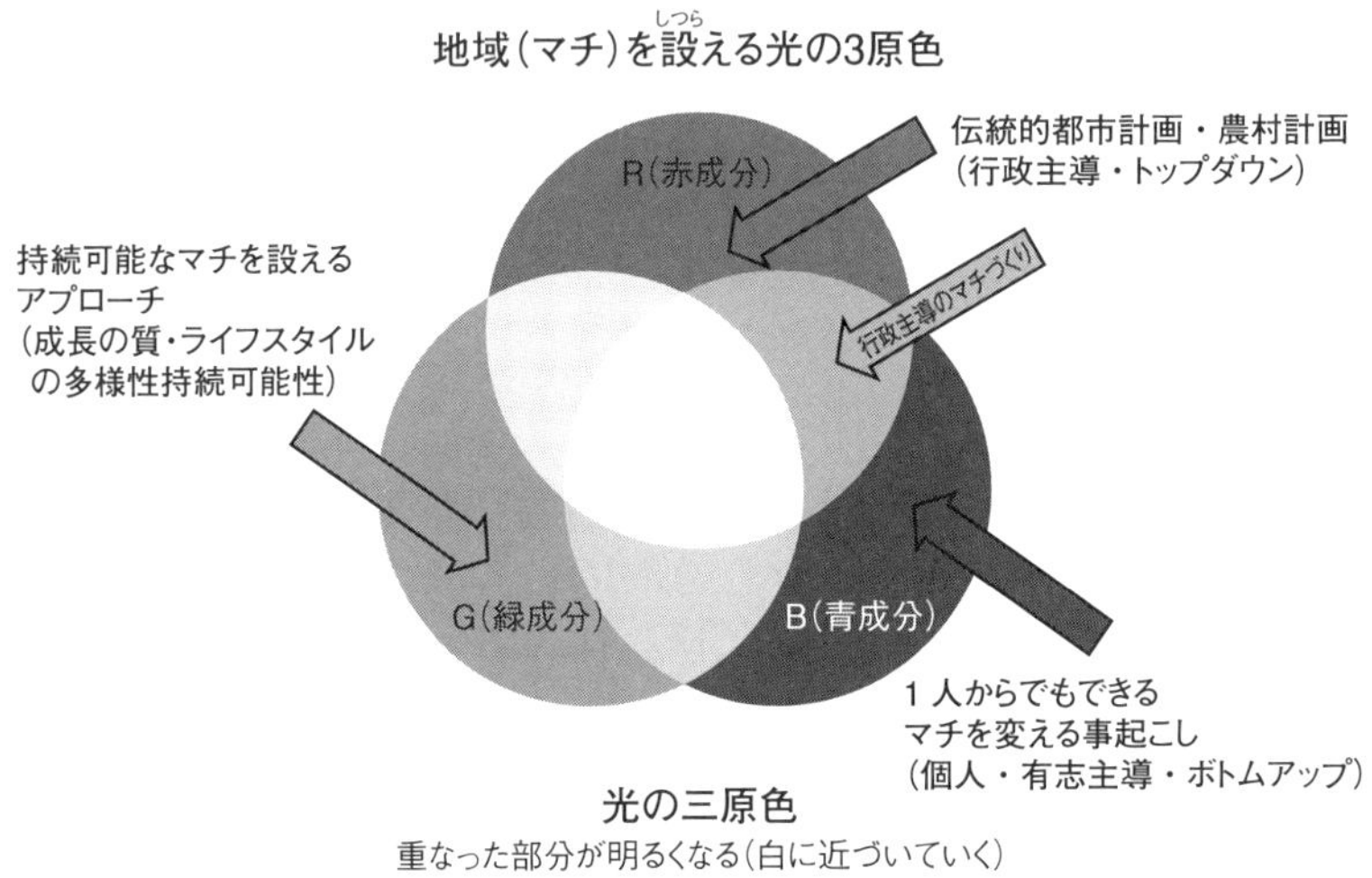

図8-1　光の三原色のまちづくり

は入らない（ことを建前とする）。この意味で、光の操作は基本的に「静的」である。ダイナミックではないのである。静かに淡々と枠取りをする静かな営みがまず基本にある。

ただしその枠のもとで、現実の個々の行政の担当者が許容される範囲で自由度と個性を発揮することが許されている。そこには個人的、局所的な小さなダイナミズムは存在している。これを繰り返すなかで進化した新しい行政的領分と仕事の仕方が生まれてくることが期待される。そのような反応を引き出す外力として次の二つのアプローチの存在が重要である。

第二のアプローチでは小さな事起こしの主体が主人公である。地域に住まう住民の一人であったり、地域に根ざす企業人であってもよい。当人は松明を自ら掲げてまずは自分の足元とその周辺を照らすことから始める。そのうえで「ここだ」という小さな突破口をみつけたら、そこを集中的に照射する。きわめて局所的な光エネルギーの照射でキリキリと開けていく。水に照射することにたとえればそこに小さな渦が起こる。そしてそれが次第に波紋を引き起こしていく。そのように光を照射する。局所的だが、非常に渦運動的ダイナミズムの運動が特徴である。本書の議論の大部分はこの第二のアプローチが、いま切実に求められていることを指摘するところにあった。

第三のアプローチはどうであろうか？　松明《たいまつ》を掲げる人は同じようにまず足元を照らして自らの位置と立場を確認する。例をあげてみよう。津波が迫っているときには、まず命を確保する行動をとる。そのうえでもしそこが孤立し続ける可能性が高い場所であることを察知できたとしよう。自分たちが孤立しているが生存していることを、他の地域の人たちに一刻も早く知らせなければならない。このたとえを敷衍すれば、高みに上がって遠い将来に地域に迫っている危機を予見できるような専門性や世界観をもったリーダーや外部者や外部者を体験した人がいるかいないかが大きく成否を分けることが容易に推察できよう。松明《たいまつ》が使えるのであれば、それを高く掲げて思いきり振り、相手のいそうな方向にむけて救援のシグナルを送る。そのようなダイナミックな光の操作がこのアプローチには求められる。

実はこの第三のアプローチは、日常性が急遽転換して非常事態に陥るという「地域・都市がおかれている局面（生活ステージ）の回転運動」にどのように対応するかというダイナミズムのマネジメントも要請するのである。あるいは日常的にたえずそのような回転力が作用しているが、日常性のモードを多少撹乱する程度でことなきを得ていることも少なくない。日常性に隠蔽された病理がリスクとして潜行し、気づかれないまま進行している。山間地域の過疎化のリスクは実はこのような進行性の潜行リスクの典型であろう。茹《ゆ》で蛙症候群と私がよぶのはこのようなリスクを指している。過疎化のリスクにつき合い、うまくあしらうためには、生活ステージに回転という「捻《ひね》り」を入れた第三のアプローチが切実に必要とされているのである。

第三のアプローチが依拠している世界観は、実は筆者が提唱している生命体システム（Vitae System）モデルで基本的に説明できる（図7-1「Vitae System Model（生命体システムモデル）」本書188頁参照）。一つの三角形は一人の主体を表す。この主体は三つの局面をマネジメントすることが求められる。その第一は正常モードを表す「活力状態」のマネジメントである。これは三角形の右下の頂点の「活」によって表されている。災害や災難が起こると非常モードである「致命的状態」を最優先するマネジメントに移らねばならない。これは三角形の右下の頂点の「命」で示されている。致命的状態の極限（生存の淵に置かれる状態）を脱するやいなや、生きながらえるための「活力状態」を同時に維持することが求められる。一人だけでこのようなリスクをマネジメントしきれないときには、他者（もう一つの三角形でモデル化される）との共存関係を最大限に活かすことが成否をわけることになる。三角形の中央上の頂点の「共」がこの「共存状態」が活性化していることを意味している。一人の主体を三角形で示しているのは、これら三つの「状態」がそれぞれ極限的レベル（精一杯のレベル）で動的にバランスが取れた緊張関係にあることを象徴している。

現場でたたきあげた良き実践者はこのような理屈をことさら教えられなくても、経験知や当人の生得の感知能力で心得ているはずである。ただそのような人であっても暗黙知としてやってのけているのか、意識し、より戦略的に検討したうえで効果的に行っているのかは大きな違いとなってくるであろう。第7章で議論したように、本書で示した実践システム論に資するためのいくつかの概念モデルや図式は、良き実践者にとってもそのような思考と実践の杖や眼鏡となりうるであろう。本章の3節では「地域復興の学校（コンソーシアム）」のような場づくりが今後の新しい地域（マチ）復興の糸口となりうるのではないかという筆者の私見を提示した。これについては今後活発な議論が展開されることを切に願うものである。仮にそのような見通しが一つの活路を見出すヒントになるとすれば、そのような場づくりにおける**地域の知的拠点としての大学の役割の重要性はいくら強調してもしすぎることはないであろう。**

あとがき

本書を脱稿する直前に現政権が「**地方創生**」という政治スローガンを打ちだした。「今こそ」という受けとめ方も、「今さら」という反応もあるであろう。事実、筆者のなかにもその両者の思いが交錯している。その理由を考えることから本書を上梓した筆者の意図を省察することにしたい。

「事起こし」というのは、自ら小さな変化（新しいこと）を起こすことであり、その意味で「**地域に創生が起こる**」ことを目指している。だからこの意味で「**地域創生**」と呼びかけるのであれば大賛成である。今こそそのときであり、我が意を得たりという思いである。ただし筆者が唱えているのは「地域創生」であって、必ずしも「地方創生」ではない。筆者がいう「地域」には首都圏や関西圏の大都市圏も含まれる。むしろその他の「地方」とよばれる、面積的にはむしろずっと大きな、日本列島・島嶼群の「その他のところ」が存在している。そこにも人が住んでいる。そこも含めて全部「地域」という。「中央」対「地方」ではなく、全部異なる「地域」とみなすのである。そもそも「中央」対「地方」という図式は一見わかりやすいが、どことなく階層関係が感じられる。それは意図的に避けたい。「地方」ということばを「地方」に住む人たちが使うときには、「中央」に対するある種のへつらいと反感が混在しているように筆者は感じている。むしろ中央から「地方創生」と呼びかけられたとき、違和感を感じることを原点にして「地域創生」が始まるのである。まずそのような誇りがベースになければならない。だから本書では「地域創生」は「地方創生」よりも広い理念であり、「地域」は日本列島・島嶼群をあまねく等しく照らす地理的・社会文化的空間概念として用いたい。

中央対地方という対立（対照？）モデル（ときには有用だが、「創生」とは相性の悪い概念図式）を乗り越えたところから出発しなければならないのではなかろうか。創生すべき地域はこうして相対化される。そして「中心」はその地域にあることになる。発想転換もそこから始まる。発想転換は、地域概念を思いきりスケールダウンして「身の回りの小さな地域」としてとらえることからも可能になる（なお「地域計画」〈regional planning〉という学問分野では、region の訳である「地域」は、やはり相対的な地理的・社会文化的空間であるが、より広い〈global area〉空間と、より狭い空間〈local area〉の中間の広さのスケールの空間を指している。本書では local area であるが、そこが中心となるという意味で「小さな地域」といっていると理解していただいてもよい）。

事実「小さな地域」に着眼するならば、中央の大都会にも「地域崩壊」が起こっていることをたちどころに知ることになる。夜間は人気がほとんどなくなり、その意味で地域に住んでいる人はどんどん少なくなる。子どもたちがいなくなって小中学校が廃校となる。結果として近隣コミュニティは実質的に存在しなくなっている。そんなことが都会の真んなかで起こっている事実はあちこちにみつけることができる。まるで「地方」が何十年にわたって苛まれてきた「過疎化」といわれる社会病理そのものではなかろうか？　そのように考えると本書が鳥取県智頭町のケースを中心にして説明してきた事起こしの事例は、そのまま当てはまる成功モデルとは言わなくとも、中央の大都会の小さな地域に対して、一条の光を探り出す参照すべき先進モデルとなり得るであろう。であれば、**中央対地方が階層関係を示唆するという意味合いも**、**「事起こしという地域創生」の前では陳腐なものに思えてくる**。むしろ逆転もあるのが自然なのである。「憐憫の対象としての地方、中央に嘆願する地方」の構図を抜け出して、**「学習の対象としての事起こし先端（先達《せんだつ》）地域、学習を請うべき側にいる事起こしの非先進地域」という構図を見て取る発想**に切りかえよう。そのような気概と誇りに満ちた地域創生への挑戦であってほしい。そしてそこには主体的に生き、可能なかぎり地域を自ら切り盛りする地域経営の導入が不可欠である。

さて、本書では複層的な地域崩壊からの「地域復興」という理念も提示した。事前に進行している「人々の支える力が萎えてきた社会病理（俗にいう「過疎化」）」に加えて、自然災害のリスクも進行している。そこを不意打ちのように襲う自然災害の発生。災害復興は見かけはそこから始まるが、実はずっと以前からの地域崩壊が数段も悪化した社会病理とダブルパンチ、トリプルパンチで打ちのめされた複合災害から人々は立ち上がることを強いられる。それが三・一一の東日本大震災に象徴的に現れた自然災害からの地域復興の本質であり、困難さではないだろうか？ 本書ではこのことも問い続けてきた。そうすると「復興とは何か？」、「どうなれば復興したことになるのか？」という問いにも答えなくてはならなくなる。筆者がそこで指摘したもう一つの発想転換のポイントは、「復興」とは究極的には人々の「実感」に依存し、そのためには共有する「ビジョン」がまずなければならないということである。さらにそこへ向けてたどる経路が見えて、それがたどる漸進的な方向感覚が人々に共感されなければならないということでもある。そうでなければ「復興」は逃げ水のように逃げていく。よくあるのが、人口の回復という復興目標の罠である。もともと潜在的にも低下し続けていた人口は、大災害があればより深刻な状況を呈する。人口を災害直前にまで回復させることが目標になったりするが、大構造転換でもしないかぎり実現は初めから無理に決まっている。そもそもビジョンが共有されていない復興は実感として存在しえないのである。

ところがビジョンの共有は地域のなかで一朝一夕にできるものではない。地道な参加・参画型のイメージあわせの積み上げが欠かせない。できれば災害が起こる前から、複層的に起こっている「地域崩壊」に立ち向かうための手立てを講じておくのがよい。小さな事起こしはそれを少しずつ、しかし確実にやってのける妙策である。そのことを本書で説いたつもりである。このように考えると、小さな地域復興とは小さな事起こしの積み上げであり、結局は「**地域に創生が起こる**」ことにもつながる。であれば、今こそ「地域創生のとき」である。そのことは間違いないのである。

日本の地域の多くは、長い長い歴史をまとって築かれ、今に息づいている。言いかえると「まっさらの地域」はそれほど多くない（つくば学園都市、けいはんな学園都市のようにほとんど林野丘陵地に開拓されたところもあるが、そこも何十年も経つと「まっさらの地域」ではなくなる）。まさか「地域創生」がこのような「まっさらの地域を創る」あるいは「地域をまっさらに創る」ということを意味しないであろう。長い歴史にまとわれるといろいろな社会規範が良くも悪くも制約となってくる。そしてそこにいつのまにか「事なかれ主義」が横行するようになる（事なかれ主義というよりは、「事なかれ病」といったほうがよいのかもしれない）。もちろん守るべき良き伝統もあるし、「守るという決断をして守る」というのは大切なことである。実はそれと、「何もしないでいることが守ること」、あるいは「誰かが守ってくれることで守れる」と、やりすごしてるのとは根本的に異なるのである。前者は現状を座視せず「事を起こす」ことにつながる。後者は「事なかれ病」にとりつかれているケースである。三・一一後世代に生きる私たち一人ひとりは、誰もが何らかの「事なかれ病」にかかっていることを自覚しよう。社会が事なかれ病に病んでいることをただ咎めるだけではなく、むしろ「自身の体内の事なかれ病の虫」を退治することから始めようではないか。「仕方がない」という言葉ですましてはいないだろうか？　本当に仕方がないのであろうか？　胸に手を当ててよく考えてみよう。

「仕方がないのか？」それとも「仕方がわからないのか？」

きっと読者の多くはむしろ「仕方がわからない」というのが本音であることに気づくであろう。少なくともそのような気づきがもてる人には希望がもてる。では「その仕方を学んでみよう」と発想転換してほしい。四面会議システムはそれをやってのける一つの有効なコミュニケーションツールとなる。筆者は事起こしの「仕方がわからない」方が本書を手にとって「ひとりから始める事起こし」を知り、学び、今から実践する機会としてほしいと願っている。

鳥取県智頭町が試みてきた住民主体の小さなマチの地域復興の事例は、明確な信念と哲学と実践システム論に裏づけられているところに特徴がある。何よりもまず「住民自治」、「地域経営」、そして「交流」である。交流は開かれたコミュニティづくりを主旨としている。これらはある種の地域復興のガバナンスの設計理念でもあるが、同時に小さな事起こしを手を変え、品を変えて実践し続けるところから「社会的に成立する解（成《な》る解）」を見出していくべきであるという考え方に基づいている。これを社会実験というのであれば、そのような試行錯誤の適応的なガバナンスモデルづくりを推奨しているともいえる。

本書ではこのほか、事起こしというアプローチを導入することによって、「まちづくり」や「社会基盤整備」のパースペクティブを広げ、豊かにするための提案をすることも意図した。「三原色のまちづくり」という見方は、三・一一後世代人、とりわけ我が国のこれからの「安全で、安心でき、活力ある持続的なまちづくり」を実際の現場、教育・研究の現場、そして両方の現場が交わるそれぞれの場面で、必ずや役に立つヒントとなり得ると信じている。

最後に、本書を上梓するにあたり多数の方に謝意を表したい。まず畏友、寺谷篤氏と平塚伸治氏である。鳥取県智頭町の事起こしの体験と、四面会議システムとの出会いは、特に寺谷氏との出会いがなければありえなかったものである。また智頭町をはじめいろいろな地域フィールドでご協力を得た数多くの人たちがいることを付言しておくべきであろう。中でも片田敏孝先生（群馬大学教授）と岡田文淑氏（元内子町職員）

には、私の見立てとしての事起こし人のモデルとして登場していただいた。そのために直接お話を聴く時間をとっていただいた。ご協力に感謝いたします。

研究者の道を歩んだ筆者が本書のテーマのルーツに導かれることにいたったのは、恩師である吉川和広先生（京都大学名誉教授）なしにはありえなかった。それは今から四十年以上前であった。社会基盤整備の計画・管理の問題を土木計画学として取り上げ、特にシステム科学という視点から分野横断的にとらえていく見方と方法を先生から教わった。計画の真骨頂は「総合」であると教わったことは筆者にとって永遠のテーマであるが、本書はそのことを意識した「道なかばのレポート」でもある。思いきり小さく逃げ場をなくした現場で実践を志向する公共的な営みとして事起こしというアプローチを提案した。総合に迫る一つの課題設定として、「小さくとも実践こそ総合のエキスである」と思い定めて本書をまとめたつもりである。ただ計画論としてはたいへん異境（フロンティア?）を扱い未完成のものになっているであろう。今後の修行で少しずつ前進していきたい。

智頭のフィールドを長年にわたって共有してきた杉万俊夫先生（現京都大学副学長）にもいろいろと啓発を受けてきた。「変わる社会システム」か、「変えていく社会システム」かの近さと遠さを筆者なりに考究することにつながった。

野田英明先生（元鳥取大学工学部長）には四十年近い昔から多くの学恩を得て今日にいたっている。自然力を探求する先生の人間力から学ぶことは大きかった。

四面会議システムの計画論的位置づけや改善の方法については、多々納裕一先生（京都大学防災研究所教授）から啓発を受けたところは少なくない。横松宗太先生（京都大学防災研究所准教授）や柿本竜治先生（熊本大学自然科学研究所教授）からも多くの示唆を得た。羅貞一先生（鳥取大学工学研究科助教）は四面会議システムを智頭町やインドネシアのメラピ火山地域などで導入する研究に従事してきたが、その成果から筆者が学んだところも少なくない。長年にわたる萩原良巳先生（京都大学名誉教授）との熱い研究討議からも多くの啓発を得ていまにいたっている。システム論を探求するという関心を共有しながら、異なったアプローチを取り合ってきた。このほか多くの研究者・実務者からご支援やアドバイスを得たことを明記しておきたい。

関西学院大学総合政策学部では都市政策演習等の講義で本書のテーマである四面会議システムを用いた事起こしを学生諸君に学んでもらう機会を与えてもらっている。本学部の教員各位からいろいろなアドバイスをいただいた。同大学・災害復興制度研究所では「地域復興の事起こし」を研究会のテーマにして研究討論する活動も始まっている。研究会のメンバーである山中茂樹教授、松田曜子准教授、山泰幸教授らとの研究討議からもいろいろと学ぶことがあった。また関西学院大学からは本書を発刊するにあたって大学叢書の出版助成を得た。ここに記して感謝の意を表したい。関西学院大学出版会の田中直哉氏、松下道子氏にも出版にあたってたいへんお世話になった。

本書は多様な読者を対象としている。事起こしやまちづくり、都市計画、防災、環境などに関心のある実務家と教育・研究者の両者にまず使っていただきたい。大学でこのような専門領域のことを学んでいる現役の学生の人たちにも教科書や補助テキストとして活用できるようにしたつもりである。またこれまで事起こしやまちづくりなどに無関係であった人であっても、何とか世のなかに役に立ちたいと思っておられる方はすべて事起こし実践の候補者である。特に定年を迎えたシニア世代の方々（実は筆者も同じ年齢層に属している）は本書を活用して、新しい生き方の糸口をつかんでいただければ幸いである。末尾になるが読者の皆様も含めていろいろな方に本書を読んでいただき、忌憚のないご批判やご意見を賜れば幸いである。

付録　四面会議システム（ＹＳＭ）の適用事例抄録

鳥取県智頭町で発達した
四面会議システム(YSM)の歴史の概要 (1991-2009まで)

特徴

役割分担と立場転換のディベートから包括的で相互連携的な対策案づくりが可能になる方法である。

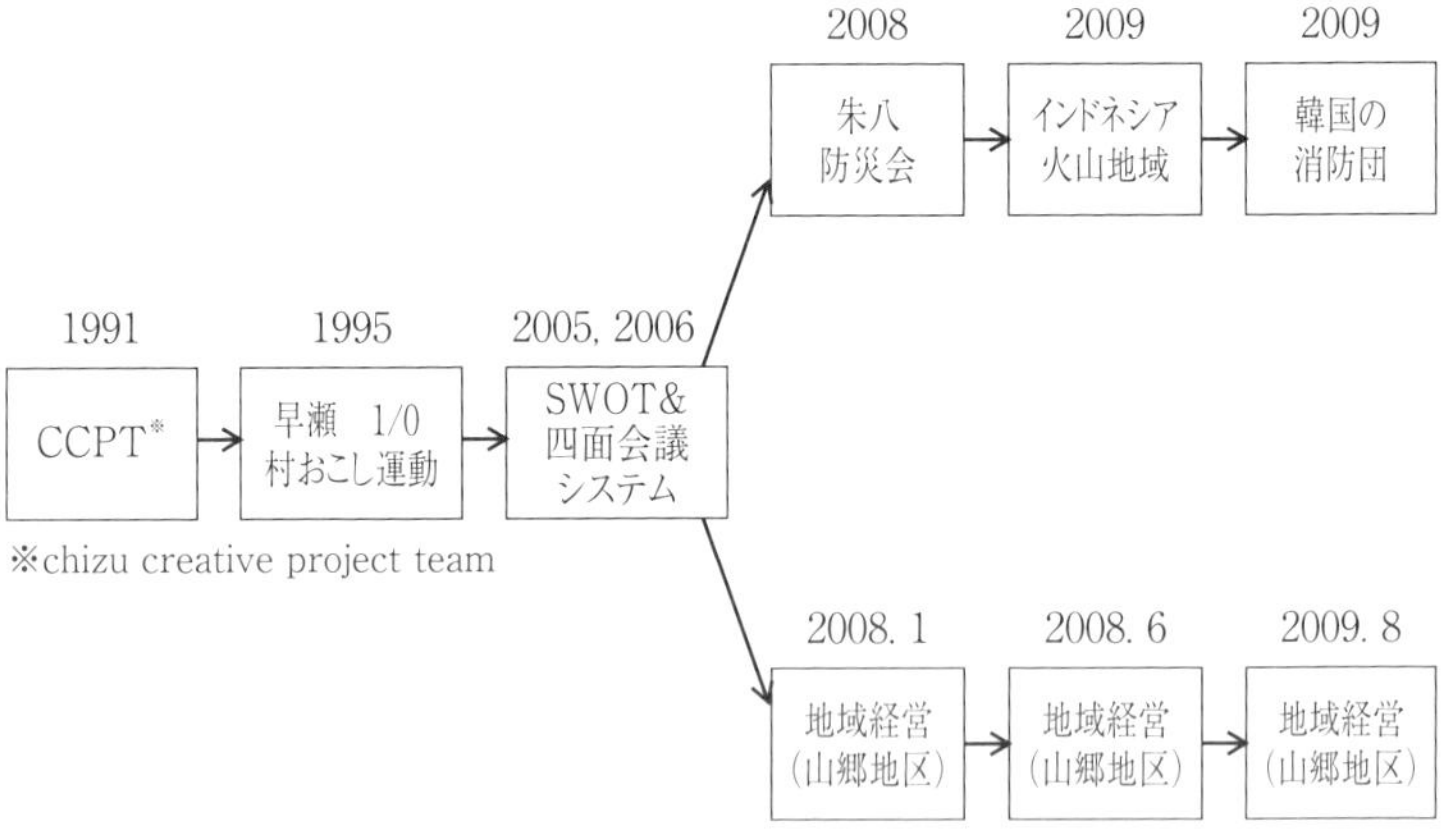

1991 年鳥取県智頭町早瀬集落の寺谷篤氏が地域発展のため計画実行のワークショップ方法として考案し、岡田憲夫によって理論モデル化された。2005 年からは現状の内部要素と外部環境を理解・分析するSWOT分析が加えられ「SWOT&四面会議システム」になっている。

日本1/0 村おこし運動の計画・実践へのYSMの適用
（鳥取県智頭町早瀬集落、1997-2006）

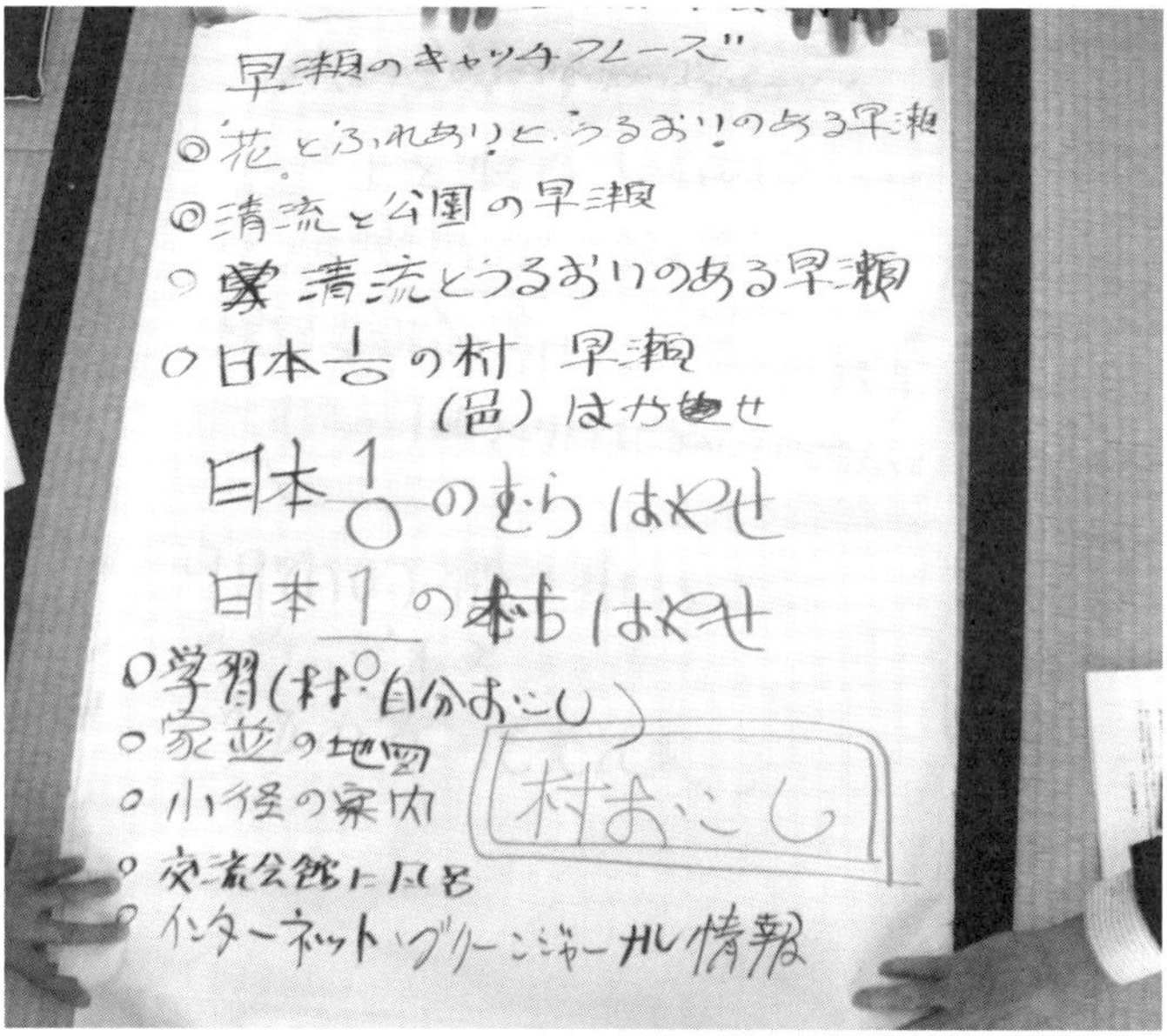

京都市中京区朱八自主防災活動の概要（2008.1.26）

1. 概要

朱雀第八学区（京都市中京区で一番大きい学区）

面積 1.055k ㎡／人口 10,939 人（平成 17 年 2 月、中京区から）

2. 朱八学区

54 地区にわかれている。

3. 自主防災会

主要メンバー 17 人（30 ～ 70 代、月に 2 回集まる）と 54 地区の支部長から構成されている。

支部長会議は月に 1 回。支部長の多くは毎年変わる（防災意識が低い）。

4. 自主防災会の主な活動内容

▶消火器の詰め替え（年 1 回 / 地区）

▶防災倉庫の備品確認と整理

▶避難訓練（年 1 回、11 月）

▶フリップ防災

▶その他

5. 課題

支部長の教育のための「フリップ防災」は外部的に高い評価を得ている。

しかし、内部参加は低い（33％）。

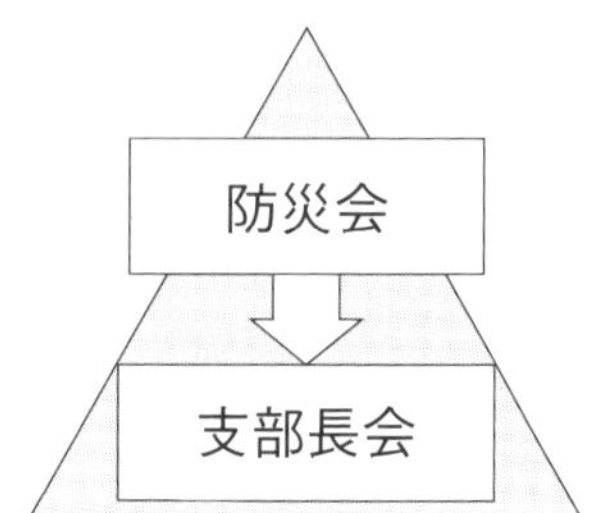

京都市中京区朱八自主防災のYSMを使った活動の活性化実践計画づくり（win-winディベート）

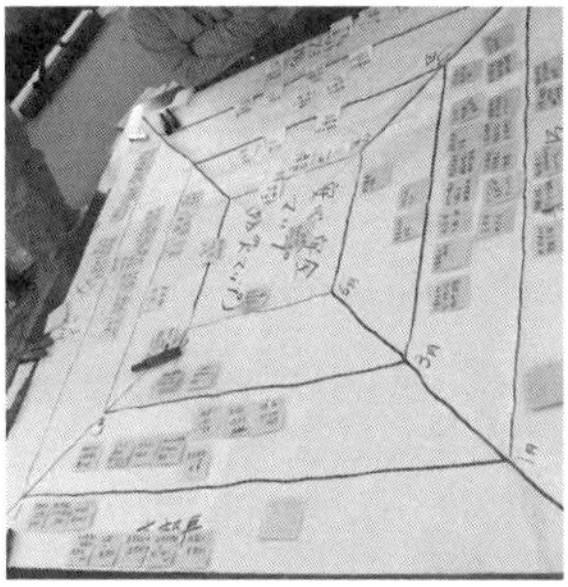

ディベート

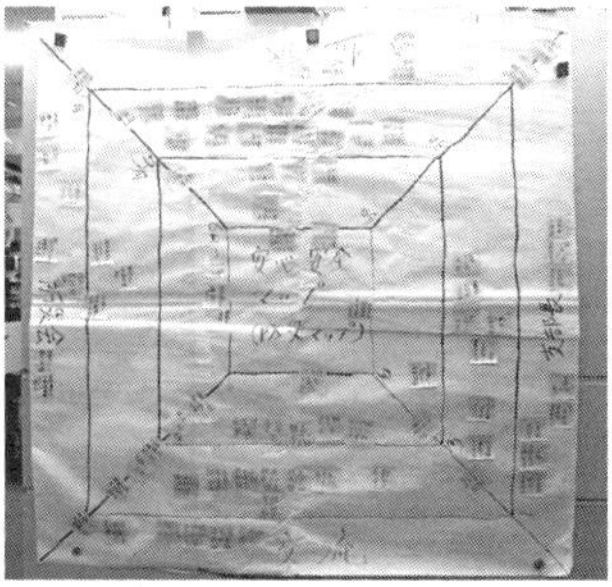

	構成	予想	実際の実施時間	特異事項
1	説明&分類	20分	21分(13:24〜)	四面会議システムの理解
2	アンケート結果&SWOT分析	15分	20分(13:45〜)	結果から意見交換・感想
		45分	90分(14:05〜)	対策案と四面の構成
3	四面会議図の作成	45分	22分(15:35〜)	役割の定義と範囲の難しさ
4	ディベート	40分	40分(15:57〜)	補完策の追加
5	発表&整理	20分	13分(16:37〜16:50)	協力の必要性を認識
6	アンケート	10分	10分(18:00〜)	新年会の場所で個人別実施
総時間		195分	216分(3時間36分)	

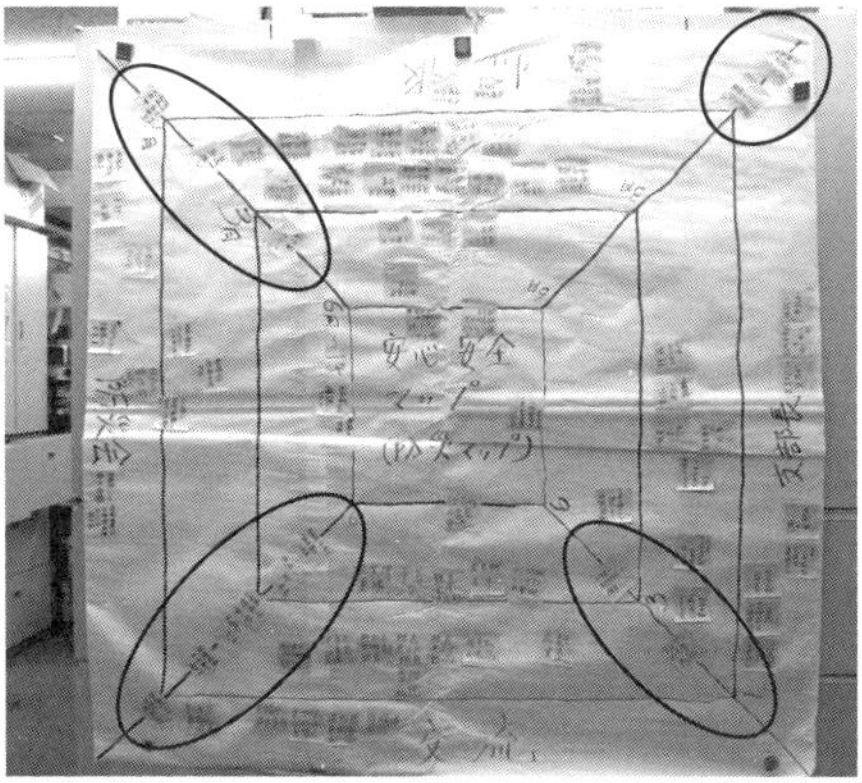

◀楕円で囲まれた部分は、win-win debate をして 対角線（協力線）上に移動・付加された 行動計画項目。

韓国・ガリサン里YSMの様子 (2002.1.4～5)

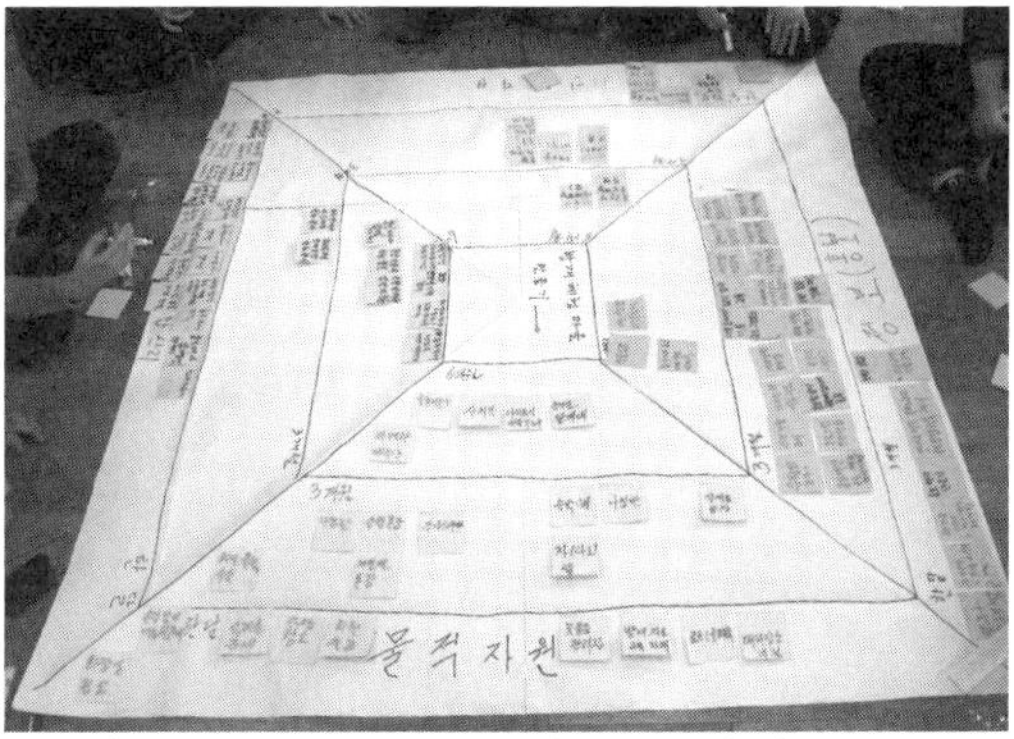

▲SWOT 分析　　　　▲各グループによる四面会議図の作成

win-win debating
グループ発表とそれに対する質疑など▼▶

減災地域コミュニティづくり
（韓国ガザリン里、2002.1.4～5）

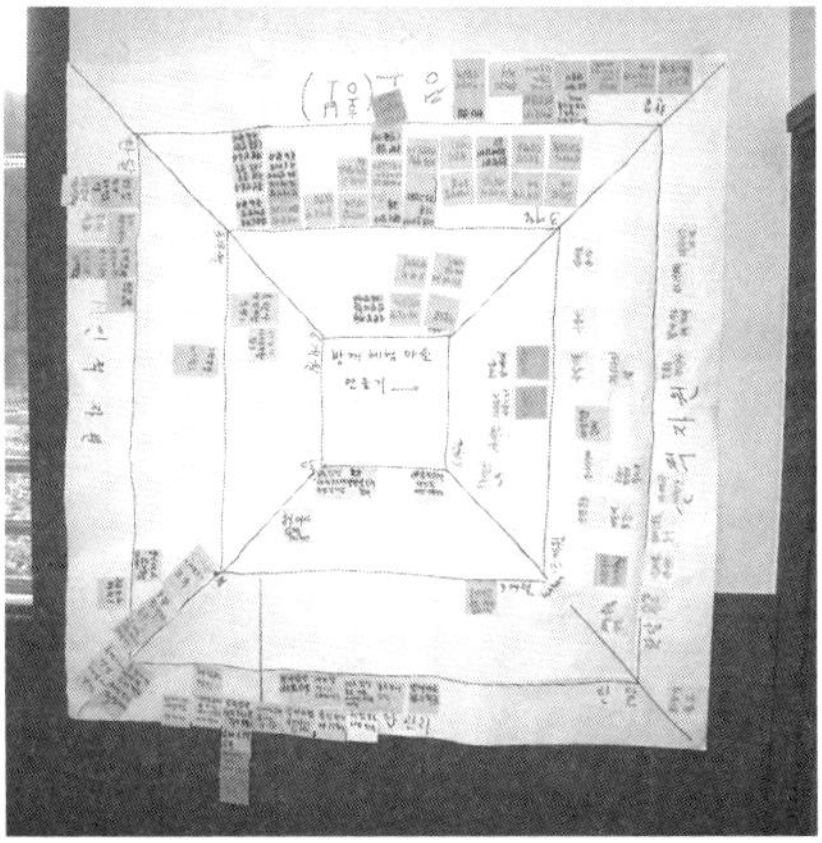

▲韓国・ガリサン里で完成したYSM図

win-win debating を通じて
1．個別の行動計画案の補完
2．役割の分担など
3．各グループの協働が起きる

1．活動のための組織づくり
2．広報，情報の発信
3．教育・プログラムの開発
4．物の整備など

	1カ月	3カ月	6カ月
M（管理）	18	1	5
I（情報）	8	22	5
S（人的）	9	6	2
H（物的）	9	10	6

ネパール・山岳集落の中学校における YSMを用いた地震に強い学校づくりワークショップ

▲説明に真剣に耳を傾ける住民と生徒たち

▲カーペットふうにつくられたYSM図

インドネシア・メラピ火山山麓集落の火山災害に備えるコミュニティづくりへのYSMファシリテーターの育成

派遣された講師により３カ月間にわたって行った。

▲2009 年 4 月

▲2009 年 5 月

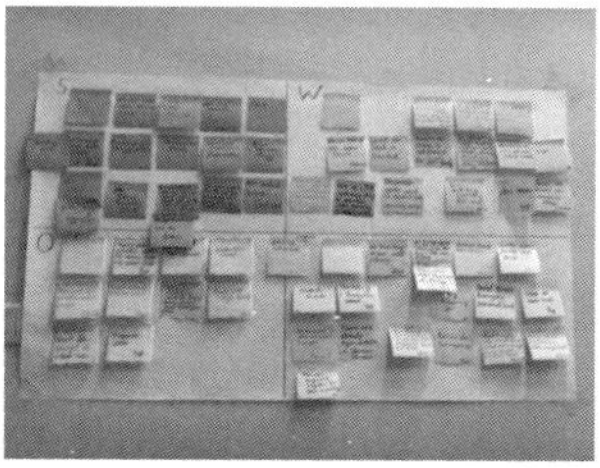

▲2009 年 6 月

メラピ火山山麓集落における YSM図に基づいた行動実践（2010年夏）

Kemiren

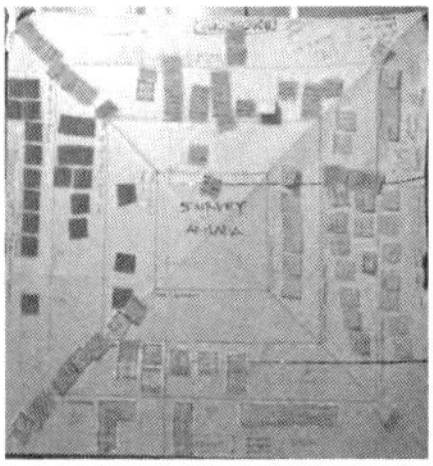

Sand Mining Truck Survey

Sindumarutani

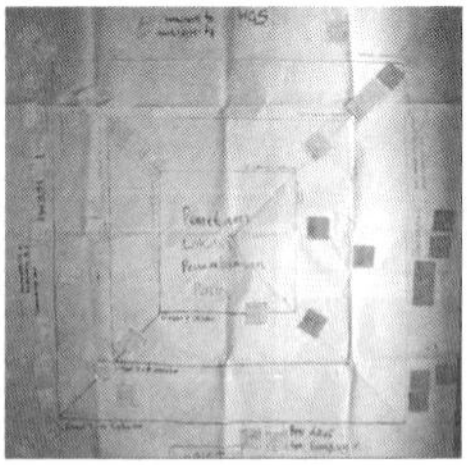

Mapping of the Potential Location for Reclamation

Kepuharjo

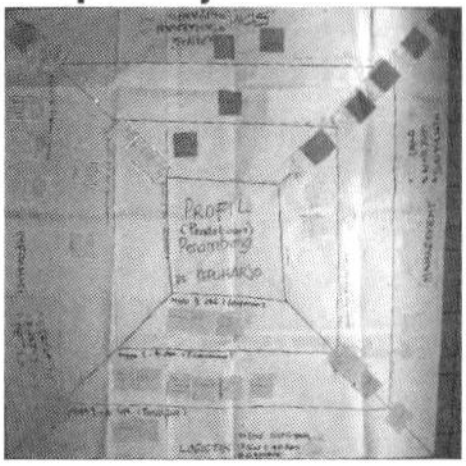

Profile of Sand Mining Activity

著者略歴

岡田憲夫（おかだ・のりお）

1947年生。京都大学大学院工学研究科修士課程修了。
京都大学助手、鳥取大学助教授、同教授、1991年より京都大学防災研究所教授、2009年から2011年まで同研究所長、2012年熊本大学教授兼、減災社会システム実践研究教育センター長を経て
2013年より関西学院大学教授、同災害復興制度研究所長。
京都大学工学博士。

専門：災害リスクマネジメント、総合防災学、土木計画学、減災まちづくり論

関西学院大学研究叢書　第170編

ひとりから始める事起こしのすすめ
　地域（マチ）復興のためのゼロからの挑戦と実践システム理論
　鳥取県智頭町30年の地域経営モデル

2015年3月11日 初版第一刷発行

著　者　岡田憲夫

発行者　田中きく代
発行所　関西学院大学出版会
所在地　〒662-0891
　　　　兵庫県西宮市上ケ原一番町1-155
電　話　0798-53-7002

印　刷　株式会社クイックス

©2015 Norio Okada
Printed in Japan by Kwansei Gakuin University Press
ISBN 978-4-86283-187-3
乱丁・落丁本はお取り替えいたします。
本書の全部または一部を無断で複写・複製することを禁じます。

理 コトワリ

KOTOWARI
No.75
2025

五〇〇点刊行記念

関西学院大学出版会の総刊行数が五〇〇点となりました。
草創期とこれまでの歩みを歴代理事長が綴ります。

関西学院大学出版会
KWANSEI GAKUIN UNIVERSITY PRESS

未来の教育を語ろう

關谷《せきや》　武司《たけし》
関西学院大学教授

著者は現在六四歳になります。思えば、自身が大学に入学した頃に、パーソナル・コンピューター（ＰＣ）というものが世に現れ、最初はソフトウェアもほとんどなく、研究室にあるただの箱のような扱いでした。それが、毎年毎年数倍の革新的な能力アップを遂げ、あっという間に、ＰＣなくしては、研究だけでなく、あらゆるオフィス業務が考えられない状況が出現しました。その後のインターネットの充実は、さらに便利な社会をもたらし、近年はクラウドやバーチャルという空間まで生み出しました。そして、数年前から、ついに人工知能（ＡＩ）の実用化が始まり、人間の能力を超える存在にならんとしつつあります。ここまでの激的な変化が、わずか人間一代の時間軸の中で起こってきたわけです。

もはや、それまでの仕事の進め方は完全に時代遅れとなり、昨年まであった業務ポストがなくなり、人間の役割が問い直されるまでに至りました。この影響は、すでに学びの場、学校や大学にも及んでいます。

これまで生徒に対してスマホートフォンの使用を制限していた中学や高等学校では、タブレットが導入され、ＡＩを使う生徒の姿に教師が戸惑う光景が見られるようになりました。教室で、ＡＩなどの先進科学技術を利用しながら、子どもたちに、何を、どのように学ばせるべきなのか。これは避けて通れない目の前のことで、教育者はいま、その解を求められています。しかし、学校現場は日々の業務に忙殺されており、立ち止まって現状を見直し、高い視点に立って将来を見据えて考える、そんな時間的余裕などはとてもありません。ただただ、「これでいいわけはない」「今後に向けてどのような教育があるべきか」

など、焦燥感だけが募る毎日。

この書籍は、そのような状況にたまりかねた著者が、仲間うちの教育関係者に訴えかけて円卓会議を開いた、そのときに話された内容を記録したものです。まずは、僭越ながら著者が基調講演をおこない、続いて小学校から高等学校までの現場の先生方、そして教育委員会の指導主事の先生方にグループ討議をしていただきました。それぞれの教育現場における課題や懸念、今後やるべき取り組みやアイデアの提示を自由に話し合い、互いに共有しました。そして、それを受けて、大学の異なるご専門の先生方から、大学としていかなる変革が必要となるか、コメントを頂戴しました。実に有益なご示唆をいただくことができました。

では、私たちはどのような一歩を歩み出すべきなのでしょうか。社会の変化は非常に早い。

そこで、小学校から高等学校までの学校教育に多大な影響を及ぼしている大学教育に着目しました。それはまた、輩出する卒業生を通して社会に対しても大きな影響を及ぼす存在です。

一九七〇年にＯＥＣＤの教育調査団から、まるでレジャーランドの如くという評価を受けてから半世紀以上が経ちました。もはや、このまま変わらずにはいられない大学教育に関して、大胆かつ具体的に、これからの日本に求められる理想としての大学の姿を提示してみました。遠いぼんやりした次世紀の大学ではなく、シンギュラリティが到来しているかもしれない、二〇五〇年を具体的にイメージしたとき、どういう教育理念で、どのようなカリキュラムを、どのような教授法で実施するのか。いま現在の制約をすべて取り払い、自らが主体的に動ける人材を生み出すために、妥協を廃して考えた具体的なアイデアを提示する。この奇抜な挑戦をやってみました。

このような大学がもし本当に出現したなら、社会にどのようなインパクトを及ぼすでしょうか。消滅しつつある、けれど本来は資源豊かな地方に設立されたら、どれほどの効果を生み出すでしょうか。その影響が共鳴しだせば、日本全体の教育を変えていくことにもつながるのではないでしょうか。

そんな希望を乗せて、この書籍を世に出させていただきました。批判も含め、大いに議論が弾む、その礎となることを願っています。

\500/
点目の新刊

未来の教育を語ろう

關谷　武司［編著］

Ａ５判／一九四頁
二五三〇円（税込）

超テクノロジー時代の到来を目前にして現在の日本の教育システムをいかに改革するべきか「教育者」たちからの提言。

関西学院大学出版会の誕生と私

荻野《おぎの》　昌弘《まさひろ》
関西学院理事長

一九九五年は、阪神・淡路大震災が起こった年である。関西学院大学も、教職員・学生の犠牲者が出て、授業も一時中断した。この年の秋、大学生協書籍部の谷川恭生さん、岡見精夫さんと神戸三田キャンパスを見学しに行った。新しいキャンパスに総合政策学部が創設されたのは、震災が起こった一九九五年の四月のことである。震災という不幸にもかかわらず、神戸三田キャンパスの新入生は、活き活きとしているように見えた。

その後、三田市ということで、三田屋でステーキを食べた。その時に、私が、そろそろ、単著を出版したいと話して、具体的な出版社名も挙げたところ、谷川さんがそれよりもいい出版社があると切り出した。それは、関西学院大学生活協同組合出版会のことで、たしかに蔵内数太著作集全五巻を出版している。生協の出版会を基に、本格的な大学出版会を作っていけばいいという話だった。

震災は数多くの建築物を倒壊させた。それは、不幸なできごとであったが、そこから新たな再建、復興計画が生まれる。何か新しいものを生み出したいという気運が生まれてくる。私は、谷川さんの新たな出版会創設計画に大きな魅力を感じ、積極的にそれを推進したいという気持ちになった。

そこで、まず、出版会設立に賛同する教員を各学部から集め、設立準備有志の会を作った。岡本仁宏（法）、田和正孝（文）、田村和彦（経＝当時）、広瀬憲三（商）、浅野考平（理＝当時）の各先生が参加し、委員会がまず設立された。また、経済学部の山本栄一先生から、おりに触れ、アドバイスをもらうことになった。

出版会を設立するうえで決めなければならないのは、まずその法人格をどのようにするかだが、これは、財団法人を目指す任意団体にすることにした。そして、何よりの懸案事項は、出版資金をどのように調達するかという点だった。あるときに、たしか当時、学院常任理事だった、私と同じ社会学部の髙坂健次先生から山口恭平常務に会いにいけばいいと言われ、単身、常務の執務室に伺った。山口常務に出版会設立計画をお話し、資金を融通してもらいたい旨お願いした。山口さんは、社会学部の事務長を経験されており、そのときが一番楽しかったという話をされ、その後に、一言「出版会設立の件、承りました」と言われた。事実上、出版会の設立が決まった瞬間だった。

その後、書籍の取次会社と交渉するため、何度か東京に足を運んだ。そのとき、谷川さんと共に同行していたのが、今日まで、出版会の運営を担ってきた田中直哉さんである。東京出張の折には、よく酒を飲む機会があったが、取次会社の紹介で、高齢の女性が、一人で自宅の応接間で営むカラオケバーで、バラのリキュールを飲んだのが、印象に残っている。

取次会社との契約を無事済ませ、社会学部教授の宮原浩二郎編集長の下、編集委員会が発足し、震災から三年後の一九九八年に、最初の出版物が刊行された。

ところで、当初の私の単著を出版したいという目的はどうなったのか。出版会設立準備の傍ら、執筆にも勤しみ、第一回の刊行物の一冊に『資本主義と他者』を含めることがかなった。新たな出版会で刊行したにもかかわらず、書評紙にも取り上げられ、また、読売新聞が、出版記念シンポジウムに関する記事を書いてくれた。当時大学院生で、その後研究者になった方々から私の本を読んだという話を聞くことがあるので、それなりの反響を得ることができたのではないか。書店で『資本主義と他者』を手にとり、読了後すぐに連絡をくれたのが、当時大阪大学大学院の院生だった、山泰幸人間福祉学部長である。また、いち早く、論文に引用してくれたのが、今井信雄社会学部教授（当時、神戸大学の院生）で、今井論文は後に、日本社会学会奨励賞を受賞する。出版会の立ち上げが、新たなつながりを生み出していることは、私にとって大きな喜びであり、出版会が、今後も知的ネットワークを築いていくことを期待したい。

『資本主義と他者』1998年

資本主義を可能にしたものは？　他者の表象をめぐる闘争から生まれる、新たな社会秩序の形成を、近世思想、文学、美術等の資料をもとに分析する

草創期をふり返って

宮原《みやはら》　浩二郎《こうじろう》
関西学院大学名誉教授

関西学院大学出版会の刊行書が累計で五〇〇点に到達した。ホームページで確認すると、設立当初の一〇年間は毎年一〇点前後、その後は毎年二〇点前後のペースで刊行実績を積み重ねてきたことがわかる。あらためて今回の「五〇〇」という大台達成を喜びたい。

草創期の出版企画や運営体制づくりに関わった初代編集長として当時をふり返ると、何よりもまず出版会立ち上げの実務を担った谷川恭生氏の面影が浮かんでくる。当時の谷川さんは関学生協書籍部の「マスター」として、関学内外の多くの大学教員や研究者を知的ネットワークに巻き込みながら、学術書を中心に本の編集、出版、流通、販売の仕組みや課題を深く研究し、全国の書店や出版社、取次会社に多彩な人脈を築いていた。谷川さんに連れられて、東京の大手取次会社を訪問した帰りの新幹線で、ウィスキーのミニボトルをあけながら夢中で語り合い、気がつくともう新大阪に着いていたのをなつかしく思い出す。

数年後に病を得た谷川さんが実際に手にとることができた新刊書は当初の五〇点ほどだったはずである。今や格段に充実した刊行書のラインアップに喜び、深く安堵してくれているにちがいない。それはまた、谷川さんの知識経験や文化遺伝子を引き継いだ、田中直哉氏はじめ事務局・編集スタッフによる献身と創意工夫の賜物でもあるのだから。

草創期の出版会はまず著者を学内の教員・研究者に求め「関学の」学術発信拠点としての定着を図る一方、学外の大学教員・研究者にも広く開かれた形を目指していた。そのためすでに初期の新刊書のなかに関学教員の著作に混じって学外の大学教員・研究者による著作も見受けられる。その後も「学内を中心としながら、学外の著者にも広く開かれている」という当初の方針は今日まで維持され、それが刊行書籍の増加や多様性の確保にも少なからず貢献してきたように思う。

他方、新刊学術書の専門分野別の構成はこの三〇年弱の間に大きく変わってきている。たとえば出版会初期の五年間と最近五年間の新刊書の「ジャンル」を見比べていくと、現在では当初よりも全体的に幅広く多様化していることがわかる。「社会・環境・復興」（災害復興研究を含むユニークな「ジャンル」）や「経済・経営」は現在まで依然として多いが、いずれも新刊書全体に占める比重は低下し、「法律・政治」「福祉」「宗教・キリスト教」「関西学院」「エッセイその他」にくわえて、当初は見られなかった「言語」や「自然科学」のような新たな「ジャンル」が加わっている。何よりも目立つ近年の傾向は、「哲学・思想」や「文学・芸術」のシェアが顕著に低下する一方、「教育・心理」や「国際」、「地理・歴史」のシェアが大きく上昇していることである。

こうした「ジャンル」構成の変化には、この間の関西学院大学の学部増設（人間福祉、国際、教育の新学部、理系の学部増設など）がそのまま反映されている面がある。ただ、その背景には関学だけではなく日本の大学の研究教育をめぐる状況の変化もあるにちがいない。思い返せば、関西学院大学出版会の源流の一つに、かつて谷川さんが関学生協書籍部で編集していた書評誌『みくわんせい』（一九八八―九二年）がある。それは当時の「ポストモダニズム」の雰囲気に感応し、最新の哲学書や思想書の魅力を伝えることを通して、専門の研究者や大学院生だけでなく広く読書好きの一般学生の期待に応えようとする試みでもあった。出版会草創期の新刊書にみる「哲学・思想」や「文学・芸術」のシェアの大きさとその近年の低下には、そうした一般学生・読者ニーズの変化という背景もあるように思う。関西学院大学出版会も着実に「歴史」を刻んできたことにあらためて気づかされる。これから二、三十年後、刊行書「一〇〇〇点」達成の頃には、どんな「ジャンル」構成になっているだろうか、今から想像するのも楽しみである。

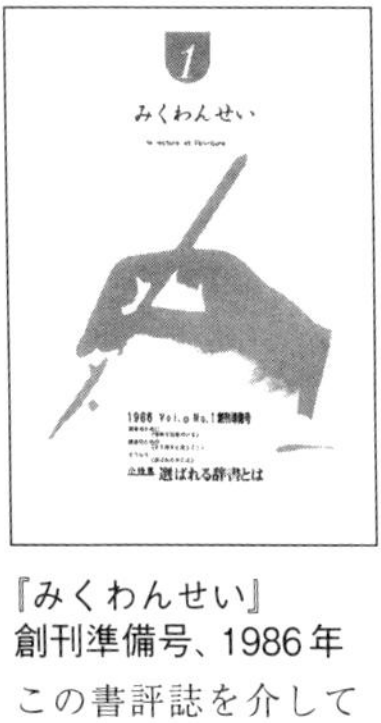

『みくわんせい』
創刊準備号、1986年

この書評誌を介して集った人たちによって関西学院大学出版会が設立された

関西学院大学出版会への私信

田中《たなか》　きく代《よ》
関西学院大学名誉教授

私は出版会設立時の発起人ではありませんでしたが、初代理事長の荻野昌弘さん、初代編集長の宮原浩二郎さんから設立のお話をいただいて、気持ちが高まりワクワクしたことを覚えています。発起人の方々の熱い思いに感銘を受けてのことで、「田中さん、研究発進の出版部局を持たないと大学と言えないよね」という誘いに、もちろん「そうよね!!」と即答しました。皆さんの良い本をつくりたいという理想も高く、何度も会合がもたれました。ことに『理』の責任者であった生協の書籍におられた谷川恭生さんのご尽力は並々ならないものであったと感謝しております。谷川さんを除けば、皆さん本屋さんの出版にはさほど経験がなく、苦労も多かったのですが、苦労よりも新しいものを生み出すことに嬉々としていたように思います。

私は、設立から今日まで、理事として編集委員として関わらせていただき、一時期には理事長の要職に就くことにもなりましたが、荻野さん、宮原さん、山本栄一先生、田村和彦さん、大東和重さん、前川裕さん、田中直哉さん、戸坂美果さんと、指を折りながら思い返し、多くの編集部の方々のおかげで、やってくることができたと実感しています。五〇〇冊記念を機に、まずは感謝を申し上げ、いくつか関西学院大学出版会の「いいとこ」を宣伝しておきたいと思います。

「関学出版会の『いいとこ』は何?」と聞かれると、本がとても「温かい」と答えます。出版会の出版目録を見ていると、それぞれの本が出来上がった時の記憶が蘇ってきますが、どの本も微笑んでいます。教員と編集担当者が率先して一致協力して運営に関わっていることが、妥協しないで良い本をつくろうとすることからくる真剣な取り組みとなっているのです。出版会の本は丁寧につくられ皆さんの心が込められているのです。
また、本をつくる喜びも付け加えておきます。毎月の編集委員会では、新しい企画にいつもドキドキしています。私事ですが、私は歴史学の研究者の道を歩んできましたが、同時にどこかでいつか本屋さんをやりたいという気持ちがあったことは否定できません。関学出版会では、自らの本をつくる時など特にそうですが、企画から装丁まですべてに自分で直接に関わることができるのですよ。こんな嬉しいことがありますか。

皆でつくるということでは、夏の拡大編集委員会の合宿も思い出されます。毎夏、有馬温泉の「小宿とうじ」で実施されてきましたが、そこでは編集方針について議論するだけではなく、毎回「私の本棚」「思い出の本」「旅に持っていく本」などなどの議題が提示されました。自分の好きな本を本好きの他者に「押しつけ？」、本好きの他者から「押しつけられる？」楽しみを得る機会が持てたことも私の財産となりました。夕食後には皆で集まって、学生時代のように深夜まで喧々諤々の時間を過ごしてきたことも楽しい思い出です。今後もずっと続けていけたらと思っています。

記念事業としては、設立二〇周年の一連の企画がありましたが、記念シンポジウム「いま、ことばを立ち上げること」では、田村さんのご尽力で、「ことばの立ち上げ」に関わられた諸氏にお話しいただき、本づくりの大切さを再確認することができました。今でも「投壜通信」という「ことば」がビンビン響いてきます。文字化される「ことば」に内包される心、誰かに届けたい「ことば」のことを、本づくりの人間は忘れてはいけないと実感したものです。

インターネットが広がり、本を読まない人が増えている現状で、今後の出版界も変革を求められていくでしょうが、大学出版会としては、学生に「ことば」を伝える義務があります。ネット化を余儀なくされ「ことば」を伝えるにも印刷物ではなくなることも増えるでしょう。だが、学生に学びの「知」を長く蓄積し生涯の糧としていただくには、やはり「本棚の本」が大切だと思います。出版会の役割は重いですね。

『いま、ことばを立ち上げること』
K.G.りぶれっとNo. 50、2019年
2018年に開催した関西学院大学出版会設立20周年記念シンポジウムの講演録

ふたつの追悼集

田村《たむら》　和彦《かずひこ》
関西学院大学名誉教授

荻野昌弘さんの原稿で、一九九五年の阪神淡路の震災が出版会誕生の一つのきっかけだったことを思い出した。今から三〇年前になる。ぼく自身は一九九〇年に関西学院大学に移籍して間もなくだった。震災との直接のつながりは思いつかないが、新たな出発に向けての思いが大学に満ちていたことは確かである。

ぼく自身と出版会とのかかわりは、当時関学生協書籍部にいた谷川恭生さんに直接声をかけられたことから始まる。谷川さんの関西学院大学出版会発足にかけた情熱については、本誌で他の方々も触れているとおりである。残念ながら、出版会がどうやら軌道に乗り始めた二〇〇四年にわずか四九歳で急逝した谷川さんには、翌年に当出版会が出した追悼文集『時（カイロス）の絆』に学内外の多くの方々が思いを寄せている。出版会についていえば、前身には発足の十年近く前から谷川さんが発行していた書評誌『みくわんせい』があったことも忘れえない。『みくわんせい』のバックナンバーの書影は前記追悼集に収録されている。出版会を立ちあげて以来発行されてきたこの小冊子『理』にしても、最初は彼が構想する大学発の総合雑誌の前身となるべきものだったと記憶している。「理」を「ことわり」と読むことにこだわったのも彼である。谷川さんのアイデアは尽きることなく広がり、何度かの出版会主催のシンポジウムも行われた。そんななか、出版会が発足してからもいつもは外野のにぎわわせ役を決めこんでいたぼくに、谷川さんから研究室に突然電話が入り、「編集長になりませんか」という依頼があった。なんとも闇雲な頼みで、答えあぐねているうちにいつの間にやら引き受けることになってしまった。その後編集長として十数年、その後は出版会理事長として谷川さんが蒔いた種から育った出版会の活動を、不十分ながら引き継いできた。

関学出版会を語るうえでもう一人忘れえないのが山本栄一氏で

ある。山本さんは阪神淡路の震災の折、ちょうど経済学部の学部長で、ぼく自身もそこに所属していた。学部運営にかかわる面倒なやり取りに辟易していたぼくだが、震災の直後に山本さんが学部活性化のために経済学部の教員のための紀要刊行費を削って、代わりに学部生を巻きこんで情報発信と活動報告を行う経済学部広報誌『エコノフォーラム』を公刊するアイデアを出したときには、それに全面的に乗り、編集役まで買って出た。それをきっかけに学部行政以外のつき合いが深まるなかで、なんとも型破りで自由闊達な山本さんの人柄にほれ込むことになった。

発足間もない関学出版会についても、学部の枠を越えて、教員ばかりか事務職にまで関学随一の広い人脈を持つ山本さんの「拡散力」と「交渉力」が大いに頼みになった。一九九九年に関学出版会の二代目の理事長に就かれた山本さんは、毎月の編集会議にも、当時千刈のセミナーハウスで行なわれていた夏の合宿にも必ず出席なさった。堅苦しい会議の場は山本さんの一見脈絡のないおしゃべりをきっかけに、どんな話題に対しても、誰に対しても開かれた、くつろいだ自由な議論の場になった。本の編集・出版という作業は、著者だけでなく、編集者・校閲者も巻きこんで、まったくの門外漢や未来の読者までを想定した、実に楽しい仕事になった。山本さんは二〇〇八年の定年後も引き続き出版会理事長を引き受けてくださったが、二〇一一年に七一歳で亡くなられた。没後、関学出版会は上方落語が大好きだった山本さんを偲んで『賑わいの交点』という追悼文集を発刊している。

出版会発足二八年、刊行点数五〇〇点を記念するにあたって特にお二人の名前を挙げるのは、お二人のたぐいまれな個性とアイデアが今なお引き継がれていると感じるからである。二つの追悼集のタイトルをつけたのは実はぼくだった。いま、それを久しぶりに紐解いていると関西学院大学出版会の草創期の熱気と、それを継続させた人的交流の広さと暖かさとが伝わってくる。

『賑わいの交点』
山本栄一先生追悼文集、
2012年（私家版）

39名の追悼寄稿文と、山本先生の著作目録・年譜・俳句など

『時（カイロス）の絆』
谷川恭生追悼文集、
2005年（私家版）

21名の追悼寄稿文と、谷川氏の講義ノート・『みくわんせい』の軌跡を収録

連載

スワヒリ詩人列伝

第8回　政権の御用詩人、マティアス・ムニャンパラの矛盾

小野田 風子

スワヒリ語詩、それは東アフリカ海岸地方の風土とイスラム的伝統に強く結びついた世界である。そのなかで、内陸部出身のキリスト教徒として初めてシャーバン・ロバート（本連載第2回〔『理』59号〕参照）に次ぐ大詩人として認められたのが、今回の詩人、マティアス・ムニャンパラ（Mathias Mnyampala, 1917-1969）である。

ムニャンパラは一九一七年、タンガニーカ（後のタンザニア）中央部のドドマで、ゴゴ民族の牛飼いの家庭に生まれる。幼いころから家畜の世話をしつつ、カトリック教会で読み書きを身につけた。政府系の学校で法律を学び、一九三六年から亡くなるまで教師や税務署員、判事など様々な職に就きながら文筆活動を行った。これまでに詩集やゴゴの民族誌、民話など十八点の著作が出版されている（Kyamba 2016）。

詩人としてのムニャンパラの最も重要な功績とされているのは、「ンゴンジェラ」（ngonjera）注1という詩形式の発明である。

独立後のタンザニアは、初代大統領ジュリウス・ニエレレの強い指導力の下、社会主義を標榜し、「ウジャマー」（Ujamaa）と呼ばれる独自の社会主義政策を推進した。ニエレレは当時のスワヒリ語詩人たちに政策の普及への協力を要請し、詩人たちはＵＫＵＴＡ（Usanifu wa Kiswahili na Ushairi Tanzania）という文学団体を結成した。ＵＫＵＴＡの代表として政権の御用詩人を引き受けたムニャンパラが、非識字の人々に社会主義の理念を伝えるのに最適な形式として創り出したのが、ンゴンジェラである。これは、詩の中の二人以上の登場人物が政治的なトピックについて議論を交わすという質疑応答形式の詩である。ムニャンパラがまとめた詩集『ＵＫＵＴＡのンゴンジェラ』（*Ngonjera za Ukuta I & II*, 1971, 1972）はタンザニア中の成人教育の場で正式な出版前から活用され、地元紙には類似の詩が多数掲載された。

ムニャンパラの詩はすべて韻と音節数の規則を完璧に守った定型詩である。ンゴンジェラ以外の詩では、言葉の選択に細心の注意が払われ、表現の洗練が追求されている。詩の内容は良い生き方を諭す教訓的なものや、物事の性質や本質を解説するものが目立つ。詩のタイトルも、「世の中」「団結」「嫉妬」「死」など一語が多く、詩の形式で書かれた辞書のようでさえある。美徳や悪徳、無力さといった人間に共通する性質を扱う一方、差別や植民地主義への明確な非難も見られ、人類の平等や普遍性について

書いた詩人と大まかに評価できよう。

一方、ムニャンパラのンゴンジェラは、それ以外の詩と比べて深みや洗練に欠けると言われる。ムニャンパラは「庶民の良心」であることを放棄し、「政権の拡声器」に成り下がったとも批判されている（Ndulute 1985: 154）。知識人が無知な者を啓蒙するというンゴンジェラの基本的な性質上、確かにそこには、人間や物事の単純化や、善悪の決めつけ、庶民の軽視が見られる。人間の共通性や普遍性に焦点を当てるヒューマニズムも失われている。表現の推敲の跡もあまり見られず、政権のスローガンをただ詩の形式に当てはめただけのようである。以下より、ムニャンパラのンゴンジェラが収められている『UKUTAのンゴンジェラI』と、一般的な詩が収められている『ムニャンパラ詩集』（*Diwani ya Mnyampala*, 1965）、そして『詩の教え』（*Waadhi wa Ushairi*, 1965）から、実際にいくつか詩を見てみよう。

『UKUTAのンゴンジェラI』内の「愚かさは我らが敵」では、「愚か者」が以下のように発言する。「みんな私をバカだと言う　学のない奴と／私が通るとみんなであざけり　友達でさえ私を笑う／悪口ばかり浴びせられ　言葉数さえ減ってきた／さあ、確かなことを教えてくれ　私のどこがバカなんだ?」それに対し、「助言者」は、「君は本当にバカだな　そう言われるのももっともだ／だって君は無知だ　教育されていないのだから／君は幼子、背負われた子どもだ／教育を欠いているからこそ　君はバカなのだ」と切り捨てる。その後のやり取りが続けられ、最後には「愚か者」が、「やっと理解した　私の欠陥を／勉強に邁進し　愚かさから抜け出そう／そして味わおう　読書の楽しみを／確かに私は　バカだったのだ」と改心する（Mnyampala 1970: 14-15）。

一方、『詩の教え』内の詩「愚か者こそが教師である」では、「愚か者」についての認識に大きな違いがある。詩人は、「愚か者はこし器のようなもの　知覚を清めることができる／愚か者こそが、賢者を教える教師なのである」（Mnyampala 1965b: 55）と、ンゴンジェラとは異なる思慮深さを見せる。また、上記のンゴンジェラに見られる教育至上主義は、『詩の教え』内の別の詩「高貴さ」とも矛盾する。

たとえば人の服装や金の装身具／あるいは大学教育や宗教の知識に驚かされることはあっても／それが人に高貴さをもたらすわけではない　そういったものに惑わされるな／服は高貴さとは無縁だ　高貴さとは信心なのだ
高貴さとは信心である　読書習慣とは関係ない／スルタンであることや、ローマ人やアラブ人であることでもない／それは心の中にある信心　慈悲深き神を知ること／騒乱は高貴さには似合わない　高貴さとは信心なのだ（Mnyampala 1965b: 24）

同様の矛盾は、社会主義政策の根幹であったウジャマー村についての詩にも見出せる。一九六〇年代末から七〇年代にかけて、平等と農業の効率化を目的として、人工的な村における集団農業の実施が試みられた。『UKUTAのンゴンジェラ』内の詩「ウジャマー村」では、政治家が定職のない都市の若者に、村に移住し農業に精を出すよう諭す。若者は「彼らが言うのだ　私たちは町を出ないといけないと／ウジャマー村というが　何の利益があるんだ？」と疑問を投げかけ、「この私がどんな利益を上げられるだろう？／体には力はなく　何も収穫することなどできない」、「なぜ一緒に暮らさないといけないのか　どういう義務なのか？／せっかくの成果を無駄にして　もっと貧しくなるだろう」と移住政策の有効性を疑問視し、「私はここの馴染みだ　私の人生は町にある／私はここで丸々肥えて　いつも喜びの中にある／もし村に住んだなら　骨と皮だけになってしまう」と懸念する。それに対し政治家は、「町を出ることは重要だ　共に村へ移住しよう／恩恵を共に得て　勝者の人生を歩もう」、「みんなで一緒に住むことは　国にとって大変意義のあること／例えば橋を作って洪水を防ぐことができる／一緒に耕すのも有益だ　経済的成果を上げられる」とお決まりのスローガンを並べるだけである。にもかかわらず若者は最終的に、「鋭い言葉で　説得してくれてありがとう／怠け癖を捨て　鍬の柄を握ろう／そして雑草を抜いて　村に参加しよう／ウジャマー村には　確かに利益がある」と心変わりをするのである（Mnyampala 1970: 38-39）。

この詩は、その書かれた目的とは裏腹に、若者の懸念の妥当性と、政治家の理想主義の非現実性とを強く印象づける。以下の詩を書いたときのムニャンパラ自身も、この印象に賛同してくれるはずである。『ムニャンパラ詩集』内の詩「農民の苦労」では、農業の困難さが写実的かつ切実につづられる。

はるか昔から　農業には困難がつきもの／まずは原野を開墾し　枯草を山ほど燃やす／草にまみれ　一日中働きづめだ／農民の苦労には　忍耐が不可欠

忍耐こそが不可欠　心変わりは許されぬ／毎日夜明け前に目を覚まし／すぐに手に取るのは鍬　あるいは鍬の残骸／農民の苦労には　忍耐が不可欠

森を耕しキビを植え　草原を耕しモロコシを植え／たとえ一段落しても　いびきをかいて眠るなかれ／動物が畑にやってきて　作物を食い荒らす／農民の苦労には　忍耐が不可欠（三連略）

いつ休めるのか　いつこの辛苦が終わるのか／イノシシやサルに　怯えて暮らす苦しみが？／収穫の稼ぎを得る前から　疑念が膨らむばかり／農民の苦労には　忍耐が不可欠

キビがよく実ると　私はひたすら無事を祈る／すべての枝が花をつける時　私の疑いは晴れていく／そして鳥たちが舞い

降りて　私のキビを狙い打ち／農民の苦労には　忍耐が不可欠（二連略）
農民は衰弱し　憐れみを掻き立てる／その顔はやせ衰え　見る影もない／すべての困難は終わり、農民はついに収穫する　みずからの終焉を／農民の苦労には　忍耐が不可欠
（Mnyampala 1965a: 53-54）

ウジャマー村への移住政策は遅々として進まず、一九七〇年代に入ると武力を用いた強制移住が始まる。しかしムニャンパラはタンザニア政治が暴力性を帯びる前、一九六九年に亡くなった。『詩の教え』内の「政治」という詩には、「国民に無理強いするのは、政府のやることではない」という一節がある（Mnyampala 1965b: 5）。ムニャンパラがもう少し長く生き、社会主義政策の失敗を目の当たりにしていたなら、「政権の拡声器」か「庶民の良心」か、どちらの役割を守っただろうか。

ムニャンパラは、時の政権であれ、身近なコミュニティであれ、そこから期待された役割を忠実に演じきった詩人と言えるだろう。そのような詩人を前にしたとき、われわれはつい、詩人自身の思いはどこにあるのかと問いたくなる。しかしスワヒリ語詩において重要なのは個人の思いではなく、詩がその時代や社会において良い影響を与え得るかどうかである。社会情勢が変われば詩の内容も変わる。よって本稿のように、詩人の主張が一貫していないことを指摘するのは野暮なのだろう。

社会主義政策は失敗に終わったが、ンゴンジェラは現在でも教育的娯楽として広く親しまれている。特に教育現場では、子どもたちが保護者等の前で教育的成果を発表するための形式として重宝されている。自由詩の詩人ケジラハビ（本連載第6回〔『理』71号〕参照）は、ムニャンパラの功績を以下のように称えた。「都会の人も田舎の人もあなたの前に腰を下ろす／そしてあなたは彼らを楽しませ、一人一人の聴衆を／ンゴンジェラの詩人へと変えた！」（Kezilahabi 1974: 40）。

（大阪大学　おのだ・ふうこ）

注1　ゴゴ語で「一緒に行くこと」を意味するという（Kyamba 2022: 135）。

参考文献

Kezilahabi, E. (1974) *Kichomi*, Heineman Educational Books.

Kyamba, Anna N. (2022) "Mchango wa Mathias Mnyampala katika Maendeleo ya Ushairi wa Kiswahili", *Kioo cha Lugha* 20(1): 130-149.

Kyamba, Anna Nicholaus (2016) "Muundo wa Mashairi katika *Diwani ya Mnyampala* (1965) na Nafasi Yake katika Kuibua Maudhui" *Kioo cha Lugha* Juz. 14: 94-109.

Mnyampala, Mathias (1965a) *Diwani ya Mnyampala*, Kenya Literature Bureau.

——— (1965b) *Waadhi wa Ushairi*, East African Literature Bureau.

——— (1970) *Ngonjera za UKUTA Kitabu cha Kwanza*, Oxford University Press.

Ndulute, C. L. (1985) "Politics in a Poetic Garb: The Literary Fortunes of Mathias Mnyampala", *Kiswahili* Vol. 52 (1-2): 143-162.

【4〜7月の新刊】

『未来の教育を語ろう』
關谷 武司［編著］
A5判 一九四頁 二五三〇円

【近刊】 ＊タイトルは仮題

『宅建業法に基づく重要事項説明Q&A 100』
弁護士法人 村上・新村法律事務所［監修］

『教会暦によるキリスト教入門』
前川 裕［著］

『ローマ・ギリシア世界・東方』
ファーガス・ミラー古代史論集
ファーガス・ミラー［著］
藤井 崇／増永理考［監訳］

KGりぶれっと60
『学生たちは挑戦する』
開発途上国におけるユースボランティアの20年
村田 俊一［編著］
関西学院大学国際連携機構［編］

【好評既刊】

『ポスト「社会」の時代』
社会の市場化と個人の企業化のゆくえ
田中 耕一［著］
A5判 一八六頁 二七五〇円

『カントと啓蒙の時代』
河村 克俊［著］
A5判 二二六頁 四九五〇円

『学生の自律性を育てる授業』
自己評価を活かした教授法の開発
岩田 貴帆［著］
A5判 二〇〇頁 四四〇〇円

『破壊の社会学』
社会の再生のために
荻野 昌弘／足立 重和／山 泰幸［編著］
A5判 五六八頁 九二四〇円

KGりぶれっと59
『基礎演習ハンドブック 第三版』
さぁ、大学での学びをはじめよう！
関西学院大学総合政策学部［編］
A5判 一四〇頁 一三二〇円

※価格はすべて税込表示です。

好評既刊

絵本で読み解く 保育内容 言葉

齋木 喜美子［編著］

絵本を各章の核として構成したテキスト。児童文化についての知識を深め、将来質の高い保育を立案・実践するための基礎を学ぶ。

B5判 214頁 2420円（税込）

スタッフ通信

弊会の刊行点数が五百点に到達した。九七年の設立から二八年かかったことになる。設立当初はまさかこんな日が来るとは思っていなかった。ちなみに東京大学出版会の五百点目は一九六二年（設立一一年目）、京都大学学術出版会は二〇〇九年（二〇年目）、名古屋大学出版会は二〇〇四年（二三年目）とのこと。特集に執筆いただいた草創期からの教員理事長をはじめ、歴代編集長・編集委員の方々、そしてこれまで支えていただいたすべての皆様に感謝申し上げるとともに、つぎの千点にむけてバトンを渡してゆければと思う。（田）

コトワリ No. 75 2025年7月発行
〈非売品・ご自由にお持ちください〉

知の創造空間から発信する
K.G. University Press
関西学院大学出版会
〒662-0891 兵庫県西宮市上ケ原一番町1-155
電話 0798-53-7002 FAX 0798-53-5870
http://www.kgup.jp/ mail kwansei-up@kgup.jp